교육과정과 평가의 혁신

IB로 그리는 미래교육

INTERNATIONAL BACCALAUREATE

조현영 저

학지사

이 저서는 인하대학교의 지원에 의하여 연구되었음.
This work was supported by INHA UNIVERSITY Research Grant.

머리말

최근 들어 공교육에서 IB의 도입 논쟁이 이어지면서 IB에 관한 연구물들이 제법 풍부해졌다. 이 과정에서 필자는 IB에 대한 소개 수준을 넘어서서 그 원리에 관한 좀 더 체계적이고 분석적인 연구물이 필요하다고 느꼈다. 이 저서는 필자가 지난 3~4년 동안 IB를 들여다보면서 정리한 연구 논문들을 엮어 낸 것이다. 학습자의 경험을 분석하는 방식으로 IB의 원리를 보다 섬세한 눈으로 살펴보고자 하였다.

특히 우리 시대에서 여러 교육적 시도를 꾀해 왔던 혁신교육에 대해 여러 가지 시사점을 제시해 줄 것으로 기대한다. 그것은 바로 IB가 지향하고 있는 세계시민성과 열린 마음을 위한 교육을 어떻게 구체화해 낼 것인가에 관한 고민이다. IB의 가장 중요한 의미는 수 세기에 걸쳐 교육에서 지속적으로 시도되었던 지식과 경험의 양자포괄적인 접근에 진척을 이루었다는 점에서 찾아야 한다. 세계적인 혁신교육의 패러다임은 결국 교육에서의 이 양자포괄적인 접근을 어떻게 전진시킬 것인가 하는 관심과 다르지 않다. 아직 우리 혁신교육에서는 그러한 양자포괄적인 접근을 충분히 현실화시키지 못하고 있는 실정이다.

IB에서 양자포괄적인 접근에 어느 정도 진척을 이루게 된 데에는 수십 년 동안의 고민과 노력의 결실을 몇 가지 찾을 수 있다. 가장 먼저 여기서는 교과서 의존도를 낮추어 평균주의 교육으로부터 벗어나도록 하고자 하였다. 지나치게 교과서에 의존하는 교육에서는 학생 개개인의 배움의 속도나 개별적 관심도에 맞추기 어렵다. 교과서 의존도를 낮추었음에도 불구하고 학생들의 배움은 체계적이다. 이는 학습자 자신의 배움을 중심으로 성장해 가는 방식을 취했고 이를 평가하는 시스템을 체계화하였기 때문에 가능한 것이었다. 소위 구성주의적 교육 원리를 현실화한 것이다.

여기에는 몇 가지 장치가 유효하게 작동하고 있는 것을 찾아볼 수 있다. 우선 IB에서는 학생의 자기평가의 원리가 교수학습의 과정에서 작동하도록 함으로써 이를 가능하도록 하였다. 자기평가란 다른 말로 하면 스스로 기대치를 만들어 가면서 배움에 대한 동기와 탐구에 대한 열정을 지속시켜 나가는 암묵적인 기제를 말한다. 배울 내용과 정답을 다른 누군가가 미리 설정해 놓는 순간, 탐구에 대한 욕구나 성장의 희열을 맛보기란 쉽지 않다. 누군가 자기를 평가하거나, 줄 세우기를 하거나, 비교를 하려고 든다면 공부에 대한 노력과 열정이 그다지 행복하게 느껴지지는 않을 것이다. 지적인 호기심이 발동되는 한 무엇이든 교과가 될 자격이 있다고 본 Dewey의 지적이 떠오른다. 이는 자기 맥락에서 찾을 수 있는 질문을 통해 탐구하고 이를 통해 자기 자신의 질문을 발전시켜 나간다면 누구나 다 배움에 참여할 수 있다는 단순한 이치를 구현하고자 한 것이다.

이러한 자기평가가 작동할 수 있게 한 것은 평가 시스템을 바꾼 데에서 찾아볼 수 있다. IB에서는 평균을 중심으로 학업성취를 관리하는 표준화된 교과서 의존도를 낮추면서 개개인의 성장을 지원하고 그 결과를 객관화할 수 있도록 평가 체계를 표준화하였다. 여기서 평가 체계라 함은 우리가 알고 있는 시험이 아니라 학생의 자기평가가 암묵적으로 작동하도록 한 정성평가 시스템을 말한다. 교사와 학생 그리고 교사 간 간주관성의 원리가 교육과정과 평가 전체 시스템에 스며들어 인격적이며 인문적인 정신이 가급적 훼손됨 없이 지적인 경험을 공유하고 만들어 내며 이를 공적으로 인정하는 체제를 최대한 구현하고자 한 면모가 엿보인다.

IB에서 평가의 특징은 한마디로 역량에 대한 평가를 위한 체제라고 요약할 수 있다. 학생 자신의 능력을 최대한 발휘할 수 있는 조건을 제시하고 이를 평가에 반영하는 식이다. 깊은 이해와 사고를 이끌어 낼 수 있도록 설계된 것이다. 이는 학생의 실력을 발휘할 수 있는 조건을 최대한 제한하고 이 제한된 조건 안에서 자신의 사고의 최대치를 이끌어 내고 이를 평가하는 우리의 평가와는 정반대되는 방식이다. 제한된 범위 안에서의 지식의 활용과 사고의 전개는 실제 맥락에서의 확장적 사고를 해 나가는 능력을 위축시킬 수밖에 없다. 실제 맥락은 정답 중심의 시험 문제가 만들어 내는 맥락보다 훨씬 광범위하고 포괄적이기 때문이다. 이는 지식은 가용할 수 있는 여러 자원 가운데 하나라는 가정 때문이다.

배운다는 것은 개념과 원리를 깨우치는 것을 의미한다. 그것이 배움에서 앎이 삶의 힘이 되는 까닭이다. 개념은 정보나 지식 간의 연관 체계를 가리킨다. 정보나 지식을 서로 연결하는 연관성은 상식적 지식과 추론에 크게 의존한다. 따라서 개념을 탐구한다는 것은 곧 자기 상식에서 출발하여 자기 상식으로 돌아오는 성찰의 과정을 의미한다. 그런 만큼 개념에 대한 탐구는 학습자 자기 자신의 성장을 의미한다. 학습자는 표준화된 교육과정이 아닌 자신의 질문과 생각을 따라, 학업성취도가 높든 낮든 상관없이 누구나 다 배움에 참여할 수 있음이 가능한 이유도 여기에 있다. IB에서 열린 마음의 세계시민적 태도를 가장 중시하는 것도 교육에서 바로 이러한 포용적 원리를 구현하고자 한 방안이라고 할 수 있다.

오늘날 학교 교육이 취하고 있는 형식교육의 틀에 대해서 많은 비판이 제기되고 있다. 진정한 교육이란 삶의 맥락 안에 참여하면서 깨우치는 배움으로 가능하다고 본다. 그러나 잘 설계된 학교 교육은 역동적인 삶의 현장과 궤적을 압축적으로 경험하는 시뮬레이션 장치가 될 수도 있다. IB는 그러한 시도 중 하나라고 할 수 있다. 학생은 자신의 존엄과 독창성을 개화시켜 나가기 위해서 인격적으로 표출되는 개개인성을 고양시켜 나가지 않으면 안 되는 존재이다. 누구에게나 배움에서의 잠재 가능성은 충분히 있다. 배움에서의 실패로 몰아가는 구시대적인 패러다임에서 벗어나야만 그러한 가능성이 자극될 수 있다. 남의 것이라도 배울 점이 많다면 과감히 우리 풍토에 맞게 변용하고 토착화해야 할 것이다.

차례

제2부 IB에 대한 고찰

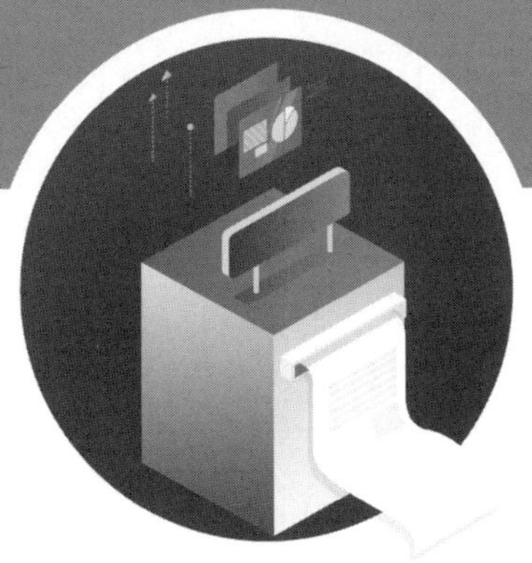

제1부

IB에 대한 이해

IB that Shaped the Future of Education

제1장

IB의 개관

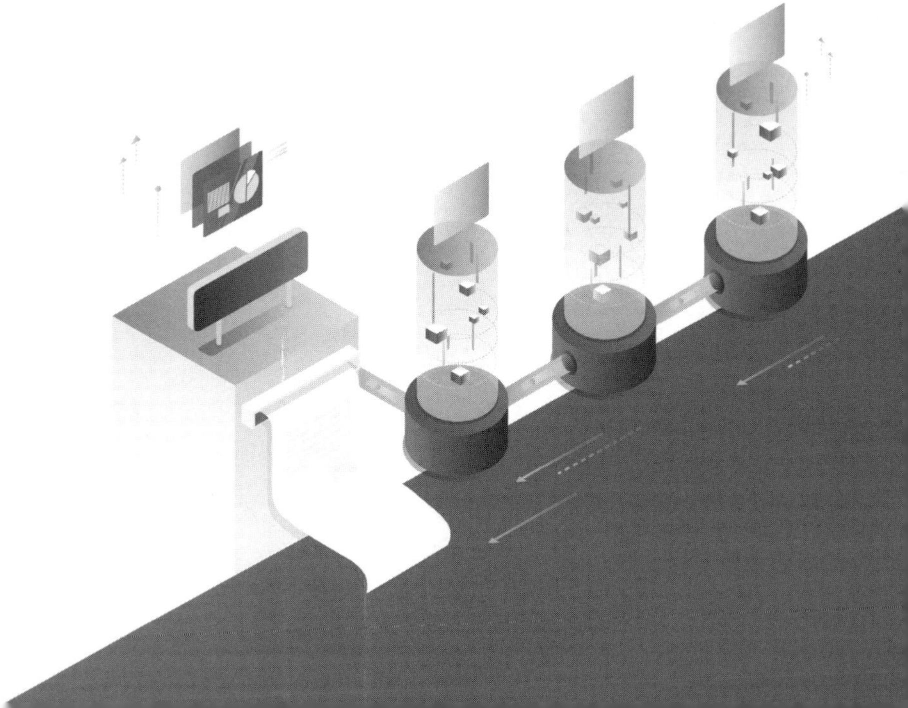

IB that Shaped the Future of Education

1. IB의 배경

IB(International Baccalaureate) 교육의 출발은 국제학교에서부터 시작한다. 1920년 스위스 제네바에 국제연맹본부가 개설되고, 1921년 국제노동기구(ILO) 본부가 창설된 것을 시작으로 세계 각지의 직원들이 그 가족들과 함께 건너와 부임하게 되면서 제네바 국제학교(Ecolint)가 그 자녀들을 수용하기 위해 개교한다. 그러나 당시 국제학교는 국제적 이동을 하는 학생들을 위한 공통시험 및 공통교육과정이 마련되어 있지 않다는 문제와 함께 졸업 후 대학 진학으로의 연계가 어렵다는 문제를 안고 있었다.

특히 1950년대 후반부터 1960년대 초반에 걸쳐 국제도시 곳곳에 국제학교가 개설되기 시작했는데, 이는 국제적 대학 입시에 대한 논의를 가속화하게 하는 출발점이 되었다. 이후 1964년에 이르러 국제대학 입시와 그에 따른 교육과정 개발을 목적으로 제네바 국제학교 관계자에 의해 설립된 '국제학교 시험연맹(SES)'이 시험 제도 마련을 위한 초석을 마련하게 된다. 그리고 훗날 이 기구는 오늘날의 국제 바칼로레아 기구(International Baccalaureate Organization: IBO)로 거듭나게 된다.

IB는 1965년, 커리큘럼 초안을 마련한 이후부터 꾸준히 여러 차례의 협의 과정을 거쳐 발전해 왔다. IB 과정 중 가장 먼저 고안되어 실시되었던 것은 고등교육 프로그램인 IB DP(Diploma Program)였다. DP가 개설된 이후 국제학교 커리큘럼 프로젝트(IB Career-related Programme:

IBCP)에 기반하여 중등교육 프로그램 MYP(Middle Years Programme) 과정이 도입되었고, 그로부터 3년 후에는 초등교육 프로그램 PYP(Primay Years Programme), 그리고 가장 최근에는 직업고등학교 프로그램인 CP(Career-related Programme)의 도입에 이르게 된다.

이처럼 수년에 걸친 다양한 변화와 수정을 바탕으로 형성된 IB는 현재 인정학교 및 학생 수가 꾸준히 증가하여 2021년 6월 기준 159개국 5,500여 개 학교에서 IB를 도입하고 운영하고 있다.[1] IB 실시 학교가 확대됨에 따라 스위스 제네바 소재의 IBO는 권역을 나누어 운영하게 되었으며, 현재는 IBO의 총괄감독하에 유럽과 아프리카 중동 권역(IBAEM), 아시아 태평양 권역(IBAP), 남북 아메리카 권역(IBA)으로 구분하여 권역별로 교육과정을 관리 및 운영 중이다.

2. IB의 교육 목표 및 학습자상

IB의 교육 목표는 학습자가 국제적 소양을 갖춘 인재로 성장하는 것이다. 이때 국제적 소양이란 '인류의 공통 과제에 관심을 두면서 세계를 함께 지켜 나갈 마음을 갖춘 청소년들이 더 평화롭고 보다 나은 세상을 만들어 나갈 수 있도록 돕는 것'을 일컫는다. 그리고 국제적 소양을 갖춘 인재란 IB가 추구하는 '학습자상(learner profile)'을 통해 구체적으로 알아볼 수 있다. 다음은 IB에서 설정한 학습자상이다.

- 탐구하는 사람: 탐구와 연구에 필요한 기술을 개발하고, 호기심을 갖

1) IBO 홈페이지의 Figures and Facts(https://www.ibo.org/about-the-ib/facts-and-figures/)에서 참고하였다.

는다. 학습자의 생애에 걸쳐 학습에 대한 열의를 가지고 지속할 수 있다.

- 지식이 풍부한 사람: 다양한 영역의 학문에 걸쳐 지식을 탐구하며 개념적 이해를 개발하고 이를 다시 이용해 지식을 탐구한다. 지역적으로 그리고 세계적으로 중요한 이슈 및 아이디어에 참여한다.
- 사고하는 사람: 비판적이고 창의적인 사고력을 바탕으로 복합적 문제를 분석하고 책임 있는 행동을 취한다. 이성적이고 윤리적인 판단을 내리는 데 주도적인 역할을 할 수 있는 자질을 갖춘다.
- 소통하는 사람: 다양한 방식으로 소통하고, 한 가지 이상의 언어로 자신 있게, 창의적으로 소통할 수 있도록 한다. 타인과 다른 집단의 관점에 대해 주의 깊게 들으며 협동할 수 있다.
- 원칙을 지키는 사람: 정의와 평등에 대한 분명한 인식, 그리고 어디서나 사람들의 권리와 존엄에 대해 존중하는 태도를 갖추고 정직하고 진실하게 행동한다. 행동에 따른 결과에 책임을 질 수 있다.
- 열린 마음을 지닌 사람: 다른 문화와 가치 그리고 우리 문화와 역사에 대해 비판적으로 인식한다. 다양한 관점을 추구하고 평가하며 경험으로부터 기꺼이 성장한다.
- 배려하는 사람: 배려와 공감, 존중을 한다. 봉사에 헌신하고, 우리 주변의 세계와 타인의 삶에서의 긍정적인 변화를 만들어 내기 위해 노력한다.
- 도전하는 사람: 사전에 충분히 생각하고 결정하여 불확실성에 대응한다. 우리는 독립적이면서 협동적으로 새로운 아이디어와 혁신적 전략을 탐구한다. 변화와 모험에 직면하기 위해 충분한 지략과 실패해도 다시 일어날 수 있는 회복성을 갖춘다.
- 균형 잡힌 사람: 잘 살아가기(well-being) 위해 지적 · 신체적 · 정서적 등 다양한 영역에서 균형을 잡는 것이 중요하다는 것을 알며, 타인 및 세계와 상호 의존적 관계를 맺고 있음을 인정한다.

• 성찰하는 사람: 우리가 사는 세계와 우리의 아이디어, 경험에 대해 사려 깊게 고민한다. 학습과 개인의 성장을 위해 우리의 강점과 약점을 이해할 수 있어야 한다.

IB 학습자상은 IB 교육이 지향하는 학습자의 역량이 무엇인지를 보여준다. IB의 교육 목표와 학습자상은 이하에서 살펴볼 IB 프로그램별 프레임워크의 가장 바깥 원과 중심원에 위치할 것이다. 이는 IB 프로그램이 국제적 소양이라는 교육 목표 속에 다양한 활동으로 발산되고, 이는 다시금 학습자상을 기른다는 목표로 수렴한다는 데서 프로그램의 기준으로서 역할을 한다.

3. 교수학습에의 접근 방식

IB는 모든 교육 프로그램에 대해 교수학습에의 접근법(approaches to teaching and learning)을 소개하고 있다. 이를 줄여 ATL(Approaches To Learning)이라고 일컬으며, ATL은 다음 장에서 살펴볼 교육 프로그램별 프레임워크 중앙부에 위치하고 있을 정도로 중요한 역할을 한다. ATL은 IB의 교육 목표인 국제적 소양, 그리고 학습자상과 연계되어 교수학습 환경에 영향을 미치는 전략이며 기능이자 태도를 말한다. 이는 학습자의 학습을 강화하고 IB의 최종 프로그램인 DP와 그 이후의 삶을 준비할 수 있도록 설계되었다. 또한 IB의 교육 원칙에 입각한 교수 방법으로서 ATT(Approaches To Teaching) 역시 제공하고 있다. ATT란 학습자의 ATL을 계발하는 데 도움을 주는 교수 원칙으로, ATL이 학습자의 기술이라면 ATT는 그 기술을 계발하기 위한 교수자의 교수 방법이다. IB에서는 〈표 1-1〉과 같이 다섯 가지의 ATL과 여섯 가지의 ATT를 규정하고 있다.

〈표 1-1〉 ATL과 ATT

ATL	ATT
• 사고 기술: 비판적 사고, 창의적 사고, 전이 • 사회적 기술: 협동 • 소통 기술: 소통 • 자기관리 기술: 조직화, 효과적 기술, 성찰 • 조사 기술: 정보 문해력, 미디어 문해력	• 탐구 기반 • 개념 기반 • 맥락 기반 • 협동 기반 • 개별화 학습 • 평가를 통한 환류 중심

4. IB 교육 프로그램

1) PYP

[그림 1-1] PYP

PYP(Primary Years Programme)는 IB 교육 체계의 첫 단계로서, 만 3세에서 12세의 아동을 대상으로 진행되는 초등교육 프로그램이다. PYP는 학습자로 하여금 진취적으로 학습에 대한 책임감과 주도권을 가지도록 하며 지식과 기능뿐만 아니라 개념적 이해와 IB 학습자상에서 제시하는 태도를 계발하여 학습자 자신의 삶에서부터 공동체, 그리고 그 너머의 세계로의 변화를 이끌어 올 수 있도록 한다.

PYP의 설계는 초학문적(transdisciplinary) 주제 학습, 개념 기반 탐구 학습에 주안점을 두고 있다. PYP는 지역 및 세계의 문제를 교육의 과정 안에 통합하여 여섯 가지의 초학문적 주제를 기반으로 운영된다. 이들 주제는 교과의 영역을 초월하여 탐구하는 것이면서 실세계와 맞닿은 경계를 초월한다는 특징이 있다. PYP는 언어와 사회, 수학, 예술, 과학, 체육 및 사회성과 인성이라는 여섯 가지의 교과군을 갖추고 있기도 하지만, 각 교과의 내용은 여섯 가지 초학문적 주제에 따라 구성하고 설계하여 운영된다. PYP에서 제시하는 초학문적 학습 주제는 다음과 같다.

- 우리는 누구인가
- 우리는 어느 시공간에 있는가
- 우리 자신을 어떻게 표현하는가
- 세상은 어떻게 작동하는가
- 우리 자신을 어떻게 관리할까
- 지구촌의 공생과 상생

PYP의 또 다른 특징은 개념 탐구 기반의 접근을 지향한다는 것이다. 개념을 중심으로 한 탐구란 표면적인 지식의 이해를 넘어 아이디어에 비판적이고 창의적으로 참여하는 학습을 말한다. PYP에서는 교과를 종합하는 공통의 개념으로서 형식, 기능, 원인, 변화, 연결, 관점, 책임감, 성찰의 여덟 가지 요소를 제시하고 있다. IB에서는 PYP 학습 활동 시 여덟 가지 개념을 각 교과별 개념과 연결시켜 학습하도록 하고 있으며, 나아가 여섯 가지 탐구 주제와 결합하여 학습의 핵심 질문을 설정하도록 한다.

이와 같은 체제 속에서 운영되는 PYP를 평가하는 공식적 방법은 PYP 전시회이다. 이는 초등교육 프로그램의 이수를 위한 마지막 단계이기도 하다. PYP 전시회는 PYP 마지막 해에 학습자가 주제와 관련하여 자신의 실생활 속에서 발생하는 문제를 설정하고 그에 대해 심층적으로 연구하여 공유하는 활동이다. 전시회를 통해 학습자는 PYP를 통해 계발한 역량을 종합적으로 표현하고 드러내는 기회를 맞게 된다. 전시회는 학습자의 배움에 관한 정보를 수집하여 교사와 학부모에게 제공할 뿐만 아니라 나아가 다음 단계의 교육으로 나아가는 학습자들을 축하하는 장으로 기능하기도 한다.

2) MYP

[그림 1-2] MYP

MYP(Middle Years Programme)는 만 11~16세의 학습자를 대상으로 진행되는 중등교육 프로그램으로, DP에 이어 두 번째로 도입되었다. MYP는 능동적인 학습자를 계발하고, 타인에게 공감할 수 있는 국제적 소양을 갖추며, 의미 있는 삶, 목적 있는 삶을 추구하는 청소년으로서의 성장을 지원하는 데 주안점을 둔다. MYP에서는 PYP에 비해 교과군 영역이 여덟 가지(언어 습득, 언어 및 문학, 개인과 사회, 과학, 수학, 예술, 신체 및 건강, 디자인)로 확장되고, 각 교과군별 50시수를 충족해야 한다는 기준이 더해진다. 그러나 여전히 학제 간 학습을 강조하고 개념을 중시하며 나아가 학습자의 학습 맥락을 중시한다는 특징이 있다.

PYP가 교과 영역을 초월한 초학문적 주제 기반으로 운영되었다면, MYP는 2개 이상의 학문 분야에서 지식과 사고 방법을 이해하고 통합하여 새로운 이해를 창출하는 과정이 강조된다. 이와 같은 학제 간 학습은 학습자로 하여금 학문 간 보완을 통해 통찰력을 갖추고 지적 발견의 즐거움을 경험하게 하며, 같은 이유로 MYP는 과학, 기술, 공학 및 수학과 관련한 개념 및 기술을 통합하여 가르치는 STEM 학습을 강조하기도 한다. MYP의 학제 간 학습은 핵심 개념을 중심으로 설계하여 운영된다.

MYP에서의 개념이란 학습해야 하는 단편적 지식을 넘어 탐구를 보조하는 수단과 같다. 학습자들은 개념을 수단으로 삼아 개인적 · 지역적 · 세계적으로 중요한 문제와 아이디어를 탐구하며 이를 위해 지식을 총망라하는 경험을 하게 된다. MYP는 열여섯 가지 핵심 개념을 설정하고 있으며, 각 교과군별 개념 역시 별도로 설정하고 있다. MYP의 핵심 개념은 〈표 1-2〉와 같다.

IB는 학습이 맥락에 기반해 이루어지고, 그렇게 배운 학습 내용이 학습자의 삶과 그들이 경험한 세계와 관련이 있을 때 가장 잘 배울 수 있음을 강조한다. 따라서 MYP는 학습자의 보편적 맥락으로서 국제적 맥락을 제공하고 학습자에게 적절한 탐구 과제를 제공하여 국제적 소양을 갖춘 학습자가 될 수 있도록 설계하고 있다. 학습자는 다음의 여섯 가지 맥락을 통해 공동의 인류, 공동의 지구를 보호하기 위한 역할에 대해 이해하게 된다.

〈표 1-2〉 MYP의 핵심 개념

미학 (aesthetics)	변화 (change)	의사소통 (communication)	공동체 (communities)
연결 (connections)	창의성 (creativity)	문화 (culture)	개발 (development)
형식 (form)	세계적 상호작용 (global interactions)	정체성 (identity)	논리 (logic)
관점 (perspective)	관계 (relationships)	시간, 장소, 공간 (time, place and space)	시스템 (systems)

- 정체성과 관계
- 개인적 · 문화적 표현
- 시공간의 기원
- 과학과 기술의 혁신
- 공정함과 개발
- 세계화와 지속가능성

MYP의 학습은 개인 프로젝트(personal project)에서 정점에 달한다. 이는 IB 본부에서 실시하는 외부평가 과제이기도 하지만, 학습자가 자신의 관심 주제를 탐구하고 그들의 실천 의지와 실천 계획을 표명한다는 데서 MYP 학습을 종합하는 역할을 한다. 개인 프로젝트는 MYP의 마지막 해에 실시되며 장기간에 걸쳐 진행되는데, 학습자는 프로젝트 제안서 및 기준을 세우고 계획을 수립하며 프로젝트가 어떻게 개발되어 왔는지에 대해 기록해야 한다. 이 프로젝트를 통해 학습자의 자기관리, 조사, 소통, 비판적이고 창의적인 사고 그리고 협동에 대해 평가할 수 있으며, 프로젝트에서의 자기주도적 학습을 통해 주제에 대한 심층적 이해를 구축할 수 있다.

3) DP

[그림 1-3] DP

DP(Diploma Programme)는 만 16~19세의 학습자를 대상으로 운영되는 고등교육 프로그램이다. 이는 IB 프로그램 가운데 가장 먼저 개발되어 도입되었으며, 학습 단계상으로 가장 심화된 학습을 요구한다. DP는 학습자들이 교육과정을 통해 지식의 깊이와 폭의 확장을 경험하고, 신체적 · 지적 · 정서적 · 윤리적으로 보다 발전된 경험을 함을 목표로 삼고 있다. 또한 최소 두 가지 이상의 언어를 학습하고, 전통적인 학문 주제를 넘어서는 경험을 강조하고 있으며 DP만의 고유한 학습 활동인 TOK (Theory Of Knowledge)를 통해 지식의 본질에 대해 탐구하도록 한다.

DP는 PYP, MYP에 비해 교육의 체계가 명확히 설정되고, 교수학습에 이어 평가까지 상세히 설계된 프로그램으로 기능한다. DP는 크게 교과 영역과 중핵교육 영역으로 구분해 볼 수 있다.

(1) 교과 영역

PYP, MYP가 학문, 교과 영역 간을 초월하거나 넘나드는 방식으로 설계된 데 반해 DP는 교과학문의 체계가 명확히 설정되어 있다. DP에서 교과는 전체 6개 군으로 구성되어 있으며, 각각은 난도에 따라 표준 수준인 SL(Standard Level)과 심화 수준인 HL(High Level)로 나뉜다. DP 학습자는 6개의 교과군에서 세부 과목과 난도를 선택하는데, 디플로마를 취득하고 싶을 경우 3~4과목은 2년간 HL 난도로 각 240시간을 수강하고, 2~3과목은 표준 수준으로 각 150시간을 수강해야 한다. 이러한 과정을 통해 학습자는 자신이 선호하는 과목을 보다 깊이 학습할 수 있으며 동시에 다른 과목 역시 지속적으로 학습할 수 있다. DP의 교과군은 〈표 1-3〉과 같이 정리해 볼 수 있다.

〈표 1-3〉 DP의 교과군

교과군	특징	세부 과목
Group 1 언어와 문학	광범위한 문학 텍스트를 접하게 되며 언어의 복잡성, 풍요로움, 다양한 맥락에서 이용되는 세부적 특성까지 학습할 수 있다.	• 모국어(Language A): 문학(SL/HL) • 모국어: 언어와 문학(SL/HL) • 문학과 퍼포먼스(SL)
Group 2 언어 습득	언어의 이해와 사용법에 대한 학습을 통해 해당 언어를 사용하는 국가의 문화에 대한 통찰력을 가질 수 있다.	• 현대어(Modern languages): Language ab initio(학습 언어에 대한 선행경험이 부족한 경우 선택, SL 과정만 운영) • 외국어(Language B)(SL/HL) • 고전어(Classical languages): 라틴어(Latin) 혹은 고전 그리스어(Classical Greek)(SL/HL)

Group 3 개인과 사회	경제와 사회적 환경 및 제도, 인간 경험과 행동을 공부하여 다양한 관점과 가치에 대한 올바른 인식을 가질 수 있다.	• 경영관리, 경제학, 지리, 국제정치, 역사, 국제 사회에서의 정보 기술, 철학, 심리학, 사회 문화 인류학(SL/HL), 세계 종교(SL만)
Group 4 과학	사회와 과학의 윤리적 영향력에 대해 인식하고 학제 간 학습을 통해 세계적 문제와 관련한 과학적 해결 방안을 탐구해 볼 수 있다.	• 생물학, 컴퓨터 과학, 화학, 설계 기술, 물리학, 스포츠·운동과 건강 과학 • 간학문적 교과: 환경 시스템과 사회(Group 3과 Group 4의 조화)
Group 5 수학	수학 지식, 개념, 원리에 대해 이해하고 논리적·비판적·창의적 사고력을 계발하며 추상화와 일반화의 효과에 대해 생각해 볼 수 있다.	• 수학: 분석과 접근(SL/HL) • 수학: 분석과 해석(SL/HL) ※ 4개 교과 중 1개만 선택 가능
Group 6 예술	예술을 이해하고 작품을 창조하며 생산하고 수행하면서 예술적으로 표현하는 법을 배울 수 있으며 다양한 문화의 여러 예술 형태를 탐구할 수 있다.	• 춤, 음악, 영화, 연극, 시각예술 ※ 수학을 제외한 위 4개 교과 영역 중 한 영역에서 2과목을 선택한 경우 예술 교과군에서는 선택하지 않을 수 있음

(2) 중핵교육 영역

앞의 6개 교과군이 DP의 교과 체계에 해당한다면, DP 교육 체계의 한 축을 구성하는 중핵교육 영역(core curriculum)은 우리나라의 비교과 체계와 유사하다. 중핵교육 영역은 교과와 상보적 관계에서 설정되었으며, 교과 학문에서 강조되는 지식적 요소에 대한 학습을 보완하는 역할을 한다. 나아가 학습을 통합하고 심화시키는 융합적 학습을 가능하게 한다. 중핵교육 영역은 뒤에서 살펴볼 디플로마 이수 점수에서 3점이라는 적은 비중을 차지하지만, 중핵교육 영역에 속하는 세 가지 활동 중 한 가지라도 충족하지 못할 시 디플로마 취득이 불가능하다는 점에서 그 중요도가 매우 크다. DP의 중핵교육 영역은 다음과 같이 구성된다.

① TOK

TOK(Theory of Knowledge)는 지식의 본질에 대해 생각하고 우리의 앎에 대해 성찰하는 탐구 활동이다. 앞선 교과의 영역이 학습자에게 학문 영역별 지식의 고도화를 이끌어 내는 과정이었다면, TOK는 다양한 앎의 방식과 지식을 통해 깊이 있게 탐구하는 활동이다. 우리나라에서는 이를 '지식이론'이라고 번역하여 부르기도 한다.

TOK는 '우리는 어떻게 아는가?'를 핵심 물음으로 하여 'X에 대한 증거가 무엇인가?' '어떻게 우리는 Y가 최선의 모델이라고 결정할 수 있는가?' 'Z이론이 우리 세계에 의미하는 바는 무엇인가?'와 같이 지식의 본질과 우리의 앎에 대해 지속적으로 물음을 제기한다. 이를 통해 학습자 개인이 가지고 있던 생각과 이데올로기에 대한 깊이 있는 인식을 할 수 있으며, 문화적 관점에 대한 이해를 계발할 수 있다.

DP에서는 TOK의 100시수 이상을 진행하도록 규정하고 있다. 100시수 동안 TOK에서의 필수 주제와 선택 주제, 지식 범주 구분에 따른 지식 영역과 마지막 과제가 이루어져야 한다. TOK의 구성 체계를 살펴보면 〈표 1-4〉와 같다.

TOK의 평가는 프레젠테이션과 에세이 작성으로 구분된다. 프레젠테이션은 학습자의 일상과 관련한 문제 혹은 국가적이거나 국제적인 범위에서 나타나는 지식에 관한 질문에 대해 구술 발표를 진행하는 과제이다. 학습자들은 개별 발표 혹은 3인 이하의 그룹 발표를 1회 이상 실시하며, 개인은 약 10분의 발표를 진행하고, 그룹은 최대 30분의 발표를 진행한다. 이때 지식에 관한 질문은 특정 사례보다는 일반적인 질문이면서 정해진 답이 있지 않은 열린 질문이어야 한다. 그리고 우리가 당연

〈표 1-4〉 TOK의 구성 체계

과정 구성 요소	필수 수업 시수
• 핵심 주제: 지식(knowledge)과 아는 자(knower) 이 주제에서는 학생들에게 아는 자 및 사고하는 자로서 스스로를 성찰하고, 우리가 속한 다양한 지식 공동체에 대해 성찰할 기회를 제공한다.	32
• 선택 주제 학생들은 다음 다섯 가지 옵션 중 두 가지 선택 주제를 선정해야 한다. – 지식과 기술 – 지식과 언어 – 지식과 정치 – 지식과 종교 – 지식과 토착 사회	
• 지식 영역 학생들은 다음 다섯 가지 지식 영역을 공부해야 한다. – 역사 – 인문과학 – 자연과학 – 예술 – 수학	50
• 평가 학생들은 두 가지 평가 과제를 완료해야 한다. – 지식이론 전시회(내부평가) – 정해진 제목에 대한 지식이론 소논문(외부평가)	18
필수 수업 시수	100

하게 여기던 지식에 대해 논쟁하여 지식이 어떻게 구성되고 평가되는지를 알아 갈 수 있는 질문이 되어야 한다.

TOK 평가에서 더 큰 비중을 차지하는 것은 에세이이다. TOK 에세이는 학생들이 주어진 질문 중 한 가지를 선택하여 1,600자의 에세이를 작성하는 과제이다. TOK 에세이에서 제시되는 질문으로는 다음과 같은 것이 있을 수 있다. ① 과거에는 지식의 영역이 어느 정도로 형성되었습니까? 두 가지 지식 영역을 참조하여 작성하십시오. ② '사실과 이론을 여러 학문에 걸쳐 연결할 수 없는 이유는 없습니다. 그리고 그들을 설명하는 공통의 토대를 만들지 못할 이유가 없습니다.'라는 주장에 얼마나 동의하십니까? ③ '중립적인 질문은 없다.'는 주장을 두 가지 이상의 지식 영역에 기반하여 평가하십시오. ④ '역사의 임무는 인간의 본성에 대한 불변의, 보편 원칙을 찾아내는 것이다.'라고 할 때 현재의 역사와 다른 지식의 영역은 이를 어느 정도 이루어 냈다고 생각하십니까? 이와 같은 질문에 대한 에세이는 학습자가 얼마나 심도 있게, 얼마나 다양한 관점에서 지식 영역과 앎의 방식에 기초하여 작성하였는가를 기준으로 평가된다.

② CAS

CAS는 Creativity(창의), Activity(활동), Service(봉사)에서 각 머리글자를 딴 활동으로, 학습자의 흥미, 기술, 능력에 기초하여 학습자의 개성(profile)을 개발하는 것을 목적으로 한다. 교과과정 및 중핵교육 영역의 두 가지 활동이 지적 탐구를 중심으로 하는 교육 활동이라면 CAS는 학습자가 자기 자신에 대한 이해를 바탕으로 활동 주제를 선택하여 흥미롭고 도전적인 경험을 실제로 수행한다는 경험 중심의 성격을 지닌다. CAS는 최소 18개월 동안 지속성을 가지고 이루어져야 한다.

- Creativity(창의): 스스로 자신의 생각과 표현을 탐구함으로써 기존의 틀을 뛰어넘는 사고의 확장을 목표로 한다. 무대 예술, 디지털 디자인, 작문, 영화, 요리, 도예, 작곡 등의 활동이 이에 해당한다.
- Activity(활동): 규칙적인 활동 참여를 통해 건강한 생활양식을 갖추는 것을 목표로 한다. 개인 운동, 팀 스포츠, 에어로빅, 댄스, 야외

활동, 피트니스 등 건강한 생활양식에 기여하는 모든 신체 활동이 이에 해당한다.

- Service(봉사): 공동체와 사회를 위해 기여할 수 있는 능력을 갖춘 존재라는 것을 이해함을 목표로 한다. 학습자는 봉사 활동에 참여하는 과정에서 의사결정, 문제해결 등을 위해 사회적 기술과 개인의 능력을 적용하고 계발하며 자신의 정체성을 파악해 갈 수 있다. 또한 공동체의 요구를 파악하고 '함께'의 가치를 알며, 세계적으로 논란이 되고 있는 사건을 파악하고 이에 대해 사고하는 능력을 확장할 수 있다.

DP 과정에서 학습자는 다양한 CAS 활동을 기획하고 참여할 수 있다. CAS는 별도의 점수 평가 없이 이수/미이수로 구분된다. 다만, 학습자는 CAS 활동을 통해 사전에 명시된 일곱 가지의 학습 결과물을 제시할 수 있어야 하며 이를 통해 궁극적으로 CAS 이수를 받아야 한다. CAS 학습 결과물은 학습자의 활동 참여를 통한 내면의 성장 과정을 포함하여 제시하도록 설계되어 있으며, 이를 제시하기 위한 학습자의 성찰 과정을 필수적으로 요구한다. DP에서 제시하는 CAS 활동 결과물 목록은 다음과 같다.

- 자신의 장점을 기술하고 그 장점을 계발할 수 있었던 경험에 대해 서술하시오.
- 새로운 기술을 계발하는 과정에서 직면한 도전 과제에 대해 서술하시오.
- 어떻게 CAS 활동을 접하게 되었고 계획하게 되었는지 서술하시오.
- CAS를 통해 보인 열정과 인내에 대해 서술하시오.
- 협력하여 일하며 발휘한 기술과 협력하며 일하는 것의 장점에 대해 서술하시오.

- 세계적으로 중요한 문제에 어떻게 참여했는지 서술하시오.
- 선택과 실천의 윤리에 대해 고려하고 알게 된 부분을 서술하시오.

학습 결과물은 학습자가 전개한 다양한 CAS 활동 중 가장 부합한다고 생각되는 활동 경험을 선택하여 작성하면 된다. 그러나 한 가지 이상의 학습 결과물은 CAS 프로젝트 경험에서 도출된 것이어야 한다. CAS 프로젝트란 CAS 활동 기간 중 한 가지 이상의 활동을 최소 한 달 이상 유지하며 C, A, S, 세 영역 가운데 2개 이상의 영역을 조합하여 운영하는 활동을 말한다. 이는 일련의 CAS와 유사하지만 다른 공동체와의 협력이 반드시 포함되어야 한다는 점에서 차이가 있다. 학습자들은 사전에 CAS 프로젝트 제안서를 작성하여야 하며, 프로젝트 진행 절차 및 그를 통한 성장 과정에 대해 성찰 기록을 제출하여야 한다. CAS가 진행되는 동안 모든 과정은 학습자의 기록과 어드바이저 및 담당 교사의 확인을 통해 관리되며 인터뷰와 같은 점검 활동이 의무화된다.

③ EE

EE(Extended Essay)는 학습자가 관심 있는 학술 영역을 탐구하여 소논문을 작성하는 활동이다. EE는 대학교 수준의 연구와 작문 능력의 습득을 통해 대학에서의 학문 탐구를 지원하기 위해 고안되었다. 학습자는 EE를 통해 자신이 선택한 주제에 대한 열정과 지적 호기심, 창의성을 드러낼 기회를 얻게 되며 과제를 수행하는 동안 다양한 조사 기술과 인내, 회복탄력성, 동기 부여 등의 다양한 요인을 계발할 수 있다. 소논문은 영문 기준으로 약 4,000단어를 작성하여야 하며, 주제는 DP 교과목 중 한 가지 혹은 간학문적 주제를 선정해야 한다. IBO에서 제시하고 있는 EE의 예시 질문은 다음과 같다.

- 인물의 내면을 이해하기 위한 자료로서의 의상에 관한 분석

- 인도네시아 영양실조 아동에 대한 연구 및 관리 기간 동안 영양 개선 후 아동의 회복 정도에 대한 연구
- 무설탕 껌을 씹는 것이 식사 후 입 안에 있는 침의 pH에 미치는 영향
- 미국 달러의 하락이 캘리포니아 카멜의 관광 산업에 미친 영향
- 인간의 귀가 받아들일 수 있는 음악 파일의 압축 수준

학습자는 EE를 작성하는 과정에서 담당 교사의 지도와 조언을 받을 수 있다. 이를 IB에서는 성찰 세션으로 칭하며, 교사와의 인터뷰를 통해 학습자가 소논문에 대해 되짚어 보는 기회라 할 수 있다. 성찰 세션 동안 학습자는 자신의 연구 주제와 관련하여 지도를 받기도 하며, 연구 주제를 발전시키는 과정에서의 어려운 점에 대해 도움을 요청할 수도 있다. 그러나 지도와 조언은 학습자의 소논문 내용에 영향을 미치는 것이어서는 안 되며, 주제를 전개하는 데 가능한 방법과 주제에 제기할 수 있는 문제에 대한 논의, 참고문헌의 작성 요령 및 참고한 자료의 적절성 여부에 관한 논의, 연구 진행 과정에서의 문제와 문제를 극복한 경험 등에 관한 논의가 이루어질 수 있다. 성찰 세션에서 진행된 내용은 형식에 맞게 기록하여 제출해야 한다.

완성된 소논문은 연구의 초점과 방법, 지식과 이해, 비판적 사고, 프레젠테이션, 참여도를 기준으로 평가되며, 학습자는 〈표 1-5〉의 평가 기준에 비추어 자신의 소논문을 갱신해 가게 된다.

표에 제시된 것과 같은 DP 체계에서 IB 디플로마를 취득하기 위해서는 ① 필수·선택 과목 이수, ② 과목별 시험 최소 점수 통과, ③ 중핵교육 영역의 이수가 되어야 한다. 이 중 ① 필수·선택 과목 이수는 앞선 교과 영역에서 언급한 바와 같이 HL/SL 선택 및 교과군별 교과 선택에 관한 것을 말한다. ② 과목별 시험 최소 점수는 종합시험에서의 점수에 관한 것이다. DP 마지막에 시행되는 IB 종합시험에서는 6개의 교과 영

〈표 1-5〉 소논문 평가 기준

평가 기준	기준별 최고점
• 기준 A: 연구 초점과 방법 – 연구 주제의 정확하고 효과적인 기술, 연구 질문의 명확한 진술 및 질문의 초점, 연구 방법의 적절성	6
• 기준 B: 지식과 이해 – 연구 문제와 관련된 조사의 정도와 제시한 이슈에 대한 상호 보완적 관점, 용어의 적절한 이용과 개념 이해도	6
• 기준 C: 비판적 사고 – 조사, 분석, 논의 및 평가 등 연구를 평가하고 분석하는 데 이용되는 비판적 사고 능력의 정도 ※ 연구 주제 및 질문이 부적절하다고 판단될 경우 이하의 기준에 대해서는 채점하지 않음	12
• 기준 D: 프레젠테이션 – 대학 글쓰기에서 활용되는 표준 형식을 따르는 정도 및 작성된 글에 대한 효과적인 글의 전개	4
• 기준 E: 참여 – 연구 과정 및 학생들의 참여 정도, 성찰 세션에서 진행된 내용	6
총점	34

역에 관한 평가가 이루어진다. 여기서는 과목별 7점씩, 6개의 교과에 대한 시험을 진행하여 42점에 중핵교육 영역 3점을 더해 총점 45점 만점으로 점수를 부여받게 된다. 이때 각 교과 시험에서 학습자는 최소 4점 이상을 취득해야 하며 총점 24점을 넘어야 한다. ③ 중핵교육 영역의 이수란 TOK, EE, CAS의 이수를 의미하는 것으로, 앞서 언급한 바와 같이 중핵교육 영역은 총점 중 차지하는 점수가 3점에 불과하지만 디플로마 이수의 필수 조건으로 교과 성적이 우수하더라도 중핵교육 영역을 미이수할 경우 디플로마가 수여되지 않는다. 따라서 디플로마를 취득하고자

하는 경우 반드시 중핵교육 영역을 실시해야 하며, 최종적으로 중핵교육 영역은 CAS의 이수/미이수, TOK 에세이 및 프레젠테이션 평가, EE 소논문 평가를 3점으로 환산하여 반영된다.

제2장

IBDP 평가의 특징

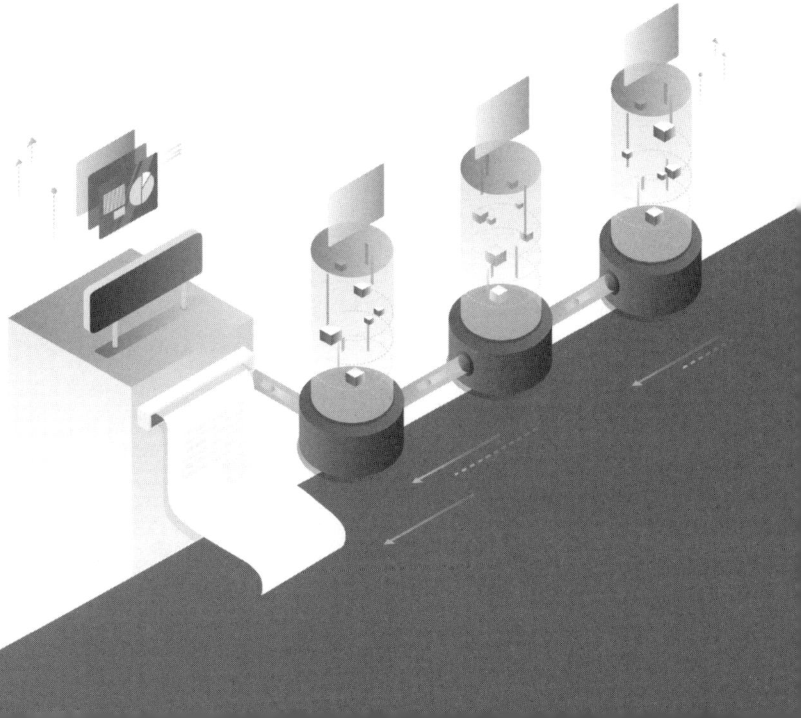

IB that Shaped the Future of Education

1. 평가 방법의 특징

1) 절대평가: 선발적 평가관에서 발달적 평가관으로

최근 학교 현장은 평가 혁신의 다양한 시도로 수행평가와 서논술형 평가와 같은 평가 방식의 변화와 함께 절대평가 방식으로의 전환을 꾀하고 있다. 특히 선택교육과정과 공동교육과정, 학점제 도입과 같은 교육과정 다양화의 움직임은 절대평가에 대한 요구를 현실화시키는 데 일조하였다.

지금까지 학교학습에서의 평가는 선발적 평가관을 기반으로 한 방식으로 동일한 조건에서 동일한 과제를 해결하고 부여된 점수를 통해 순위를 매기는 방식으로 성적을 산출하였다. 이러한 평가관에서는 문제의 출제 방식과 배점에 따라 평가의 결과가 달라진다. 예컨대, 교사가 의도적으로 학생들의 성적을 하향 조정하거나 상향 조정할 수 있었다. 변별력을 위하여 어렵게 문제를 출제하여 학생들의 성취도를 낮게 책정하는 방식들이 그러하다. 이러한 평가에서는 조건의 동일성이 중요하게 여겨지기 때문에 만일 같은 조건에서 경쟁이 시행되지 않으면 불공평하다고 인식한다. 따라서 일제히 획일적인 시험 시기와 문항, 채점 방식 등을 적용할 수밖에 없다. 수십만 명, 백만 명 규모로 동일한 문제를 풀게 되면, 확보할 수 있는 시간과 평가 문항 구성에도 제한적일 수밖에 없다. 이렇게 한정된 조건 안에서 평가는 결과적으로 1점 차이의 점수로 입시

결과가 달라질 수 있다. 게다가 이 방법에서 공평성은 동일한 시험 내부에서만 보장될 뿐, 다른 시험 문제와 다른 채점 기준에서는 점수에 변동이 생길 수 있다.

반면에 IBDP의 경우, 기본적으로 절대평가를 통해 성적을 산출한다. 절대평가란 도달도 평가이기 때문에 평가 단계별로 다른 과제를 부여하고, 그 과제를 완수하면 평가된 능력의 단계를 특정하는 방식이다. 이러한 평가의 원리는 평가의 관점에서 근본적으로 차이를 갖는다. 선발적 평가관에서는 평가자의 점수와 등수가 가장 중요하기 때문에 채점 과정에서 객관성이 확보되는 객관식 문항과 성적을 비교하기 위하여 모든 학생을 같은 문항으로 평가하는 일제식 평가를 실시할 수밖에 없다. 반면에 발달적 평가관에서는 학생 간 비교와 서열화가 아닌 개개인의 성장과 발달이 평가의 목적이기 때문에 일정 수준으로의 도달 정도를 통해 단계를 특정하고 학습을 인증해 주면 된다.

절대평가에서의 등급 점수를 통한 단계평가 방식은 평가 준거별로 분절적인 지식의 정확도를 확인하고 점수를 특정 짓는 방식이 아니다. 이것은 〈표 2-1〉에서 확인할 수 있듯이 각각의 평가 준거들의 등급 간 배점 차이는 내용이나 구조의 질적 차이를 바탕으로 구분된다. 따라서 각각의 평가 준거들은 전체 과제물의 총체적 흐름 안에서 파악될 수 있다. 이러한 평가의 방식은 다음의 수학교사의 실제 채점 과정에 대한 경험에서도 잘 나타난다.

〈표 2-1〉 문서화된 평가 기준: HL과 SL

평가 기준	0	1	2	3	4	5	6
• 기준 A: 반성문 요구사항 충족 –대화식 구술을 통해 문화적·맥락적 요소에 대한 이해가 어떻게 발전했는지를 어느 정도 보여 주는가?	작업이 아래 설명에 묘사된 기준(standard)에 접근하지 못함	대화식 구술에 대한 성찰이 문화적·맥락적 요소에 대한 학생의 이해에 표면적인 발전을 보임	대화식 구술에 대한 성찰이 문화적·맥락적 요소에 대한 학생의 이해에 어느 정도 발전을 보임	대화식 구술에 대한 성찰이 문화적·맥락적 요소에 대한 학생의 이해에 발전을 보임	–	–	–
참고: 반성문의 단어 제한은 300~400단어이다. 단어 제한을 초과할 경우 1점 감점된다.							
• 기준 B: 지식과 이해 –학생이 선택한 작업에 대한 지식과 이해를 보여 주기 위해 주제와 에세이를 얼마나 효과적으로 사용했는가?	작업이 아래 설명에 기술된 기준에 이르지 못함	에세이가 과제물에 사용된 작업에 대한 약간의 지식을 보이지만 이해는 거의 없음		에세이가 과제물에 사용된 작업에 대한 지식과 이해, 그리고 약간의 통찰을 보임		에세이가 과제물에 사용된 작업에 대한 상세한 지식과 이해, 그리고 직관력 있는 통찰을 보임	
• 기준 C: 작가 선택의 적절함 –언어, 구조, 기술(technique)과 문체 의미 등 글쓴이의 선택 의미를 어느 정도 이해하고 있는가?	작업이 아래 설명에 기술된 기준에 이르지 못함	언어, 구조, 기술, 문체 의미에 대한 언급은 있지만, 거의 이해하지 못함		언어, 구조, 기술, 문체 의미에 대한 적절한 이해가 있음		언어, 구조, 기술, 문체 의미에 대한 탁월한 이해가 있음	
• 기준 D: 구성(organization)과 발전 –아이디어를 얼마나 효과적으로 구성했으며, 아이디어 개발에 작업의 언급이 얼마나 잘 통합되었는가?	작업이 아래 설명에 기술된 기준에 이르지 못함	아이디어를 정리하려는 시도는 있지만 사용된 작업의 예는 거의 사용하지 않음	아이디어가 피상적으로 구성되고 개발되며, 사용된 작업에서 일부 통합된 예가 있음	아이디어가 사용된 작업으로부터 적절하게 통합된 예를 통해 적절하게 구성되고 개발됨	아이디어가 효과적으로 구성되고 개발되며, 사용된 작업에서 잘 통합된 예제를 사용함	아이디어가 설득력 있게 구성되고 개발되며, 사용된 작업에서 효과적으로 통합된 예제를 제공함	–
참고: 에세이의 단어 제한은 1,200~1,500단어이다. 단어 제한을 초과할 경우 2점 감점된다.							
• 기준 E: 언어 –언어는 얼마나 명확하고 다양하고 정확한가? –기록부(register), 유형, 용어 선택은 얼마나 적절한가?(이 맥락에서 '기록부'는 학생이 과제에 적합한 어휘, 어조, 문장 구조 및 용어와 같은 요소를 사용하는 것을 말한다.)	작업이 아래 설명에 기술된 기준에 이르지 못함	언어가 거의 명확하지 않고 적절하지 않음. 문법, 어휘, 문장 구성에는 많은 오류가 있고, 기록부와 문체에 대한 감각이 거의 없음	언어가 때때로 명확하고 신중하게 선택됨. 문법, 어휘, 문장 구성은 꽤 정확하지만, 오류와 모순이 명백함. 기록부와 문체는 어느 정도 과제에 적합함	언어가 명확하고 신중하게 선택됨. 문법, 어휘, 문장 구성에서의 적절한 정확도와 함께 일부 실수에도 불구하고, 기록부와 문체는 대부분 과제에 적절함	언어는 명확하고 신중하게 선택됨. 문법, 어휘, 문장 구성에서의 정확도가 높음. 기록부와 문체는 일관되게 과제에 적합함	언어가 매우 명확하고, 효과적이며, 신중하게 선택되고, 정확함. 문법, 어휘, 문장 구성에서의 높은 정확성을 가지고 있음. 기록부와 문체는 과제에 효과적이고 적절함	–

그럼 이런 평가들은 어떤 식으로 채점이 되느냐? 이런 식으로 채점이 됩니다. 물론 저도 한 번 채점을 하고, IB에서도 한 번 더 채점을 하기 때문에, 저는 최대한 객관적으로 하는 것에만 집중하고 있습니다. 이건 심화반의 좀 어려운 문제일 수도 있는데요. 채점을 할 때 M, 그러니까 Method, 과정에 대한 평가를 하겠다. 그리고 때로는 과정이 생략되더라도 학생이 알고 있다고 판단되면 그것에 대한 점수를 주기도 합니다. 때로는 생략된 답변에 대한 평가를 하기도 합니다. 그러니까 여기서 구했던 숫자를 다음 문제에서 사용해야 하는데, 이 학생이 실질적으로 쓰지는 않았지만, 그것을 사용하고 있다면 답을 구하지 않고 어떻게 사용했겠냐? 그러니까 답을 쓰지 않았어도 답 점수를 주는 경우도 있습니다. 그리고 R 점수, 이것은 Reason이라는 건데요. 평가표상 이런 방법으로 문제를 풀면 점수를 주겠다고 되어 있어도 학생들이 예상하지 못한 방법을 들고 나왔을 때 그것이 타당한 이유를 가지고 있다면 보상을 주기도 하고요. 그리고 RT, 이것은 Read Through의 약자입니다. 학생이 질문을 잘못 읽었을 때, 그 잘못 읽은 질문을 채점해 줍니다. 그래서 처음에는 이거 악용될 수 있지 않느냐? 문제에서 10이라는 숫자가 나왔는데, 학생이 숫자를 2라고 잘못 읽었을 때 문제가 쉬워진다는 것을 파악하고 2로 바꿔서 풀면 어떻게 하냐? 그랬더니 IB에서는 그렇게까지 생각하는 학생이 있나요? 이렇게 이야기하더라고요. 이렇게 잘못 읽은 문제를 채점해 주는 것이 굉장히 새로웠고, 이런 식으로 과정을 평가하고 있는 것을 학생들이 스스로 느낄 수 있게끔 해줍니다. (○○고 수학교사)

이처럼 IBDP의 절대평가 방식은 상대평가에서 학습자들의 성취 정도를 변별하기 위한 목적과는 엄연한 차이를 보인다. 변별을 위한 문항별 세부 점수가 서열화를 목적으로 한다면 과제의 완성도 전체를 해당 교과에서 설정한 절대적 성취 준거에 맞추어 특정 도달 정도만 파악하는 데 집중한다. 즉, 학생들은 부분적이고 분절적인 지식의 의미나 내용만을 암기하는 것만으로는 충분한 점수를 받을 수 없게 평가가 구조화되어 있다. 따라서 학생들은 평가에서 요구하는 다양한 평가 준거들에서 높은 점수를 받기 위하여 학습 과정을 전개시켜 나간다. 또한 이러한 도달도 평가는 가능한 한 많은 학생이 성취 목표에 도달하도록 하기 위한 성장지향 학습과 평가 방식을 취한다.

평가관이 달라졌다는 것은 평가의 방식도 달라져야 함을 의미한다. 평가에서 어떻게 변별력을 확보할 것인지에 대한 문제는 기존의 평가 문항과 성취 목표를 전제로 할 때에만 성립하는 질문이다. 선발적 평가관에서는 학생 간 차이를 변별해 내는 것이 중요하다. 따라서 평가에서는 동일 문제와 동일 답안을 전제로 하는 평가 조건의 동일성이 매우 중요하게 다뤄진다. 하지만 발달적 평가관에서는 학습자의 성장과 발달에 초점을 두기 때문에 평가 문항과 조건의 동일성이 중요치 않다. 이것은 학습자의 성장과 발달을 위해서 학습에서 적당한 콘텐츠와 형식을 다양하게 선택하도록 하는 개별화 학습의 설계 조건이 마련되었음을 의미한다. 평가 문항과 답안이 개별화된다는 것은 평가에서 상정하는 성취 준거의 적용 방식이 선발적 평가관과는 달라져야만 함을 의미한다.

이는 앞서 언급한 바와 같이 평가 준거의 제시 방식이 내용 요소의 측정 수준에서 학습자의 성취 정도를 측정하는 방식으로 달라져야 함을 의미한다. 예컨대, 〈표 2-2〉는 학생의 '지식과 이해' 수준을 평가하기 위한 평가 준거에서 점수의 차등을 구별 짓는 용어들이다. 과목별로 다소 상이하긴 하지만, 대체로 IBDP에서 성취 준거의 제시는 과제의 '내용 요소'가 아닌 '수행의 질적 수준'을 차등하는 방식으로 이루어진다.

〈표 2-2〉 소논문(EE) 문서화된 평가 기준: 기준 B-지식과 이해

5~6	에세이가 과제물에 사용된 작업에 대한 상세한 지식과 이해, 그리고 직관력 있는 통찰을 보임
3~4	에세이가 과제물에 사용된 작업에 대한 지식과 이해, 그리고 약간의 통찰을 보임
1~2	에세이가 과제물에 사용된 작업에 대한 약간의 지식을 보이지만 이해는 거의 없음
0	과제물이 아래 설명에 기술된 기준에 이르지 못함

〈표 2-2〉의 성취 준거가 보여 주듯이 성취 수준을 차등하는 기준은 'detail' 'perceptive' 'some' 'little' 등의 형용사로 구분된다. 이것은 개별화된 과제에서는 정해진 답안을 얼마나 동일하고 정확하게 작성했는지의 여부를 평가할 수 없기 때문에 학습자의 성취 수준을 질적으로 차등해야 한다. 이러한 평가에서 타당성은 평가 문항이 아닌, 평가 답안에서의 질적 심화 정도, 깊이와 같은 애매모호함을 어떻게 적절하게 차등할 수 있을 것인지에 대한 문제로 다루어진다. 결국 평가 준거로서 질적 수준을 차등하는 방식은 명시적으로는 의미의 모호성을 띨 수밖에 없지만 이것은 필연적으로는 개별화된 과제 설계에서 따라오는 평가 준거의 특성이 된다. 따라서 이러한 평가에서는 결과물에 대한 교사의 맥락적인 판단과 해석을 적극적으로 요구한다. 다시 말해서, 서로 다른 학습의 과정과 결과를 어떻게 객관적으로 평가할 수 있을지 여부는 평가의 타당성과 신뢰성 확보에서 중요한 지점이다. 선발적 평가관을 바탕으로 실시되는 평가에서는 문항과 답안이 얼마나 많은 사람에게 객관적이고 정확하게 측정할 수 있는 도구인지가 중요했다면, 발달적 평가관에서는 채점자 개인이 얼마나 평가의 일관성을 갖고 평가를 했는지가 평가의 타당성과 신뢰성을 결정하는 핵심이 된다. 따라서 이러한 관점에서는 평가를 통한 변별력은 서로 다른 학습자 간이 아닌 채점자 내적으로 학

습자 개인의 도달 정도를 일관되게 변별하는 문제를 의미한다.

2) 정성평가의 체계화: 타당성과 신뢰성 확보 방식의 차이

IBDP에서 평가의 타당성과 신뢰성의 확보는 교육과정의 재구성과 학습 내용의 자율성을 보장하는 IBDP의 철학과 교육학적 원리에서 비롯된다. IBDP의 평가의 타당성과 신뢰성의 확보는 단순히 동일 평가 내 조정 절차에 국한된 것은 아니다. 이것은 평가 간의 내용적 · 방법적 다양성을 통해 학습자의 성취 평가에 대한 내용 타당성(content validity)과 구성 타당성(construct validity) 모두를 높이기 위한 노력으로 드러난다.

(1) 타당성의 확보: 다면형 평가

IBDP에서 평가는 외부평가(external assessment)와 내부평가(internal assessment)로 이루어진다. 외부평가는 IBO의 출제가 중심이 되어 지필형 졸업시험의 형태로 치러진다. 내부평가는 학생들이 2년에 걸쳐 학습하는 기간 중에 이루어지며, 학생들의 프레젠테이션, 프로젝트, 포트폴리오 등을 바탕으로 한다. 평가 내용과 형식은 매우 다양하지만 매우 체계화되어 있고 엄격한 절차에 따라 관리된다. 이러한 평가의 원리와 특징은 다면평가(360 degree feedback, multisource evaluation)의 성격과 유사하다고 할 수 있는데, 이것은 IB가 추구하는 교육과정 구현을 위한 핵심이라고 할 수 있다.

다면평가는 인사행정이나 경영 영역에서 주로 활용하는 개념으로 조직 내에서 개인의 다양한 역할을 학습하거나 조직 내 상사, 부하, 동료, 고객 등과의 상호작용과 관련하여 이루어지는 업무 수행에 초점을 둔 것이다. 이는 상사의 일방적 평가인 전통적인 방식으로 자기개발을 지원하기에는 한계가 있다는 것이 점차 인식되면서 이를 보완하기 위한 제도적 장치를 의미한다. 다면평가의 특성은 전통적인 평가 방법에 비해 복수의 평가자들이 종업원의 자기개발 행동을 촉진하고자 평가 결과를 피드백하는 데 있다. 또한 기존의 피평가자인 감독자 또는 상사로부터 제공받았던 업무 수행에 관한 정보 이외에도 부하, 동료, 고객 등으로부터 추가적인 직무 수행 정보를 제공받는 것이 특징이며 다양한 관점의 새로운 정보를 제공받음으로써 피평가자의 평가 결과 수용도가 더욱 증가할 것으로 보인다. 즉, 기존의 하향평가가 상사만의 시각으로 평가하기 때문에 객관성이 부족할 수 있다는 점에 비해 다면평가는 본질적으로 피평가자와 가까이 있는 복수의 평가자가 피평가자의 업무 수행을 여러 관점에서 평가하고 피평가자의 직무 수행과 관련한 유용한 정보를 제공하여 역량 개발과 업적 향상에 기여할 수 있다고 보았다(김정진, 박경규, 2008).

IBDP에서 크게 평가를 구분하는 방식은 내부평가와 외부평가이다. 이것은 다면평가에서 제안하는 복수의 평가자들에 의한 다양한 수행의 관점을 측정하고 피드백을 제공하고자 하는 취지와 유사한 원리를 갖는다. 내부평가와 외부평가의 방식은 기본적으로 평가 주체와 시기, 방식 등에서 차이를 갖는다. 외부평가의 경우, 비교적 교육과정이나 교수요목을 중심으로 구조화된 지식 혹은 학습한 내용을 바탕으로 지식의 활용 능력을 확인하는 것이라면, 내부평가는 학습자 스스로 자신의 학습을 설계하고 이끌어 갈 수 있는지에 관한 학습 역량을 확인하는 것에 더 초점을 두는 평가이다. 외부평가가 '집어넣는 교육'에 대한 평가로서 재생산 능력을 본다면, 내부평가는 '꺼내는 교육'에 대한 평가로서 학습자의 학습력을 평가한다고 할 수 있다. 그렇지만 외부평가와 내부평가에 대한 대비는 수업에서 결코 분절적으로 이루어지지 않는다. 외부평가와 내부평가는 수업의 장면에서 통합적으로 설계될 때 가장 효과적으로 학습이 가능하며 이것은 평가를 통해 상호 보완적으로 학습된다.

IBDP에서 평가를 다면화하는 방법적 특징은 국어과 사례를 통해 다음의 두 가지로 정리할 수 있다.

① 평가 방식의 다양화

IBDP는 과목별 특성에 따라 다양한 평가 주체와 평가 시기, 평가 방식을 활용한다. 이러한 다면형 평가 방식은 지식에 대한 이해와 활용과 더불어 지식을 적용하고 확장시키기 위한 방식에 이르기까지 다양한 방식으로 역량을 측정하기 위한 방법의 일환이다. IBDP에서는 구두 및 서술, 단답형, 자료 제시형, 논술, 선다형(multiple-choice) 문제 등에 이르기까지 시험 방식에서의 다양성을 추구한다. 또한 평가 시기에 있어서도 수업 중에 발표 형식으로 진행하거나 학기 말에 구술 면접 형식으로 하는 방식, 2년에 걸쳐 수정 · 보완하는 서면 과제의 방식 등으로 다양화한다. 이러한 평가 방식의 다양화는 자연스럽게 학습 과정에서 동일 지식에 대한 다양한 수행 방식을 요청하고 학습자에게 다양한 피드백을 제공한다. 학생들은 동일한 내용을 서면 과제로 수행함과 동시에 추후에 있을 구술 시험이나 외부평가 등에서 출제 가능성 등을 고려하여 다양한 수행의 방식으로 반복적으로 다루게 된다. 이러한 과정을 통해 학생들은 지식을 다양하게 변용하고 표현하는 활용 능력과 더불어 내용적 폭과 깊이를 더해 갈 수 있게 학습하게 된다. 또한 이러한 평가 방식은 학문적인 성취 내용과 과정을 다면적으로 평가함에 따라 학생들의 다양한 학문 형태와 문화 양식을 고려할 수 있게 된다.

〈표 2-3〉 국어 A: 문학 평가의 특성

<table>
<tr><th colspan="2">영역: 과목</th><th colspan="4">Group 1: 언어와 문학국어 A</th></tr>
<tr><th colspan="2">평가 특성</th><th>평가 내용</th><th>평가 내용의 선정 주체</th><th>수행 방식</th><th>평가 시기</th></tr>
<tr><td rowspan="3">외부</td><td>과제 1</td><td>새로운 지문
(부분 발췌)</td><td>IBDP</td><td>지필고사</td><td>졸업시험</td></tr>
<tr><td>과제 2</td><td>학습했던 작품
(작품 전체)</td><td>학생(지문)+
문제(IBDP)</td><td>지필고사</td><td>졸업시험</td></tr>
<tr><td>서면 과제</td><td>학습했던 작품
(교사 재량)</td><td>교사
혹은 학생</td><td>과제+
1회 피드백</td><td>학기 중</td></tr>
<tr><td rowspan="2">내부</td><td>개인 구술
면접</td><td>학습했던 작품
(부분 발췌)</td><td>교사</td><td>구술 면접</td><td>졸업시험</td></tr>
<tr><td>구술 발표</td><td>학습했던 작품
(교사 재량)</td><td>학생</td><td>구술 발표</td><td>졸업 즈음의
수업 시간</td></tr>
</table>

평가 형식의 다양성 이외에도 IBDP에서는 하나의 평가 안에서도 다양한 평가 요소를 측정한다. 이것은 평가 이후 제공되는 평가 보고서는 학생들에게 평가에서 요구하는 바가 무엇인지, 또한 이를 기반으로 교사가 수업에서 지도해야 하는 것이 무엇인지를 잘 보여 준다. 이것은 IBDP에서 요구하는 실제적인 성취 기준과 평가 요소가 얼마나 과제 수행 전반에 분산되어 있는지를 보여 준다. 예컨대, 에세이 평가의 평가 요소에는 글자 수를 요구에 맞출 것, 참고문헌을 형식에 맞추어 작성할 것, 인용문을 형식에 맞게 작성할 것, 알아보기 좋게 글씨 쓰는 연습을 할 것 등을 요구하고 있다. 구술 시험의 경우에도 주어진 시간을 효과적으로 활용할 수 있도록 할 것, 명확한 용어를 사용하고 장황하지 않게 명료하게 말할 것 등도 평가의 요소들로 지적한다. 단순히 문학 작품의 내용적 이해와 기술을 넘어서 평가와 관련된 주변적인 수행 기술까지도 평가의 요소로 삼는다. 〈표 2-4〉는 평가 기준별 학생의 성과를 정리하여 보고

한 것이다. 해당 영역별 평가는 상당히 구체적이고 실제적이다. 학생들의 수행에서 요구되는 다양한 지식과 기술, 능력 등에 대하여 매우 자세하게 평가하고 있다는 것을 알 수 있다.

〈표 2-4〉 국어 A 평가 기준별 학생 성과 보고서

- 준거 A: 개요(outline)

  개요의 필수 요소는 가이드북에 제시되어 있으며, 학생들이 이미 잘 숙지하고 있는 것으로 보인다. 하지만 많은 학생들이 이 채점 영역에서 2점을 못 받은 이유는 마지막 3~4개의 key points 부분이 부족했기 때문이다. key points에서는 본문의 내용을 요약하는 것이 아니라, 본문의 중점 내용과 응답의 방향을 간단명료하게 제시해야 하며, 실제로 본문의 내용도 이와 일치해야만 한다.

- 준거 B: 질문에 대한 응답(response to the question)

  과제 2는 질문에 대한 응답이 핵심인데도 불구하고, 이를 간과한 사례가 적지 않았다. 가령, 학생들이 가장 많이 선택한 규정 질문인 "How and why is a social group represented in a particular way?"의 경우, 그 응답에서는 '어떻게'와 '왜'가 모두 균형 있게 다뤄져야 하며, social group(women, children, senior citizens, immigrants 등)이 그 대상임을 놓쳐서는 안 된다.

- 준거 C: 조직과 주장(organization and argument)

  이 채점 영역에서는 학생들의 글이 논리적으로 조직되었는지, 그리고 통일되고 일관성 있는 구성을 보였는지를 평가하게 된다. 중요한 것은 과제 2는 에세이 형태여야 한다는 것이다. 다시 말해, 반드시 서론이 있어야 하고, 자신의 생각과 논지를 분명하게 발전시킨 뒤 결론을 맺는 구조를 보여야 한다. 대부분의 학생들이 이를 잘 숙지한 것으로 보이지만, 이 틀을 잘 맞추지 못하거나 글의 통일성을 지키지 못한 글들도 꽤 보였다.

- 준거 D: 언어와 양식(language and style)

  과제 1과 비교했을 때 적합한 어휘의 선택이나 문장의 구조, 그리고 언어 사용 능력 등이 훨씬 우수했다. 하지만 최종 제출 전에 맞춤법과 띄어쓰기, 주어와 서술어의 호응 등에 대한 점검을 한다면 더 훌륭한 과제를 수행할 수 있을 것으로 보인다.

이러한 평가에서의 요구사항은 문학 교과에서 학습자에게 요구되는 역량이 단순히 문학적 이해와 분석 능력에만 국한된 것이 아니라 이해한 것을 글로 쓰고 때론 그것을 이야기하는 방식을 익히는 것, 그것을 적용하는 맥락에 따라 적절하게 표현하는 기술적인 측면까지도 다양성 있게 평가하는 통합적 능력을 요구한다. 이것은 도구의 활용과 상호작용 능력 등을 교과 안에서 통합적으로 경험하도록 하고 이를 평가 안에 체계적으로 녹여 내고 있는 IBDP의 평가의 특징이다. 이러한 평가에서 다양성의 반영은 학습자의 능력을 다양한 방식으로 학습하고 평가할 수 있다는 특성과 동시에 학습자에 따라 달리 나타날 수 있는 표현 능력(수행 방식)의 차이를 다양한 평가 방식을 통해 최대한 고려하여 평가 결과의 타당성을 높이기 위한 문화적 다양성의 반영이기도 하다.

이러한 다면적 평가를 통한 평가의 타당성 확보는 모든 교과에 동일하게 적용되지만, 교과의 성격에 따라 평가 비율에 차이를 두는 방식으로 더욱 정교화한다. 〈표 2-5〉는 과목별 평가 형식에 따른 반영 비율이다. 외부평가(EA)와 내부평가(IA)의 비율은 대체로 70~80% 대 20~30%이지만, 예술 영역의 경우 50 대 50의 비율을 보이는 과목들도 있다. 이러한 과목은 표현 교과의 특성상 수행 장면에서의 맥락적 속성들을 관찰하고 이해해야만 하는 현장 활동의 특징이 강한 교과들로 서면평가로 충분히 그러한 학습의 과정과 성취 정도를 파악할 수 없다고 여겨지는 것들을 평가에 반영하기 위한 타당성 확보의 장치이다.

〈표 2-5〉 과목별 평가 방식에 따른 반영 비율(%)

영역	과목	수준	외부평가	내부평가
Group 1 언어와 문학	영어/한국어/표준 중국어(Mandarin) 그리고 문학	기본 · 고급	70	30
	국어 A	기본 · 고급	70	30

Group 2 언어 습득	스페인어/기본 중국어 (Mandarin)/국어 B	기본 · 고급	75	25
Group 3 개인과 사회	경영관리	기본 · 고급	75	25
	경제	기본	75	25
		고급	80	20
	세계 정치	기본	75	25
		고급	60	40
	역사	기본	80	20
		고급	75	25
	심리학	기본	75	25
		고급	80	20
Group 3 & 4 개인과 사회와 과학	환경 시스템과 사회	기본	80	20
Group 4 과학	물리학	기본 · 고급	80	20
	화학	기본 · 고급	80	20
	생물학	기본 · 고급	80	20
	컴퓨터 과학	기본	70	30
		고급	80	20
Group 5 수학	수학 연구	기본 · 고급	80	20
	수학	기본 · 고급	80	20
Group 6 예술	시각 예술	기본 · 고급	60	40
	영화	기본 · 고급	50	50
	음악	기본 · 고급	50	50
	연극	기본	65	35
		고급	75	25

이처럼 IBDP는 평가를 설계하기 위해 매우 다양한 요인을 평가에 반영하고자 고려하고 있다. 평가에 필요한 내용의 구성과 도구들을 선택하고 활용하는 것에서는 최대한 자율성과 선택권을 보장하지만, 반면에 그것을 반영하고 평가하기 위한 평가의 준거는 매우 상세화하여 제공한다. 이로써 교사와 학생, 학부모는 학습에 필요한 다양한 도구를 맥락에 맞게 선택적으로 활용하면서도 학습을 통해 도달해야 할 명확한 성취기준을 제공받게 된다. 이러한 IBDP의 교육과정과 평가의 설계 방식은 학습의 길잡이로서의 역할에 충실하면서도 학습자의 자율성을 보장하는 완급 조절을 통해 혼란과 불안 없이 과정을 완수할 수 있도록 한다. IBDP가 자기주도적 학습을 설계하기 위한 노력은 다음 장에서 제시하는 평가의 몇 가지 특징에서 더 자세히 논의될 것이다.

② 평가 내용의 대강화 · 자율화

'제1영역: 언어와 문학'의 평가 1(Paper 1)의 경우 이전에 배우지 않은 낯선 작품 한 가지에 대한 분석을, 평가 2(Paper 2)의 경우 수업 중에 학습한 작품 두 가지에 대한 에세이를 작성하는 것을 형식으로 평가가 진행된다. 구술 면담 혹은 발표로 진행되는 내부평가의 경우에도 교사가 수업 중에 다루었던 지문 중 발췌하지만 지문과 질문 내용은 사전에 예고되지는 않는다. 또 다른 구술평가는 수업 시간에 프레젠테이션을 활용하는데, 이 경우에 발표 내용은 학생이 스스로 선택한다.

[그림 2-1]과 [그림 2-2]는 국어 A: 언어와 문학의 외부평가 평가 1(Paper 1), 평가 2(Paper 2)의 문항 예시이다.

그림에서의 예시와 같이 외부평가인 평가 1(Paper 1)에서 제시되는 문제의 형식은 매우 단순하다. 기본 레벨의 경우 평가 1(Paper 1)에서 두 가지 정도의 분석 가이드가 주어진다. 학생들은 주어진 지문을 활용하여 각자가 작품에 대한 분석을 자유롭게 수행한다. 평가 2(Paper 2)는 지도교사에 따라 학습한 내용이 다르기 때문에 IBDP에 참여하는 모든 학다음 중 **하나**를 골라 그 글의 맥락, 독자, 글의 목적의 중요성 및 형식적 · 문체적 특징을 분석하는 글을 쓰십시오.

본문 1

차, 차, 차

자동차 전시회(4월 7일까지, 서울 청담동 미술관, 02-543-1663)

현대인들에게 차는 교통수단 이상의 의미를 갖는다. 어떤 사람에게는 없어서는 안 될 필수품이자 사랑하는 애마이기도 하다. 또 어떤 사람에게는 분신[1]이고 꿈의 차이기도 하다. 예술가들의 눈에 비친 차는 어떤 모습일까. 현대 도시의 초상[2]과 같은 자동차를 주인공으로 그리는 작가 4명의 작품을 모았다. 개성 있고 각양각색[3]인 차를 타고 여행을 떠나 보자. 그동안 쌓은 스트레스는 던져 두고.

박성호 작가의 차(왼쪽 위)는 세련되고 우아하다. 이 차를 타고 사랑하는 사람에게 프러포즈를 한다면 얼마나 멋지겠는가. 김현주 작가의 차(오른쪽 위)는 낡아 보이지만 낭만파 여행객에게는 아주 좋다. 아무리 험한 길이라도 달릴 수 있는 튼튼한 엔진을 자랑한다. 정영근 작가의 차(오른쪽 아래) 위에는 생활 도구가 있다. 여행을 떠나자고 한다. 이혜경 작가의 차(왼쪽 아래)는 작고 아담하다. 단란한 가족끼리 즐기기에 좋다.

국민일보(2012). 이광형.

1) 분신: 또 하나의 자기 자신, 또 다른 나
2) 초상: 보이거나 생각되는 모습
3) 각양각색: 여러 모양과 색, 다양한

- 이 글은 어떤 목적으로 쓰인 글입니까? 누구를 대상으로 하고 있습니까? 신문 기사로서 이 글의 전체 맥락, 독자, 글의 목적의 중요성에 대해 쓰십시오.
- 이 신문 기사에서 언어, 문체, 형식(그림과 제목 포함)이 어떻게 사용되었는지 분석하십시오.

본문 2

문화포털(2010). www.culture.go.kr

- 이 만화는 어떤 목적으로 쓰인 글입니까? 누구를 대상으로 하고 있습니까? 이 만화의 목적, 전체 맥락, 독자의 중요성에 대해 쓰십시오.
- 이 만화에서 언어, 문체, 형식(그림과 제목 포함)이 어떻게 사용되었습니까? 분석하여 쓰십시오.

[그림 2-1] 평가 1(Paper 1)

다음 중 **하나만** 골라 답하십시오. 여러분이 단원 3에서 공부한 작품 중 두 작품을 참고해서 써야 합니다. 단원 3의 작품 중 두 작품을 논하지 **않은** 답은 높은 점수를 받을 수 **없습니다.** 여러분이 각각의 작품을 읽을 때 글의 언어, 맥락, 구조가 어떻게 도움이 되었는지 다루어져야 합니다.

1. 오락과 교육 중 문학의 가장 중요한 역할은 무엇이라고 생각합니까? 여러분이 공부한 작품 중 **두** 작품을 참고하여 쓰십시오.
2. 어떤 역사적 사건이나 인물이 문학 작품마다 다르게 해석되는 일이 많습니다. 이는 특히 작품이 쓰인 시대나 사회적 배경 또는 작가에 따라 많이 달라집니다. 이러한 예를 찾아볼 수 있는 문학 작품들을 소개하고, 그 작품에서 역사적인 사건이나 인물이 어떻게 해석되었는지 쓰십시오. 여러분이 공부한 작품 중 **두** 작품을 참고하여 쓰십시오.
3. 목적 문학은 예술성보다는 정치, 사회, 종교, 이념 등을 목적으로 쓰이는 장르입니다. 그 예로 인권 문학, 페미니즘 문학(여성 문제를 다룬 문학) 등을 들 수 있습니다. 여러분이 공부한 작품들 중 **두** 작품을 참고로 하여 그 작품들 안에서 목적 문학의 성격이 어떻게 나타났는지, 또 그 특징이 작품에 미친 영향은 무엇인지 쓰십시오.
4. '은유법'은 사물의 상태나 특징을 다른 단어를 사용하여 간접적으로 표현하는 방법으로 특히 시에서 많이 사용됩니다. 시에서 은유법이 많이 사용되는 이유는 무엇입니까? 여러분이 공부한 작품 중 **두** 작품을 참고로 하여 쓰십시오.
5. 문학 작품에서 등장인물들의 생각이나 감정을 표현할 때 사용되는 언어의 특징은 무엇입니까? 여러분이 공부한 문학 작품 중 **두** 작품을 참고로 하여 쓰십시오.
6. 문학은 도덕적인 입장을 취해야 한다고 생각합니까? 여러분이 공부한 문학 작품들 중 **두** 작품을 참고하여 쓰십시오.

[그림 2-2] 평가 2(Paper 2)

생이 분석에 활용하는 작품은 다를 수밖에 없다. 게다가 학습한 여러 개의 작품 중 당일 선택하는 2개의 작품의 조합도 학생들마다 다를 수 있다. 그러나 장르별로 분석을 위한 틀로서 3개의 문항이 주어진다. 그렇기 때문에 분석의 틀은 유사하지만 서로 다른 작품을 다루게 되고 이에 따라 답안은 학생들마다 다를 수밖에 없다. 따라서 학생들은 주어진 문항에 맞추어 자신이 가장 잘 설명할 수 있는 작품 2개를 신중하게 선택해야만 한다. 반면에 문항을 2개 제시하고 그중 하나를 자유롭게 선택하도록 하는 선택형 문항은 학습 범위를 좁혀 줌으로써 학생의 학습 부담을 덜어 주는 효과를 주기도 한다. 그러나 능력의 표집이 달라서 평가 결과를 서로 비교하는 데 한계가 있고 신뢰도와 타당도에 문제가 제기될 수 있어 우리나라 고교 평가에서는 사용하지 않는 방식이다(박도순 외, 2013).

앞서 설명한 바와 같이 IBDP 문학 교과 외부평가는 절반 정도의 비율을 수업에서 다루지 않은 내용을 중심으로 출제한다. 외부평가의 경우 학생들은 수업 시간에 이해한 개념 혹은 작품을 활용하여 새로운 맥락의 문제를 풀어 나간다. 이러한 출제 경향과 특성은 학습 과정에서 학생들이 그러한 문제를 해결할 수 있는 도구들을 충분히 활용할 수 있는지를 확인하기 위한 것이다.

그럼에도 불구하고 평가 내용(지문)의 선정에 있어서 IBDP는 가능한 한 다양한 경우의 수를 만든다. '전에 배운 적 없는 새로운 지문/수업 중에 학습한 지문' '작품의 전체/작품의 일부'로 평가에서 활용할 지문을 선택하고 제공하는 방식에서도 다양화를 추구한다. 이러한 다양화를 위하여 평가는 학습자들에게 평가에 활용할 지문을 자유롭고 개별화될 수 있도록(학습한 작품 가운데) 한다. 뿐만 아니라 이미 지정된 작품에 대한 분석에서도 분석의 틀을 제공하지 않고 학습자가 스스로 분석의 내용과 분석의 방향성을 구성할 수 있도록 한다. 이러한 평가 내용의 대강화와 자율화는 자연스럽게 평가 답안의 다양성을 만들고 학습자들도 사고의 틀에 얽매이지 않는 작품에 대한 자유로운 사고와 분석을 가능하도록 만든다. 평가에서의 이러한 학습자의 선택권은 학습자 스스로 자신이 이해한 바를 형식에 얽매이지 않고 최대한 표현할 수 있도록 하는 것인데, 이러한 방식은 문제해결을 위해 필요한 도구를 찾고 그것을 적절히 활용하는 능력까지 평가에서 반영하고자 하는 다면적 평가의 일환이라고 할 수 있다. 다시 말해서, 평가 영역은 내용적 측면에서 벗어나 학습자가 평가에 임하는 수행적 측면까지 반영하기 위한 방안으로 평가 형식의 대강화와 자율화가 활용될 수 있는 것이다.

(2) 신뢰성의 확보: 조정 제도

평가의 타당성과 함께 빈번하게 지적되는 비판은 다면평가의 신뢰성에 관한 것이다. 신뢰성 가운데 특히 문제가 되는 것은 평가자의 신뢰성(rater reliability)인데, 이는 평가자가 일관성 있게 평가하는 정도 혹은 여러 평가자의 평가 결과가 일치하는 정도를 의미하는 것으로 검사의 객관성(test objectivity)이라고 부르기도 한다(강승호, 김양분, 2004: 73). 다면평가에서 평가자의 신뢰성이 문제가 되는 이유는, 다면평가의 본질상 다양한 평가자가 참여할 뿐 아니라, 평가자들의 주관적 판단이 작용하기 쉽기 때문이다. 다면평가에 관한 선행연구에서는 평가자 선정 방법 등의 문제점을 제기하고 이에 대해 비판하면서 평가의 신뢰성에 의문을 갖기도 한다. 평가자의 신뢰성 문제가 제기되는 이유는 평가자들이 피평가자들과 서로 다른 관계를 가지고 있을 뿐 아니라, 평가자들이 피평가자들의 서로 다른 행동을 관찰하고 해석하기 때문이다(Brutus, London, & Martineau, 1999). 여러 평가자가 다수의 피평가자를 평가하는 다면평가의 성격을 고려할 때, 평가자의 신뢰성을 확보하는 것은 매우 어려운 과제라고 할 수 있다.

IBDP에서의 평가 신뢰성을 확보하기 위해 IBDP의 성적 조정(moderation) 절차를 마련하고 있다. 채점관 개인의 일관성과 더불어 채점관 간의 일관성의 확보까지도 가능하도록 조정 절차는 설계되어 있다. 채점자 간 신뢰도(inter-rater reliability) 검증으로 모든 채점관의 채점 성적은 선임 채점관에 의해서 점검되고 수정되는 조정 과정을 거친다. 채점 경험이 많은 선임 채점관은 채점관 10여 명을 지도하는데, 각 채점관이 성적을 부여한 채점표 전체의 15% 정도(10~20개 채점표)를 무작위로 제출받아 점검한다. 또한 조정 절차는 서로 다른 평가자들이 피평가자들을 관찰하고 해석하는 과정에서의 맥락적 차이를 비롯한 채점자의 편견이나 오류를 줄이기 위한 장치로서의 역할을 한다. 내부 수행평가와 외부 지필평가는 최소 3단계 이상의 조정 과정을 거친다. 외부평가의 경우 채점관-선임 채점관-최고 채점자로 이어지는 평가의 신뢰도를 검증하는 과정을 거치고, 내부평가의 경우 교사-보조 조정자-주 조정자-최종 조정자의 단계를 거쳐 성적이 조정된다. 이러한 과정은 IB 학교의 표본으로 선정된 교사가 시험 채점을 한 것을 외부의 다른 채점관이 다시 채점을 하고, 이를 비교하여 과대 또는 과소하게 점수가 주어지면 통계적 기법을 활용하여 교사가 평가한 시험 성적을 조정하는 방식으로 전체 학생의 성적 조정을 수행한다. 이는 학교 간 차이와 평가자의 주관에 따른 편파적 채점을 차단하기 위한 조치로서 IBDP의 신뢰성 확보를 위한 장치로서의 역할을 하고 있다.

[그림 2-3]은 평가 조정 절차의 한 가지 사례로서 확장형 에세이(EE)의 평가 조정 절차에 사용된 평가 서식이다. 3명의 채점관은 각각의 평가 기준에 따른 점수를 기록하고 평가 양식에 채점관별로 점수와 총점을 기입한다.

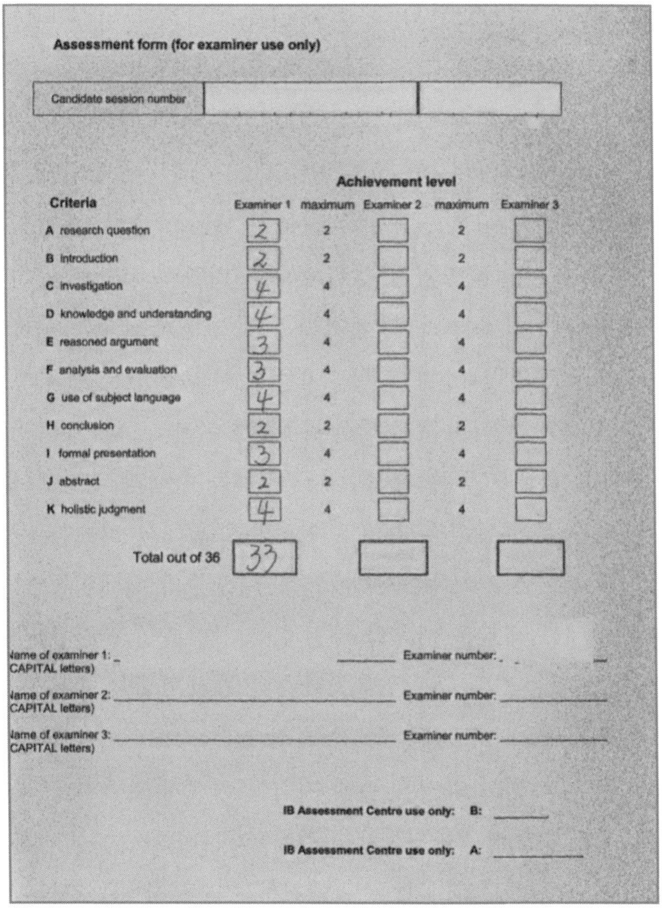

Assessment form (for examiner use only)

Candidate session number		

Criteria	Examiner 1	maximum	Examiner 2	maximum	Examiner 3
A research question	2	2		2	
B introduction	2	2		2	
C investigation	4	4		4	
D knowledge and understanding	4	4		4	
E reasoned argument	3	4		4	
F analysis and evaluation	3	4		4	
G use of subject language	4	4		4	
H conclusion	2	2		2	
I formal presentation	3	4		4	
J abstract	2	2		2	
K holistic judgment	4	4		4	
Total out of 36	33				

(Achievement level)

Name of examiner 1: (CAPITAL letters) ______ Examiner number: ______

Name of examiner 2: (CAPITAL letters) ______ Examiner number: ______

Name of examiner 3: (CAPITAL letters) ______ Examiner number: ______

IB Assessment Centre use only: B: ______

IB Assessment Centre use only: A: ______

[그림 2-3] EE 평가 조정 절차의 평가 서식

채점관의 평가 조정 절차는 평가에 미치는 다양한 맥락적 요소를 고려하여 객관적인 성적을 도출해 내는 것이다. 이러한 절차는 피평가자에 대한 평가 결과에 납득 가능한 수준의 평가의 보편성을 부여하는 방식이다. 이것은 개별성이 어떻게 보편성을 획득해 나가는지에 대한 IB의 지식관이 반영된 것으로, 이러한 관점은 IB의 전반에서 교과 혹은 교수학습 설계 방식 등에서도 동일한 원리로 적용된다. 예컨대, 학습자들은 학습의 과정에서 지속적으로 상호 간의 사고와 견해의 차이를 인식하도록 평가는 조직되고, 수업은 이러한 평가의 준비를 위한 방식으로 진행된다. 학습자들은 주로 내부평가에서 수행하는 정답이 존재하지 않는 개별화된 탐구 주제 완수를 통해 비로소 해당 영역에서 높은 점수를 부여받을 수 있다. 이러한 평가 가중치의 안배는 학습자들에게 학습에 임하는 태도에 있어서 결코 수동적 학습자로 안주할 수 없도록 만든다. 결국 학습자들은 끊임없이 지식에 대한 비판적 시각과 의심하는 태도를 갖고 학습에 임해야 하며, 호기심을 갖고 문제를 찾는 적극적 태도가 요구된다. 이러한 과정에서 학습자는 지식의 가변성을 경험함과 동시에 탐구의 가치와 의미를 경험할 수 있게 된다. 또한 그러한 탐구의 과정과 결과를 공유 가능한 방식으로 구성하는 수행의 과정에서 학습자들은 가변적 지식이 보편적 가치로 인정받기 위해서 필요한 조건과 방식들을 스스로 느끼고 터득한다. 예컨대, 학생들의 에세이는 탐구 과정을 통해 재구성한 새로운 이해의 과정과 결과를 타인과 공유 가능한 방식으로 언술화하는 것이다. 이러한 학습의 과정은 개별화된 의미를 공동체의 이해와 공감을 통해 보편적 지식으로 인정받는 과정이기도 하다. 학습자들은 이러한 과정을 통해 지식이 어떻게 보편성을 획득해 나가는지에 대해 자연스럽게 터득해 나간다. 따라서 학습자들에게 평가의 조정 절차는 교사의 오차나 오류를 발견하는 과정이 아닌 서로 다른 개별성이 어떻게 보편성을 획득해 가는지에 대한 협상과 조율의 과정으로 의미를 갖는다. 이러한 의미에서 IBDP의 평가 조정 절차는 IB의 인재상과 사명을 집약하고 그것을 관통하는 인식론적 원리를 공유한 집약체라고 할 수 있다.

3) 과정중심의 평가 설계

미래형 학력 실현을 위한 학습자의 전인적 성장을 위한 방안으로 과정중심의 평가가 주목받고 있다. 이를 위해서는 단순히 학습자가 습득한 지식이나 기능의 정도를 측정하는 학습의 '결과'에 대한 평가 방식에서 벗어나 학습자의 인지 구조 변화나 이해 수준을 진단하고 촉진하여 평가 그 자체가 유의미한 학습 경험이 되도록 '과정'에 초점을 두는 평가 방식의 확대가 요구되고 있다.

이러한 과정 설계에 대한 관심은 최근 교수평기 일체화라는 개념으로 교육과정과 수업, 평가와 기록을 일체화시키는 방법적 논리로 현장에 소개되고 있다. 이러한 과정형 평가의 사례로는 고등학교에서 시행되고 있는 학생부 종합 전형을 들 수 있다. 학생들의 활동은 학습의 과정으로 기록되고 그것은 학습자의 성장을 평가하는 척도로 활용된다. 또한 현장에서 활용되는 수행평가도 일면 이러한 특징을 갖는다. 기말고사나 중간고사 사이에 시행되는 평가로서 학습의 과정으로 참여와 활동을 평가하는 방식으로 내신 점수로 반영 및 산출되는 평가들이 그러하다. 그렇지만 현장에서는 이러한 기록이 얼마나 신뢰할 만한 것인지에 대해서는 다소 회의적이다. 과정에 대한 기록은 학습자들의 활동을 유도하지만 반대로 과정에서의 의미를 퇴색시키는 부작용을 낳았으며, 너무나 많은 수행평가 과제로 인하여 오히려 학습자들의 피로도를 높이고 학습의 질적 저하를 가져왔기 때문이다. 뿐만 아니라 이러한 평가 방식은 교사가 포착할 수 없고 기록에 담아낼 수 없는 학습자의 활동이나 탐구의 과정들은 어떻게 평가에 담아낼 수 있을지에 대한 고민을 남긴다. 이러한 논란들은 과정에 대한 누적 기록이라는 평가 방식으로는 학생의 성장과 배움을 담보할 수 없음을 보여 준다.

(1) 평가 기반의 교육과정 설계

국제공통대학입학자격제도(International Baccalaureate Diploma Programme: IBDP)는 고등학교 11학년과 12학년의 2년에 걸쳐 세계 어느 지역에서 공부하든지 이 과정을 이수한 학생은 대학 입학에서 동일한 기준으로 평가받는 세계화 시대에 등장한 교육적 창안물이다. 학생

입장에서 보면, 아시아의 한 학교에서 IBDP를 취득한 경우에 세계 유수 대학에 진학할 때 학교가 속한 국가의 교육 수준으로 평가받지 않고 IB라는 평가 기준을 적용받음을 의미한다. 이것은 대학 입시를 위해 동일한 평가 기준을 고안하고 이러한 평가를 대비하기 위한 교육과정이라는 점에서 IBD는 평가 기반의 교육과정이라고 할 수 있다(김경회, 2018). 평가 체계를 정교화하여 학습을 유도한다는 측면에서 IBDP는 평가를 통해 과정을 통제하는 역순 설계의 형식이다.

IBDP에서 수업과 평가를 일체화시킨다는 의미에서 과정형 평가라는 의미는 누적 기록으로서 과정 가운데 치러지는 형성평가와는 개념적으로 다르다. IBDP가 과정형 평가라고 지칭될 수 있는 것은 평가와 학습의 과정이 분리되지 않는다는 의미에서 '과정화된 평가'라는 의미의 과정형 평가의 형식을 갖는다. 평가는 평가에 앞서 이루어진 과정을 확인하기 위한 목적의 수단적 활동이 아니라 과정을 유도하고 과정 그 자체를 들여다볼 수 있도록 해 준다는 점에서 수단적 활동의 평가는 차이를 갖는다. 이러한 차이는 평가를 통해 확인하고자 하는 측면이 성취 목표 중심의 빅 아이디어 형식으로 제시되는지 또는 분절적인 지식으로 제시되는지의 차이로 설명될 수도 있다. 만약 분절적이고 객관적인 지식이나 사실에 대한 정답을 요구하는 평가일 경우, 그 평가 형식은 지식의 습득이나 암기 이상의 학습을 유도하기 어렵다. 학습자들은 단순히 지식을 암기하거나 주어진 조건에 맞게 이해하는 것 이상의 질적 탐구를 수행해야 할 동기가 부여되지 않기 때문이다. 그러나 만약 성취 목표와 평가의 준거가 탐구를 통한 질적 제고를 측정하는 방식이라면 학습자들은 스스로 학습의 과정을 조절하고 질적 수준을 높이기 위한 학습을 수행하게 된다. 따라서 이러한 과제에서 과정은 학습자의 노력 여하와 참여 수준에 따라 달라질 수 있으며 결과물 역시 변별력을 갖게 된다. 결국 과정형 평가에서 평가의 학습 유도성은 과제의 성격에 따라 정도의 차이가 생긴다고 할 수 있다.

평가가 학습 과정을 유도한다는 측면은 학생에게만 국한되지 않는다. IBDP에서 학생을 가르치는 교사는 학습의 결과가 교수 활동의 결과라는 일체화 설계 원리에 따라 교사의 교수 역량을 평가받는다. 그것은 학생들의 평가 결과 보고서에 다음 학생을 가르치기 위한 조언과 길잡이를 제공받는 것과 동시에 평가 조정 제도에서 확인되는 교사의 평가 타당성과 신뢰성을 통해 교사의 교수 역량은 지속적으로 피드백을 받고 수정 · 보완되는 과정을 거친다. 그래서 교사 역시 IBDP에서의 경험이 누적됨에 따라 IB의 교육 철학과 교육 방식에 익숙해지고 그것을 실현하는 존재가 된다. 여기에서 교사평가 방식의 특징은 결코 교사평가를 위한 또 다른 형식을 두지 않는다는 것이다. 학생들의 수업과 평가 결과 그 자체를 교사의 역량과 동일시하고 그 책무성 또한 학생들의 학업성취 결과에 두는 것, 이를 통해 교사와 학생은 모두 IB의 목표와 평가 기준에서 유도하는 바에 부합하는 성과를 내도록 하는 것이다.

〈표 2-6〉 국어 A: 언어와 문학의 소논문

• 다음 학생을 가르치기 위한 조언과 길잡이 학생의 commentary가 작품의 줄거리 또는 발췌문의 요약 정도에 그치는 commentary가 있는데, 발췌문 중심의 분석이 되도록 지도하고, 10분을 효과적으로 사용하도록 연습하면 좋을 것이다. 학생의 commentary와 업로드된 발췌문이 일치하지 않는 경우가 있는데 반드시 확인하고 IB에 업로드해야 할 것이다. 발표 후에 이어지는 교사의 subsequence question을 효과적으로 이용하면 좋을 것이다. 분석 중 빠뜨린 부분이나 오류 등을 수정할 수 있는 기회로 이용하고, 주제와 관련한 중요한 부분 등을 이 토론 시간에 질문함으로써 학생의 이해와 지식이 충분이 드러나는 기회를 줄 수 있도록 하면 좋을 것이다. 발췌문의 분석이 충분히 이루어지지 않았는데도 교사가 추가 질문을 하지 않거나, 발췌문과 깊은 관련이 없는 질문들을 하지 않아야 할 것이다. 또한 질문을 한 후에는 학생의 답을 들어야 할 것이다. 학생이 바로 답을 하지 못한다고 기다리지 않고 교사 스스로 답을 해 주거나 다음 질문으로 넘어가지 않도록 한다. IOC의 전체 시간은 15분이 넘지 않도록 해야 하는데, 어느 경우 이미 15분이 넘었는데도 교사가 추가 질문을 하였다. Commentary 10분, 토론 시간 5분으로 전체 15분의 시간이 넘지 않도록 유의해야 할 것이다.

(2) 누적 기록의 지양과 피드백의 내재화

IBDP에서 평가는 성취해야 할 내용 요소가 아닌 학습 결과를 구체화하기 위한 '다양한 형식'의 제공에 초점을 둔다. 상대적으로 다루어야 할 내용적 요소에 관해서는 학습자 혹은 교사에게 선택의 자율성을 부여하여 대강화하고 있다는 점에서 수행 중심의 평가이다. 평가에서 강조하는 다양한 평가의 형식들은 학습자들이 학교 현장에서 경험할 수 있는 다양한 자기표현의 맥락들을 제공한다. 덧붙여 내용적 다양성이 허용된 평가의 방식은 학습자 간의 개별화된 성과물을 공유하고 그 차이를 인식하도록 하는 학습 문화를 형성시킨다. 국어과의 경우 2년간의 학습 활동은 졸업시험을 위한 준비 과정으로 다양한 콘텐츠를 통해 글을 쓰고 발표하고 자신의 생각을 정리하는 방식의 활동으로 이루어진다. 이러한 과정에서 학습자들은 끊임없이 스스로에게 부족한 점을 채워 나가는 방식으로 해당 영역의 역량을 키워 간다. 이러한 학습의 과정은 학습자 스스로 차이의 인식을 통한 자기피드백의 경험을 제공하는 것을 목적으로 한다. 이처럼 과정형 평가에서 학습자의 성장 자체를 목적으로 한 자기인식의 경험 제공은 기록의 목적이 아닌 학습 과정에 내재화된 피드백 경험의 제공이라는 과정적 설계로 나타난다. 〈표 2-7〉은 국어과 평가 형식이다.

실제 학교에서 구술평가는 개별 구두 논평의 경우, 배운 내용을 평가할 시기가 되면 1명씩 평가장으로 와서 봉투에서 발췌문을 하나 뽑는데, 발췌문은 교사가 수업 내용 중에서 임의로 발췌한 지문이며 사전에 예고되지 않는다. 학생들은 아무런 자료도 참고할 수 없으며 20분 동안 인터뷰에서 이야기할 내용을 메모한다. 그리고 교사와 인터뷰 내용이 녹음되는 밀폐된 방으로 입실해서 8분 동안 작품에 대해 해석한 뒤 2분 동안 교사와 질의응답을 한다. 교사는 학생들이 빠트린 내용이나 설명이 부족했던 내용에 대해 발표를 보완해 줄 수 있는 질문을 한다. 기본반 학생은 10분의 인터뷰로 끝나는데, 심화반 학생은 시에 대한 인터뷰만

〈표 2-7〉 국어과 평가의 사례

평가 내용 \ 교과		Group 1: 언어와 문학			
		영어/한국어/기본 중국어 (Mandarin) 그리고 문학		국어 A	
		SL	HL	SL	HL
외부	과제 1	자세히 읽기, 이전에 공부하지 않았던 한 가지 텍스트 분석	이전에 학습하지 않았던 한 쌍의 작품 서면 비교 분석	자세히 읽기, 이전에 공부하지 않았던 한 가지 텍스트 분석	자세히 읽기, 이전에 공부하지 않았던 한 가지 텍스트 분석
외부	과제 2	최소 학습했던 두 가지 작품에 대한 에세이	6개 질문 중 한 가지 질문에 대한 답변	최소 학습했던 두 가지 작품에 대한 에세이	최소 학습했던 두 가지 작품에 대한 에세이
외부	서면 과제	학습했던 한 가지 작품의 문학 에세이 및 반영 진술	최소 4개의 서면 과제(2개의 과제는 외부평가)	학습했던 한 가지 작품의 문학 에세이 및 반영 진술	학습했던 한 가지 작품의 문학 에세이 및 반영 진술
내부	개별 구술 논평	공식적인 문학 해설, 인터뷰	배운 작품에서 추출한 부분에 대한 구두 해설, 2개의 가이드 질문이 제공됨	공식적인 문학 해설, 인터뷰 (10분)	공식적인 문학 해설, 인터뷰 (20분)
내부	추가 구술 활동	개별 구술 발표	두 가지 심화 구술 활동, 한 가지는 최종 평가로 제출	개별 구술 발표 (10~15분)	개별 구술 발표 (10~15분)

허용되며 10분 동안 앞의 과정을 거친 뒤 다시 10분 동안 산문 장르에 대해 준비되지 않고 예고하지도 않은 질문을 교사가 던지면 작품에 대해 자유롭게 이야기를 나누는 방식이다. 추가 구술 활동의 경우 수업 시간 중 발표에서 개인별로 PPT를 이용하거나 공동 발표, 역할극 등을 통해 이루어질 수 있다. 두 사람이 같이 할 경우 20~30분의 시간을 쓸 수 있으며, 평가는 공동 점수가 주어지는 것이 아니라 역할극 내에서 각각의 역할에 대해 개별 평가가 이루어진다.

IBDP에서 과정에 대한 접근은 시간을 누적하는 방식이 아닌 결과에 통합된 경험의 총체성을 측정하는 방식으로 이루어진다. IBDP 역시 수업 과정에서 이루어지는 형성평가는 종종 이루어지지만 실제 성적에 직접적으로 반영하지는 않는다. 그렇지만 교사는 학생의 학습 과정을 지속적으로 확인하고 피드백하기 위한 장치로서 평가를 비롯한 다양한 전략을 교수법에 적용한다. 교사들은 개별적 상호작용을 통한 피드백이 아니더라도 교수 설계를 통해 자연스럽게 학생들의 학습 성취 정도를 추적하고 스스로 과제를 발전시킬 수 있도록 설계한다. 따라서 형성평가 기록을 객관화된 수치나 평가 결과로 기록하여 보관하지 않더라도 학습 과정에서 학습자와 교수자가 공유한 경험과 학습의 결과들은 교사와 다른 학습자들에게 신뢰를 획득하고 성장의 과정으로 인정된다.

이러한 평가의 특징을 이해하기 위하여 여기에서는 IBDP 국어 A: 문학 과목의 평가를 평가 도구(작품)와 도구(작품) 선정의 주체, 평가 방식과 시기를 중심으로 분석해 보고자 한다.

〈표 2-8〉 국어 A: 문학 평가의 특성

영역: 과목		Group 1: 언어와 문학국어 A			
평가 특성		평가 도구(작품)	평가 도구(작품)의 선정 주체	수행 방식	평가 시기
외부	과제 1	새로운 지문 (부분 발췌)	IBDP	지필고사	졸업시험
	과제 2	학습했던 작품 (작품 전체)	학생(지문)+ 문제(IBDP)	지필고사	졸업시험
	서면 과제	학습했던 작품 (교사 재량)	교사 혹은 학생	과제+ 1회 피드백	학기 중~ 학기 말
내부	개인 구술 면접	학습했던 작품 (부분 발췌)	교사	구술 면접	졸업시험
	구술 발표	학습했던 작품 (교사 재량)	학생	구술 발표	졸업 즈음의 수업 시간

〈표 2-8〉의 문학과 평가 설계를 살펴보면 평가는 다양한 조건의 조합을 통해 다면화되어 있다. 평가 도구로서 작품은 이전에 학습했던 것에서 전혀 다루지 않은 새로운 작품에 이르기까지 다양하게 활용되며 작품이 제시되는 방식에 있어서도 부분적 발췌에서 작품 전체를 대상으로 하는 방식으로 차이를 갖는다. 또 작품을 선정하는 주체도 학생 스스로 선택하는 것에서부터 교사 혹은 IBO에서 선택된 작품을 다루는 방식으로 다양성을 도모하고 있다. 그리고 평가의 수행 방식 역시 지필 시험에서 구술 면접과 발표, 과제 형식의 에세이 등으로 방법적 다원화를 추구한다. 그런데 주목할 것은 평가 시기는 모두 12학년을 마치는 졸업 시점에 집중되어 있다는 것이다. 이것은 과정을 누적하여 기록하는 방식의 교수평기 일체화 방식과는 매우 대조적이다.

2. 평가 과제의 특성

1) 학습자 주도적 활동의 유도: 개별화 학습을 위한 평가 과제의 설계

IB는 21세기 지식정보사회의 환경 변화에 대한 시대적 요구를 어떻게 교육적으로 담아낼 것인가라는 문제의식을 그 바탕에 두고 있다. IB는 현 사회가 직면한 다음과 같은 시대적 요구에 대한 인식을 바탕으로 교육개혁의 과제와 미래교육이 지향할 방향을 설정하고 있다(임영구, 2015). 이러한 방향성은 최근 역량 기반의 교육과정이 추구하는 교육의 목표와 매우 유사한 특징을 갖는다.

대량의 지식 유통은 학생들에게 지식을 단순히 수용하는 것이 아니라 지식을 활용하고 평가할 것을 요구하고 있다. 급변하는 세계에서는 변화에 단순히 응하는 것만이 아니라 미래를 예측하고 변화에 적응할 것을 요구한다. 지식과 기술을 응용하는 능력을 요구하고 있다. 혼자 일하는 것을 익히는 것뿐만 아니라 다른 사람들과 협력하면서 일하고 문제를 해결하는 능력을 배우는 것이 중요해지고 있다. 학생이 효과적으로 학업 능력뿐만 아니라 자존감을 키우는 것이 중요하다. 지적인 능력뿐만 아니라 정서적 능력이 학습에서 중점이 되어야 한다. 건설적이고 비판적인 사고력이 개인과 집단의 생존에 필요한 도구이다. 학생들은 이치에 맞는 것과 맞지 않는 것, 진실과 거짓을 구별함으로써 합리적인 결정을 내릴 수 있어야 한다(IBO, 2013).

이러한 IB의 교육 이념과 철학은 다음의 몇 가지 평가의 특징을 바탕으로 학습의 장면에서 역량 기반의 교육과정으로 구현되도록 유도하고 있다.

IBDP는 학습자들이 학습 과정에서 주도성을 잃지 않도록 하기 위한 다양한 방식을 평가의 체계를 통해 구현하고자 노력한다. 이러한 방식은 주로 내부평가의 평가 방식을 통해 유도된다. 내부평가에서는 학습자의 자율적 주제 선택형 탐구 과제를 제시한다. 내부평가의 경우 대체로 학습자의 문제 형성 과정을 평가에 포함한다. 학습자는 수업 시간에 다루었던 내용 가운데 답이 없는 문제 혹은 다루지 않은 내용에서도 자신이 궁금한 내용들을 해결해 나가기 위한 확장형 질문으로 주제를 선정한다.

IBDP에서 학습자의 관심에서 출발한 질문과 탐구 주제를 선정하는 것을 중요시하는 이유 역시 그러한 학습의 출발점이 학생의 자기주도성을 높이고 성장으로 이어지도록 하는 기반이 될 것이라고 보기 때문이다. 과제를 해결하는 과정에서 질문을 형성하는 과정은 자신이 인지적으로 무언가 불일치하다든가 무지를 각성했다는 것뿐만 아니라 답을 알고 싶어 하는 마음과 그것을 아는 것이 필요하다는 느낌이 동반되는 매우 중요한 정서적 경험을 제공한다. 질문을 던짐으로써 알고 싶어 하는 것을 응축하여 표현하며 그것을 해소하고자 하는 의지를 갖게 된다. 그러므로 질문은 자신이 모른다는 사실의 확인과 알고 싶다는 의지의 확인을 통해 그것의 구체적 표현으로 발화된 것이며 상대방의 답에 대한 관심과 경청으로 이어지게 된다(양미경, 2002: 176). 〈표 2-9〉는 IBDP의 Group 3~Group 6의 내부평가 과제를 정리한 것이다.

〈표 2-9〉 IBDP의 내부평가 과제 유형

Group 3 개인과 사회	경영관리	SL	서면 과제: 실제 이슈들과 직면하고 있는 문제에 관하여 3~5개의 지지하는 글을 바탕으로 해설을 적어 본다(최대 1,500자).
		HL	조사 프로젝트: 조직이 직면한 이슈 혹은 조직에서 내린 결정에 대하여 보고와 조사를 한다(최대 2,000자).
	경제	SL	포트폴리오: 4개의 해설(논평)에 대한 포트폴리오
		HL	포트폴리오: 4개의 해설(논평)에 대한 포트폴리오

	세계 정치	SL	참여 활동: 참여와 조사를 통해 탐구한 정치적 이슈에 관한 서면 보고(최대 2,000자)
		HL	참여 활동: 참여와 조사를 통해 탐구한 정치적 이슈에 관한 서면 보고(최대 2,000자)
			2개의 HL 확장 주제로부터 선택한 2개의 사례연구 동영상 프레젠테이션
	역사	SL	연구 보고: 교과요목에 제시된 영역 중 한 가지에 대한 역사적 연구
		HL	연구 보고: 교과요목에 제시된 영역 중 한 가지에 대한 역사적 연구
	심리학	SL	연구 보고: 학생들이 수행한 실험연구 샘플에 대한 보고
		HL	연구 보고: 학생들이 수행한 실험연구 샘플에 대한 보고
Group 3 & 4 개인과 사회와 과학	환경 시스템과 사회	SL	실천적인 계획: 일련의 실천적이고 현장 기반의 활동
Group 4 과학	물리학	SL	개별 연구: 6~12페이지가량의 연구 조사 및 논평
		HL	연구 보고: 6~12페이지가량의 연구 조사 및 논평
	화학	SL	개별 연구: 6~12 페이지가량의 연구 조사 및 논평
		HL	연구 보고: 6~12페이지가량의 연구 조사 및 논평
	생물학	SL	개별 연구: 6~12페이지의 연구 조사 및 논평
		HL	연구 보고: 6~12페이지의 연구 조사 및 논평
	컴퓨터 과학	SL	컴퓨터를 사용한 문제해결. 학생들은 반드시 만들어 제출해야 한다. 제시된 포맷을 따라 만든 커버 페이지. 2,000자 이내의 지원 서류를 갖춘 결과물 제출
			프로젝트: 기준을 이용하여 평가한다.

		HL	컴퓨터를 이용한 문제해결의 발전 보고서. 학생들은 반드시 만들어 제출해야 한다. 제시된 포맷을 따라 커버 페이지를 만든다. 2,000자 이내의 지원 서류를 갖춘 결과물 프로젝트: 기준을 이용하여 평가한다.
Group 5 수학	수학연구	SL	프로젝트: 측정 과정 혹은 관련된 정보의 수집, 이후의 분석과 평가에 대한 개별 과제
	수학	SL	수학적 탐구: 수학 SL의 내부평가는 개별 탐구 과제이다. 이것은 수학 연구 영역과 관련된 서면 과제이다.
		HL	수학적 탐구: 수학의 연구 영역과 관련된 개인 탐구 서면 과제
Group 6 예술	시각예술	SL	전시: 400자 미만의 학술적 근거. 4~7개 작품. 각각의 예술작품에 대한 글(제목, 사이즈, 의도)
		HL	전시: 700자 미만의 학술적 근거. 8~11개 작품. 각각의 예술작품에 대한 글(제목, 사이즈, 의도)
	영화	SL	하나의 완성된 영화 프로젝트(문서와 함께 제출): 1,200자 미만, 영화 길이는 4~5분
		HL	하나의 완성된 영화 프로젝트(문서와 함께 제출): 1,750자 미만, 영화 길이는 6~7분
	음악	SL	창작 혹은 수행: 학생들은 세 가지 중 한 가지 선택 창작: 수업활동에서 다루어진 2개의 작품에 대한 서면 과제 및 녹음 독주: 1개 이상의 대중공연 사이에서 제시된 작품들 가운데 선택된 것 기록 합주: 2개 이상의 대중공연 사이에서 제시된 작품들 가운데 선택된 것 기록
		HL	창작: 수업활동에서 다루어진 3개의 작품에 대한 서면 과제 및 녹음 독주: 1개 이상의 대중공연 사이에서 제시된 작품들 가운데 선택된 것 기록

	연극	SL	협력 프로젝트: 구체적인 청중을 정하고, 그 청중을 위한 연극을 협동적으로 창조하고 원래의 연극 작품을 제시하라.
		HL	조사발표: 연극의 전통과 관습에 대한 조사를 물리적으로 증명하고 개요를 서술하는 프레젠테이션을 하라(15분 이내).

표에 제시된 내부평가의 과제 유형은 평가에서 학습자의 주도성을 잃지 않도록 하기 위한 하나의 방법적 원리가 어떻게 평가 전반에 스며들어 가 있는지를 잘 보여 준다. IBDP의 내부평가 과제는 문제의 출제는 출제자에 의해서 이루어진다는 기존의 평가 방식에서 나아가 학습자 스스로 자신의 문제를 형성하고 풀이 과정을 계획하도록 하는 학습자 주도의 학습 과정을 추구한다. 과제의 방향은 출제자 혹은 교사가 결정하지만 그것에 대한 세부적인 문제의 형성은 학습자에게 열려 있다. 예컨대, 작품이나 영화, 음악에 대한 분석의 틀을 제시하지 않는다는 것은 실제 분석을 위해 필요한 답안의 구조를 학습자 스스로 만들어야 한다는 측면에서 단순히 주어진 문제에 대한 답을 구하는 수동적 방식의 문제해결과는 다른 문제풀이 접근 방식을 요구한다. 적극적으로 분석을 위해 필요한 문제를 설정하고 그것에 맞추어 내용을 정리하여 자신의 의도대로 분석을 이끌어 가는 방식은 상당히 적극적인 방식의 학습자 주도적 학습 과정을 형성시킨다. 이러한 평가 문항은 교사와 학생 모두에게 수동적 학습 태도에서 벗어나 스스로 질문을 던지고 지식에 대해 의심하는 태도를 갖도록 만든다. 이것은 학습자들에게 학습의 주도성을 잃지 않도록 함과 동시에 창의적 사고를 유도하는 데 일조하는 것으로, 탐구 중심 수업에서 추구하는 목표와도 일맥상통하는 방식이다.

내부평가 과제의 특성 가운데 한 가지는 학습자 스스로 주제를 선택하도록 함과 동시에 스스로 자신의 성취 수준을 조절하도록 한다는 점이다. 학습자는 스스로 문제를 형성하여 과제를 해결하기 위하여 자연스럽게 자신이 해결 가능한 수준의 문제를 만든다. IBDP의 평가에서는 이러한 측면을 정교하게 설계하여 학습자들이 자신의 성취 수준을 스스로 조절하고 설계할 수 있도록 하고 있다.

학습의 과정에서 지식이나 진보, 태도 등을 조사하는 과정을 보통 자기평가(self-assessment)라고 하는데(Kenny & Silver, 1993), 자기평가는 학습자가 교수학습 중이나 그 이후에 자기가 학습한 결과에 대해 교사가 제시한 관점이나 내용에 따라 자기 자신이 평가의 과정에 참여하여 자신의 수행 결과물에 대한 반성적 사고와 함께 자신의 장·단점을 파악하도록 하는 자기주도적 학습의 평가 활동이다. 자기평가를 통해 학습자는 학습하기 전과 비교해서 어떤 변화가 있고, 무엇을 알게 되었는지, 다른 경험들과는 어떻게 다른지 하는 것을 경험할 수 있다. 또한 자기평가는 학습자로 하여금 그들 스스로 보다 지각 있고, 계획적이며, 호기심을 자극하고, 그들 자신이 배우는 것에 대한 명확한 목표를 갖게 할 수 있다. 학생들은 그들의 활동을 스스로 평가하기 위해 [그림 2-4]와 같은 두 가지 상호 보완적인 과정을 거친다(Moon & Schulman, 1995). 자기평가는 교사의 입장에서 알 수 없는 자신의 수행 과정에 대한 맥락을 구체적으로 잘 파악함으로써 자기반성의 기회를 갖고 성숙된 통찰 의식을 배양할 수 있는 기회를 준다. 이러한 자기평가는 학습에 있어서 주인의식을 갖고 학습에 참여하여 자기 자신이 직접 지식을 의미 있게 구성해 가는 학습의 평가 방식이라고 할 수 있다.

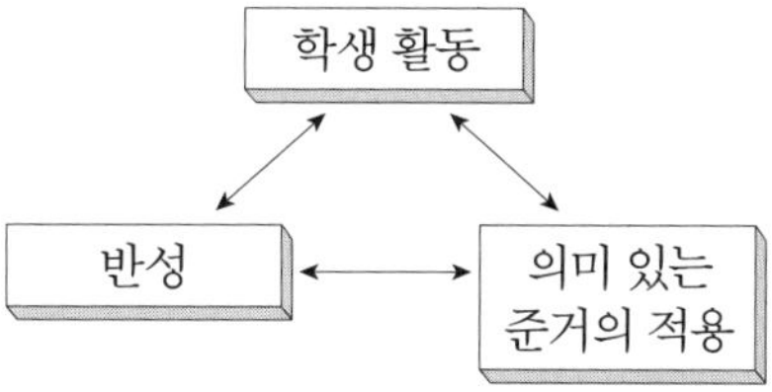

[그림 2-4] 자기평가의 과정

IBDP의 경우 평가 준거를 통해 학습자가 스스로 자신의 과제의 수준을 결정하고 반성적 활동을 하도록 유도한다. 평가 준거에서 학습자가 높은 수준의 과제를 설정하는 것에는 점수를 부여하지만 반대로 자신의 수준에 맞지 않는 지나치게 높은 과제를 설정한다면 감점이 된다. 이러한 측면은 과제를 기술하고 풀이해 나가는 과정에 대한 교사의 면밀한 검토를 통해 과제의 논리적 개연성이 얼마나 정합적인지의 여부로 판단된다.

다음은 수학교사가 〈표 2-10〉의 수학과 내부평가의 채점 기준표를 바탕으로 학생들이 스스로 자신의 성취 수준을 조절해 나가는 과정에 대해 진술한 것이다.

〈표 2-10〉 수학과 내부평가의 채점 기준표

척도	A. 의사소통 (4점)	B. 수학적 표현 (3점)	C. 학생의 직접적 참여도(4점)	D. 비판적 성찰 (3점)	E. 수학적 난이도 (6점)
0	아래 기술된 기준 이하	아래 기술된 기준 이하	아래 기술된 기준 이하	아래 기술된 기준 이하	아래 기술된 기준 이하
1	어느 정도 논리의 일관성이 있음	적절한 수학적 표현을 일부 사용함	학생이 직접 수행하지 않은 증거가 있음	성찰이 미흡하거나 피상적인 증거가 있음	관련 있는 수학적 기술이 쓰였음
2	어느 정도의 논리적 일관성과 전체 구조의 조직이 보임	수학적 표현들이 대부분 적절함	학생이 직접 수행한 증거가 약간 있음	유의미한 성찰의 증거가 있음	관련 있는 수학적 기술이 사용되었고, 미흡한 해석이 제시되었음
3	논리가 일관되고 구조가 잘 조직되어 있음	보고서 전체의 수학적 표현들이 모두 적절함	학생이 직접 상당 부분을 수행한 증거가 있음	비판적 성찰의 증거가 많이 있음	수업 수준에 맞는 관련 수학적 기술이 사용되었고, 미흡한 해석이 제시되었음

4	주제가 일관되고, 잘 조직되어 있으며, 명료하고 완성도가 높음	–	학생이 탁월하게 수행한 증거가 충분히 많음	–	수업 수준에 맞는 관련 수학적 기술이 사용되었고, 일부는 정확하며, 수학적 지식과 해석이 약간 제시되었음
5	–	–	–	–	수업 수준에 맞는 관련 수학적 기술이 사용되었고, 대부분 정확하며, 풍부한 지식과 해석이 제시되었음
6	–	–	–	–	수업 수준에 맞는 관련 수학적 기술이 사용되었고, 모두 정확하며, 빈틈없이 완벽한 지식과 해석이 제시되었음

이러한 모순적인 구조를 갖고 있다는 것뿐만 아니라 그것을 학생들이 의식할 수 있다는 게 중요하다고 생각합니다. 교사의 역할은 이것을 평가하는 것이 아니고, 이러한 모순적인 구조를 알고 있기 때문에 학생들에게 '네 수준에 맞춰서 하면 돼. 우리는 결과가 궁금한 게 아니야. 결과가 아니라 과정이 중요해. 네가 과정에 충실하다면 적절한 보상을 해 줄 거야.'라는 인식을 갖게 하는 것이에요.

> 아까 예시를 보면 이 학생(정적분)은 흔들림이 거의 없어요. 이 학생(토러스 구조)은 일단 토러스에 접근하는 것 자체가 이중적분이 되기 때문에 이 학생 수준에서 도저히 할 수 있는 게 아니에요. 대학 수준의 정리를 막 가져오는데 이게 왜 나왔는지도 모르고, 뜬금없는 얘기가 나오고, 기호도 틀리고, 해석도 흔들리고…… 모든 게 흔들리게 됩니다. 굉장히 멋지고 신기한 주제지만 나머지 모든 영역에서는 흔들리게 됩니다. (중략) IB를 하면서 가장 많이 느꼈던 부분은 우리가 평가의 구조를 결과중심 구조에서 과정중심 구조로 바꿨을 때 저희는 걱정을 합니다. 그런데 아이들은 굉장히 빠르게 결과에 대해 연연하지 않게 됩니다. 물론 어느 정도 남아 있긴 하지만 평가의 구조성 내 수준에 맞지 않는 과제를 했을 때 더 낮은 점수가 나오기 때문에 철저히 자기 수준에 맞춰서 과제들을 할 수 있어요. 과정중심평가로 바꾸었을 때 아이들 스스로가 결과가 아니고 과정에 집중하는 것을 옆에서 지켜볼 수 있었어요. 그것이 굉장히 신기했어요. (○○고 수학교사)

이러한 측면은 IBDP가 어떻게 자기평가 혹은 자기피드백의 과정을 실천적으로 학습에 내재화시키는지를 잘 보여 준다. 평가 준거의 모순적 설계는 형식적 차원의 자기평가가 아닌 실제 학습의 과정에서 스스로 자기인식과 반성의 과정을 갖도록 만든다. 따라서 학습자는 스스로 학습의 과정을 설계하고 자기주도적으로 학습을 이끌어 나갈 수 있게 된다.

2) 개념 기반 학습을 위한 평가 준거의 제시

개념에 대한 이해에 초점을 맞춘 교육 설계 방법으로 백워드 설계는 빅 아이디어 중심의 수업 설계 모형을 활용한다. 백워드 설계에서의 '빅 아이디어(big idea)'는 개념, 주제, 논쟁과 관점, 패러독스, 이론, 가정, 질문, 이해 및 원리 등 다양한 형태로 표현될 수 있는데(Wiggins & McTighe,

2005), 이러한 용어는 개념과 원리에 대한 일반적인 이해를 도모하고, 개념적 렌즈를 통해 개별 사실과 지식을 종합적으로 조망할 수 있도록 하는 통합적 능력을 표현하기 위한 다양한 개념이다. 이러한 맥락에서 백워드 설계는 교과를 가로질러 이해해야 하는 의미 있는 내용을 선정하고, 이를 중심으로 교과 간 통합교육 설계를 시도하는 방식으로서 교육내용 설계의 방식으로 활용되고 있다(Drake & Burns, 2004).

백워드 설계의 핵심적인 특징은 학생들의 '이해'를 돕기 위해 기존의 설계 모형과는 차별화되는 설계 방법을 제안하고 있다는 것이다. 전통적인 교육과정 설계 과정은 교육 목표가 우선 설정된 후 수업 내용이 선정 · 조직되고 수업의 실행 후에 학생의 성취를 평가하도록 하는 것이 일반적인 절차이나, 백워드 설계에서는 학생들이 수업의 결과로 나타내어야 할 성취의 증거로서 평가를 먼저 상정한 후, 이를 토대로 수업이 설계 · 운영된다는 차별성이 있다. 이러한 방식을 통해 교육 내용, 수업 운영, 평가의 일관성을 유지할 수 있으며 개념 중심의 학습자 이해를 보장하는 질적으로 높은 수준의 학습이 유도 가능하다(김경자, 온정덕, 2011; 박일수, 2013).

IBDP는 기본적으로 평가 중심의 교수 설계라는 방식에서 백워드 방식의 수업 설계를 기반으로 한다. 이러한 연유로 학생의 고등사고력을 길러 주고 측정하는 비구조적이고 개방형(unstructured and open-ended) 문항이 많이 출제된다. 무엇을 잴 것인가 하는 질문 내용에 따라 문항 형식은 구조화된 문항(structural problems), 단답형 문항(short answer question), 자료나 텍스트 반응 문항(response to data or text), 사례연구 문항(case study), 선다형 문항(multiple choice) 등이 출제되지만 학생 답변의 자유도가 높은 논술형 문항이 가장 큰 비중을 차지하고 있다. 단순 기억에 의한 지식의 재생보다는 종합하고 평가하는 사고력을 재는 내용이 많다(김경희, 2018). 따라서 학습자들에게는 교육과정과 평가, 수업의 도구들은 이러한 설계 방식을 기반으로 제공된다.

예컨대, IBDP 수학과에서 추구하는 학습의 목표를 살펴보면 단순히 수학적 지식을 획득하는 것 이상으로 다양한 맥락에서 설정된 문제를 해결하기 위해 수학적 사고력과 문제해결력을 갖는 것을 중요시한다. 학생들은 단순히 수학 이론과 공식을 알고 문제를 풀이하는 것을 넘어서 수학적 지식의 구조에 대한 통찰력을 갖고 다양한 영역에서 수학적 개념을 활용하여 세계를 이해할 수 있는 능력을 갖추도록 요구받는다. 또한 이러한 능력은 학문적 탐구 활동을 통한 증명을 수반하도록 하며 이를 통해 그 정당성을 갖추도록 요구한다. 이러한 과정은 학생들에게 또 다른 환경에서의 수학적 적용과 성장을 지속할 수 있도록 돕는다 (MATH-HL GUIDE).

이를 위하여 IB는 핵심 개념 또는 빅 아이디어 중심으로 교과를 재편성하고 있으며 평가에서는 이러한 측면을 중심으로 깊은 사고력을 측정하는 문제를 출제하고 있다. 넓고 얄팍한 교육(a mile wide, an inch deep)에서 벗어나 주제 중심의 심화된 학습을 통해 사고의 확장을 위한 교수활동과 평가를 구현하고 있는 것이다. 따라서 수학과의 경우 단순히 문제풀이 중심의 수업과 평가가 아닌 수학적 기호의 의미를 이해하고 이러한 것들을 활용하여 세계를 수학적으로 이해하도록 하는 사고력과 표현력을 기르도록 하는 것에 중점을 둔다. 뿐만 아니라 학습자 스스로 자신의 문제를 설정하고 해결하도록 하는 학습의 과정을 평가에 반영하여 수학적 지식과 그것을 실제 맥락에 활용하는 능력을 동시에 학습하도록 요구한다. 따라서 외부평가의 문제 난이도는 우리나라의 수학 시험보다는 낮을 수 있지만, 실제로 그것을 주도적으로 재구성하기 위한 학습자의 역량이 부족하다면 내부평가의 해결은 어렵게 된다. 실제로 수학 교과 가이드 북에는 대학 수준의 수학적 지시어의 용어와 기호의 리스트를 제공하고 그것의 뜻과 의미가 정리되어 있다. 단순히 문제의 풀이를 위한 뜻이 아닌 실제 맥락과 수학을 연결시키는 수준의 구체화된 의미들을 제시하고 풀이 과정에서 학생들은 평가에서 요구하는 것이 무엇인지 명확히 이해하고 답안을 작성하도록 요구받는다. 앞서 제시한 〈표 2-10〉은 이러한 측면이 반영된 IBDP 수학과 내부평가의 평가 준거이며 여기에서는 IB 과정에서 학습한 수학적 지식을 종합적으로 다루는 경험의 기회를 제공하고 이를 평가에서 다각도로 살펴본다. 학생은 스스로 선정한 주제에 대하여 질문을 던지고 이에 답변해 나아가는 과정을 12페이지 내외의 보고서로 2년간 작성하여 제출한다. [그림 2-5]는 학생이 작성한 내부평가의 과제 예시이다.

Finding Surface Area of Human Habitant in the space

Finding surface area of torus

Introduction

In sci-fi movie *2001 – Space Odyssey*, there is a model in which people live space. Torus, which defined as a model formed by revolution of a closed curve that is a line lies on the same plane and in 3-dimension, looks like a doughnut shape. (Merriam-Webster) In the movies, it is used to form artificial gravity same as that of the Earth. By rotating the torus, the centrifugal force, which is the force head to the opposite side of the center of the torus, forms the artificial gravity of 1.0g and makes people to live in that place with same gravity as in the Earth. 1.0g of artificial gravity is same as 9.8m/s², which is gravitational acceleration in the Earth. (WhatIs) During the research, I found out that Stanford torus is a model that is torus and makes artificial gravity of 1.0g. It is strictly modeled that it has the specific values that NASA fixed. However, none of the primary sources or the secondary sources that I used has information about the area that human can live in the Stanford torus. I though this area is most important among all since Stanford torus is initially made to use as space colony. Thus, my aim is to find the surface area of human habitant that has artificial gravity of 1.0g of Stanford torus and the percentage of it over the whole surface area of torus.
Briefly, it is to finding the green colored area that has artificial gravity of 1.0g (9.81 m/s²) in the figure 1.

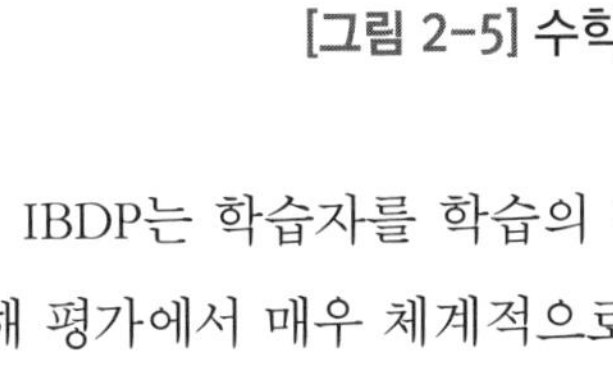

Figure 1 3D model of torus[1)]

composition. A definite integral of non-elementary integrals are therefore impossible to be parted down to elementary function by hand. This is where we use a calculator for easier and faster calculation.

Calculating Definite Integrals

Definite Integral is an integral that is calculated between two specified limits, usually expressed in the form of $\int_a^b f(x)\,dx$. For a function $f(x)$, its definite integral can be expressed as a formula below. The fundamental theorem of calculus allows definite integrals to be computed in terms of indefinite integrals. If F is the indefinite integral for a continuous function $f(x)$, then the definite integral for the function can be expressed as below.

$$\int_a^b f(x)\,dx = F(a) - F(b)$$

Specifically, consider the function $f(x) = x^2$. The definite integral from 0 to 2 can be written as

$$\int_0^2 x^2 dx$$
$$= \frac{1}{3}x^3\Big[_0^2 = \frac{8}{3}$$

Below is the graph of $f(x)$.

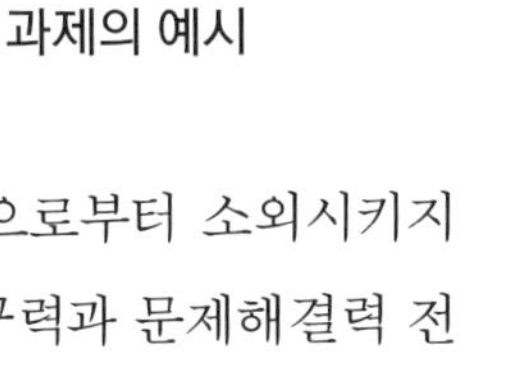

[그림 2-5] 수학과 내부평가(IA) 과제의 예시

이처럼 IBDP는 학습자를 학습의 장면에서 지식으로부터 소외시키지 않기 위해 평가에서 매우 체계적으로 학습자의 탐구력과 문제해결력 전반을 반영하고자 설계한다. IBDP에서는 수학적 문제와 과제 해결에 접근하는 방식에서 국내의 수학 교과의 문제 풀이와는 다소 다른 방식을 취한다. 수학적 기호와 문제풀이를 언어적 차원의 도구의 습득과 수학적 세계의 이해로 구분하고 있다. 수학적 기호는 수학적 지식이 아닌, 수학적으로 세계를 이해하기 위하여 필요한 도구이기 때문에 언어와 같이 반복적으로 익히고 활용해야 할 대상이다. 반면에 수학 시간에는 그것을 활용하는 능력과 별개로 자신의 삶을 기반으로 수학적 지식을 성찰하고 세계에 적용하는 심화 수준의 학습이 요구된다. 따라서 수학을 문제풀이 과목이 아닌, 그것의 의미와 활용 맥락들을 충분히 삶의 맥락에서 이해하고 활용하도록 평가의 상당 부분을 이 측면에 초점을 맞춘다. 따라서 학습자들에게 수학적 기호와 용어는 세계를 수학적으로 이해하고 해석해 나가기 위한 언어적 도구로서 역할을 하게 된다. 이러한 활용을 위해 [그림 2-6]과 [그림 2-7]의 수학적 용어와 기호의 제공은 학습자들이 수학과 평가와 학습 과정에서 필수적인 요건이 된다.

Command terms with definitions

Students should be familiar with the following key terms and phrases used in examination questions, which are to be understood as described below. Although these terms will be used in examination questions, other terms may be used to direct students to present an argument in a specific way.

Calculate	Obtain a numerical answer showing the relevant stages in the working.
Comment	Give a judgment based on a given statement or result of a calculation.
Compare	Give an account of the similarities between two (or more) items or situations, referring to both (all) of them throughout.
Compare and contrast	Give an account of the similarities and differences between two (or more) items or situations, referring to both (all) of them throughout.
Construct	Display information in a diagrammatic or logical form.
Contrast	Give an account of the differences between two (or more) items or situations, referring to both (all) of them throughout.
Deduce	Reach a conclusion from the information given.
Demonstrate	Make clear by reasoning or evidence, illustrating with examples or practical application.
Describe	Give a detailed account.
Determine	Obtain the only possible answer.
Differentiate	Obtain the derivative of a function.
Distinguish	Make clear the differences between two or more concepts or items.
Draw	Represent by means of a labelled, accurate diagram or graph, using a pencil. A ruler (straight edge) should be used for straight lines. Diagrams should be drawn to scale. Graphs should have points correctly plotted (if appropriate) and joined in a straight line or smooth curve.

[그림 2-6] 용어의 정의

Notation list

Of the various notations in use, the IB has chosen to adopt a system of notation based on the recommendations of the International Organization for Standardization (ISO). This notation is used in the examination papers for this course without explanation. If forms of notation other than those listed in this guide are used on a particular examination paper, they are defined within the question in which they appear.

Because students are required to recognize, though not necessarily use, IB notation in examinations, it is recommended that teachers introduce students to this notation at the earliest opportunity. Students are **not** allowed access to information about this notation in the examinations.

Students must always use correct mathematical notation, not calculator notation.

$\mathbb{N}$	the set of positive integers and zero, $\{0, 1, 2, 3, \ldots\}$
$\mathbb{Z}$	the set of integers, $\{0, \pm 1, \pm 2, \pm 3, \ldots\}$
$\mathbb{Z}^+$	the set of positive integers, $\{1, 2, 3, \ldots\}$
$\mathbb{Q}$	the set of rational numbers
$\mathbb{Q}^+$	the set of positive rational numbers, $\{x \mid x \in \mathbb{Q}, x > 0\}$
$\mathbb{R}$	the set of real numbers
$\mathbb{R}^+$	the set of positive real numbers, $\{x \mid x \in \mathbb{R}, x > 0\}$
$\mathbb{C}$	the set of complex numbers, $\{a + ib \mid a, b \in \mathbb{R}\}$
i	$\sqrt{-1}$
z	a complex number
z^*	the complex conjugate of z
$\lvert z \rvert$	the modulus of z
$\arg z$	the argument of z

[그림 2-7] 기호 목록

이 밖에도 수학과 내부평가에서 학생들이 활용했던 다양한 주제는 학습자들이 IB 과정을 통해 학습하는 것과 그것을 활용하여 최종적으로 이해하고자 한 확장된 수학적 사고가 어떻게 일어나게 되는지 예측할 수 있도록 해 준다.

〈표 2-11〉 내부평가의 다양한 주제 예시

독특했던 주제들의 예시	그 외 주제들의 예시
• 거리란 무엇인가?(HL) • 3대 작도 불능 문제의 작도(HL) • 계산기는 정적분을 어떻게 하고 있는가?(SL) • 직선의 일반화(HL) • 삼각함수의 역함수는 왜 'arc'라 부르는가?(HL)	• 몬티 홀 문제와 확률의 역설들(SL) • 피보나치 수열의 일반항(SL) • 건축물의 부피 최적화(SL, HL)

출처: 경기외고 수학교사 발표 자료에서 발췌.

3) 융합형 인재 양성을 위한 평가 설계

융합 및 통합 학습은 2개 이상의 과목 사이의 내용과 과정이 통합되는 교육 접근 방식으로서 초기에 Sanders(2009)에 의하여 미국의 STEM 교육에 대한 연구로 출발하여 기술교육 분야에서 간학문적 통합을 강조한 STEAM 교육의 모형으로 제시되었다. 통합, 통섭이라는 용어가 학문이나 연구 분야에서 학자들 사이에 널리 사용되었다면 융합은 보다 실제적인 영역인 교육, 경제, 산업 분야에서 많이 사용되고 있다. 통합이나 통섭은 그 특징이 여러 내용이나 분야의 물리적인 결합이나 일부 학문에 포섭되는 경향을 보이기도 하지만 융합은 화학적인 결합을 통해 새로운 시너지를 얻고자 하는 데 있다(김진수, 2013; 주미경, 문종은, 송륜진, 2012). 이러한 융합교육은 개별 학습자가 가지고 있는 지식 및 문화의 다양성을 바탕으로 주변 지식과의 통합성을 포괄하는 교육을 강조한다(차윤경, 2009).

한편, 융합형 인재는 최근 브리콜레르라는 이름으로 새롭게 정의되고 있다(유영만, 2013). 브리콜레르는 본래 인류학자 Levi-Staruss에 의해서 정의되었는데, 그의 설명에 따르면 '손재주꾼'으로 번역되는 브리콜레르는 정형화된 패턴이나 매뉴얼 없이도 현재 가용한 도구나 기존 지식을 다양한 방식으로 적용하고 조합하여 창발적 가능성을 모색하고 대안을 만들어 내는 인재상을 지칭한다(유영만, 2013). 융합의 이러한 측면은 기존의 학문적 융합을 실천적 영역의 융합까지 확장해 보는 시각으로 실제적 문제해결력에 필요한 수행적 측면을 부각시켜 보고자 하는 확장적 해석이다. 이러한 측면은 IBDP에서의 수행 중심의 과제와 평가 설계 등에서도 잘 드러난다.

융합교육의 개념 및 특징에 대한 논의들을 바탕으로 융합교육에 대한 개념 및 의미를 제시하면 다음과 같다. 첫째, 융합교육은 국어, 수학, 사회, 과학, 영어, 예체능 등의 여러 교과나 학문들이 유기적으로 통합된 교육 내용을 가르치고, 개별 학습자의 다양한 지식이나 정보, 가치, 문화 등을 인정하고 융복합하려는 교육이다. 둘째, 융합교육은 교육을 통해 다양한 교과와 학문, 가치, 문화에 대한 흥미와 이해력을 높이고 창의력, 문제해결력, 인성 및 인문적 소양 등을 지닌 인재를 기를 수 있도록 하는 창의융합 인재 교육을 의미한다. 셋째, 융합교육은 여러 학습자가 갖고 있는 다양한 관점을 통해 나 자신을 바라보게 하여 자기이해를 증진하도록 하고, 창의적이고 융합적인 사고를 바탕으로 개인적 문제나 사회적 문제를 인식하고 해결하는 방법을 학습 공동체 안에서 습득할 수 있도록 하는 교육이다. 넷째, 융합교육은 다른 사람의 다양한 지식이나 정보, 가치, 문화를 체험할 수 있는 풍부한 기회를 제공하여 학습자들이 학습 공동체, 시민 공동체, 나아가 세계 공동체에서 평등과 정의를 실현할 수 있도록 하는 교육이다(강정찬, 2015).

이러한 융합교육의 목표와 의미는 IBDP에서 추구하는 필수 이수 과정의 목표와 매우 유사한 내용을 갖는다. 이것은 우리나라 교육과정의 비교과 활동과 유사한 성격에 해당한다. 학교 현장에서는 비교과 활동이 대체로 창의적 체험 활동을 통한 방식으로 운영되고 있다. 교육과학기술부는 2010년 1월 5일에 창의와 배려의 조화를 통한 인재 육성을 목표로 하는 '창의 · 인성교육 기본방안'을 발표하였다. 그 안에서는 2009 개정 교육과정이 지향하는 창의적 체험 활동의 운영을 통한 교육적 성취의 내용과 정책들이 종합적으로 담겨 있다. 창의적 체험 활동 교육과정의 주요 목표는 학생들이 자발적으로 참여하여 개개인의 소질과 잠재력을 계발 · 신장하고, 자율적인 생활 자세를 기르며, 타인에 대한 이해를 바탕으로 나눔과 배려를 실천함으로써 공동체 의식과 세계 시민으로서 갖추어야 할 다양하고 수준 높은 자질 함양을 지향한다는 것이다. 이러한 창의적 체험 활동의 경우 대체로 단위학교 수준에서 학년별-전일제 방식의 비교과 재량 활동으로 간주되어 운영되고 있다(조대훈, 이수미, 2012).

IBDP는 평가의 제도로만 보면 비교과 없이 내신과 수능으로만 이루어져 있다고 생각할 수 있지만, 적용과 실제 교육과정으로 보면 우리나라의 학생부 종합 전형에서 추구하는 여러 가지 비교과 활동과 평가 혹은 창의적 체험 활동이 내신에 정량화되어 포함되어 있다. IB는 학교 생활에서 이루어지는 각종 수행평가와 논술형 과정 평가인 내신이 총점에 함께 반영된다는 점에서, 내신이 전혀 반영되지 않고 마지막 시험 점수만 제출하게 되어 있는 프랑스 바칼로레아와 이름이 비슷하지만 내용은 전혀 다르다. 여타의 다른 대입 시험들은 국가 차원에서 운영되는 것이기 때문에 대입에 시험 점수 외에 무엇을 얼마만큼 반영할지 국가별로 패턴이 있으나 IB는 특정 국가 교육과정이 아니기 때문에 이 점수를 어떻게 대입에 반영할지는 국가별 · 대입별로 상이하다. 예컨대, 대입에서 에이 레벨 점수만을 심사하는 영국 대학의 경우는 IB 점수만으로 학생을 선발하기도 하지만, 내신과 각종 비교과 활동을 중시하는 미국 대학의 경우는 IB 점수 이외에도 학생들의 비교과 활동을 추가로 제출해야 한다. 다만, IB에는 에이 레벨과 달리 소논문이나 창의적 체험 활동과 같은 비교과 활동이 교육과정에 필수로 들어가 있기 때문에 학생이 학교 밖에서 별도로 준비해야 하는 것이 아니라 학교에서 했던 소논문과 창의적 체험 활동을 그대로 비교과 활동으로 제출할 수 있다(이혜정 외, 2018).

IBDP에서는 이러한 목표를 중심으로 필수 이수 과목을 다음과 같이 운영 및 평가하고 있다. 이러한 특징은 단위 학교별 자율적 방식으로 비교과 재량 활동을 운영하고 있는 우리나라의 창의적 체험 활동과 비교해 볼 때 상당히 체계적인 방식으로 학습의 결과를 관리 및 산출하고 있음을 알 수 있다. 각각의 과정은 교과와 동일하게 내부평가, 외부평가로 구분되어 각각의 평가에서 기대하는 과제의 형식과 평가 준거들이 구체적으로 제시된다. 이를 통해 학습자들은 자신들이 달성해야 할 학습의 목표와 과제의 형식들에 맞추어 각자의 활동을 전개해 나간다. 또한 이러한 과제들은 교과 영역과 동일하게 조정 절차를 거쳐 평가 결과를 산출한다. 〈표 2-12〉는 IBDP의 필수 이수 과정의 이수 및 평가 방식과 배점을 정리한 것이다.

〈표 2-12〉 필수 이수 과정의 평가 방식

<table>
<tr><th>필수 이수 과정</th><th>이수 방식(2년)</th><th colspan="2">평가 방식</th><th>배점</th></tr>
<tr><td rowspan="2">지식이론
(TOK)</td><td rowspan="2">100시간의 수업
(7~8단위)</td><td>내부평가
(IA)</td><td>10분간 프레젠테이션
구술 발표</td><td rowspan="3">3점</td></tr>
<tr><td>외부평가
(EA)</td><td>1,200~1,600자
서면 과제</td></tr>
<tr><td>소논문
(EE)</td><td>40시간의 수업
(3단위)</td><td>외부평가
(EA)</td><td>4,000자 에세이 제출</td></tr>
<tr><td>창의 · 활동 ·
봉사
(CAS)</td><td>세 가지 활동 각각
50시간(합 150시간)
이상(10~11단위)</td><td>외부평가
(EA)</td><td>포트폴리오 제출
* 평가 배점은 없으나
심사 통과를 못하면
디플로마 취득 불가</td><td>없음</td></tr>
</table>

IBDP의 필수 이수 과정은 학문과 교과의 경계와 제한 없이 자신의 관심과 흥미를 과제로 발전시켜 나갈 수 있는 전형적인 학습 활동 가운데 하나이다. IBDP는 평가를 통해 이러한 활동들이 학생들의 관심과 흥미, 이해를 기반으로 한 다양한 영역 간의 융합적 과제의 설계와 문제해결력을 키울 수 있도록 유도하고 있다. 이러한 관점에서 보았을 때, IBDP의 필수 이수 과정의 설계는 어떻게 창의·융합적 학습 경험을 유도하고 있는지를 검토해 보고자 한다. 여기에서는 필수 이수 과정으로서 TOK, CAS, EE의 교육 목표를 검토하고 이러한 목표를 달성하기 위하여 교수학습에 접근하는 방식을 살펴볼 것이다. 특히 이 가운데에서 EE의 평가 준거와 실제 수행 사례 등을 통해 학습자들이 어떻게 학습 경험을 융합적이고 창의적인 방식으로 전개해 나가는지를 살펴볼 것이다.

(1) 학문 간 융합을 위한 학습 목표의 설정

필수 이수 과정은 디플로마 프로그램의 중심이다. IBDP의 본래 교육과정 설계자들은 전인적 인간을 교육하기 위한 방법으로서 필수 과정의 세 가지 요소(TOK, CAS, EE)를 소개한다. 필수 이수 과목은 IB 사명에서 제시하고 있는 내용들을 구체적이고 직접적으로 추진하기 위한 조건을 제공한다. 즉, 책임감 있는 세계적 시민들을 발전시킨다는 IB의 궁극적인 목적과 함께 국제적 마음가짐을 발전시키고 키울 책임을 실현하고자 한다. 전인적 인간을 양성하기 위한 원칙을 중시하는 IB는 세 가지 필수 과정과 교육의 목표 사이의 관계를 확인하고 개발함으로써 목표를 분명하고 명확하게 달성할 수 있다고 믿는다. IB의 필수 과정의 지향점은 다음과 같다.

> '다른 문화 간의 이해와 존중을 통해 더 좋고 평화로운 세계를 만드는 데 도움이 되는 탐구하고 지식이 풍부하며 배려심 있는 청소년 양성하기' 그리고 '그들만의 다름을 가진 타인들 역시 옳을 수 있다는 사

실을 이해하는 적극적이고 동정심이 있으며, 평생 학습하는 학습자가 될 수 있도록 전 세계의 학생들 격려하기'(IB 사명 진술)

- 배움의 상호상관성을 지지한다.
- 배움의 동시성을 지지한다.
- IB 교육의 연속성과 IB의 학습자 프로필을 지지한다.
- 학문적 이론을 준수함과 동시에 주제별 확장적 관점을 지지한다.

필수 이수 과정은 비판적이고 확장적인 관점들을 제공하기 위한 원칙들을 다음과 같이 제시한다. 따라서 학습자들의 개별적인 연구 혹은 활동 주제들은 필수 과정의 원칙들을 통하여 질적 향상을 추구하게 된다. 교사들은 필수 과정의 세 가지 활동을 계획함에 있어서 각각의 과목에서 학생들이 공부하는 주제에 대해 어떻게 더 깊이 이해할 수 있도록 할 것인지에 대하여 주의 깊게 고려하게 된다. 이것은 각각의 코스들에 제공되는 평가의 준거들을 통해 구체화된다. 다음은 필수 과목 설계에 요구되는 요소이다.

- 학문적 원리에 도달하기 위하여 비판적 사고 과정 전환하기(TOK)
- 학생이 기존에 가지고 있는 주제 관련 지식을 향상시키고 그 주제 분야에서의 새롭고 더 깊은 지식 구성에 기여하는 서비스 학습 기획들 개발하기(CAS)
- 하나 또는 그 이상의 이론적 관점을 통해 세계적으로 중요한 관심 주제 또는 이슈를 탐구하고 국제적 마음가짐으로 발전시키기(EE)

이처럼 IBDP의 필수 이수 과정은 세계적인 중요성을 가진 이슈들의 탐구를 촉진함으로써 학생들이 지역과 세계 사이의 관계성을 탐구하도록 한다. 이는 학생들이 맥락과 다른 이의 관점을 고려하도록 촉진하고 학생들에 의해 개발된 규칙과 가치들이 그들의 일생에 걸쳐서 반영되도록 하기 위함이다. 따라서 각각의 활동은 다음과 같은 사항들을 포함한다.

- 다른 문화적 관점들의 차이를 강조하고 다른 문화적 전통들이 어떻게 우리의 현재 지식 구성에 기여해 왔는지 강조하기(TOK)
- 세계적 중요성의 이슈를 반영하지만 지역적 관점으로 탐구되는 서비스 프로젝트 고려하기(CAS)
- 학생들이 세계 연구의 확장된 에세이 작성하도록 격려하기: 세계적 주제에 관한 학제 간의 확장된 에세이를 통해 자기인식과 자기 정체성 발전시키기(EE)

필수 이수 과정은 학생들의 삶에 다름을 만들어 내도록 노력한다. 이것은 학생들이 그들 자신의 가치와 행동들에 대해서 생각할 기회, 세계 속 자신의 위치를 이해할 기회, 그리고 그들의 정체성을 형성할 기회를 제공해야만 한다. 이것은 다음과 같은 사항들을 포함한다.

- 학생들은 다른 환경에서 온 다른 관점을 가진 사람들과 함께 대화할 기회를 통해 그들 자신의 가치들에 도전하도록 하기(TOK)
- 학생들은 도움을 필요로 하는 사람들을 돕고 옹호 개념을 탐구하도록 격려하기(CAS)
- 학생들은 에세이 작성을 통해 자신을 되돌아보고 그렇게 함으로써 강점 분야와 약점 분야를 인식하도록 하기(EE)

이처럼 필수 과정에서는 해당 활동의 목적을 바탕으로 과제 수행을 위한 개별화된 학습을 지향한다. 이러한 활동은 학습자 중심의 자기주도적 학습을 기반으로 전개된다. 학습자들은 각자의 관심과 학문적 내용을 연결시키고자 노력하며 이를 통해 학습자들은 자신을 이해함과 동시에 세계를 이해하도록 돕는다. 이러한 과정은 교과 안과 밖의 교량이 됨과 동시에 자연스럽게 학문적으로도 융합적이고 통합적인 학습의 경험을 하게 된다. IBDP의 필수 이수 과정은 이처럼 교과 내 혹은 학습자 내부의 제한된 지식과 경험을 교과 밖의 넓은 관점으로 확장하는 것을 지지함으로써 적극적으로 범교과적 융합 학습이 되도록 설계한다. 〈표 2-13〉에서 연구 과제의 주제 설정의 예시들은 각각의 주제가 얼마나 영역이나 지식의 경계 없이 학습자의 관심과 실제적 맥락을 기반으로 확장되어 나가는지를 잘 보여 준다.

〈표 2-13〉 연구 과제의 주제 설정의 예시

불분명하고 초점이 맞지 않고 의론의 여지가 없는 연구 문제	심층 연구에 도움을 주는 분명하고, 초점이 확실하고, 좁은 연구 문제
호치민의 레닌에 대한 충성은 어떤 영향을 주었는가?	호치민이 1920년에 레니니즘(Leninism)을 채택한 데 있어 민족주의는 어느 정도까지 영향을 미쳤는가?
중국 연극의 역사는 무엇인가?	mel lan fang의 유산은 현대 jingju에 어떻게 기여하는가?
식물에게 엽록소는 얼마나 중요한가?	잎 노화와 엽록소 생합성에 대한 키틴의 농도에 따른 영향은 무엇인가?
미국 정부의 지출 정책은 어떻게 재편되었는가?	상승하는 COE 가격이 소비자 인구에 의한 신차 및 중고차에 대한 수요에 어느 정도 영향을 미치며 그로 인해 2012~2016년 기간 동안 싱가포르 경제가 창출한 수익에 얼마나 영향을 미쳤는가?

IBDP는 〈표 2-13〉의 우측에 해당하는 심층 연구의 주제 설정을 하도록 요구한다. 평가 준거는 연구 주제 선정에 대한 배점을 통해 주제 설

정을 유도하는데, 연구 주제는 불분명하고 초점이 맞지 않는 연구 질문과 심층 연구에 도움을 주는 명확하고 초점이 확실한 질문의 차이로 구분된다. 이러한 차이는 탐구 내용의 질적 심화도에 영향을 끼친다. 예컨대, 확장된 에세이(EE)는 IBDP에서 학생들이 착수하게 될 가장 연구 기반의 활동이다. 특히 연구 주제에 있어서 완전히 제한을 두지 않는(open-ended) 활동이라는 것을 고려하면, 연구 주제는 학생의 관심사에 의해 규제된다. 이것은 확장된 에세이를 통해 학생들이 중요한 이슈들과 심도 있고 의미 있는 방식으로 개인적으로 관심을 갖는 연구 분야를 연관 짓도록 하는 의도를 지닌다. 확장된 에세이에서 이론적 개념은 학생들이 착수하고 있는 연구의 초점을 구성하는 데 도움을 주고 또한 지식과 이해를 증명하는 데 중요한 역할을 한다. 자신의 연구 분야와 관련된 개념에 대해 비판적으로 토론할 수 있는 학생들은 학습의 여러 다른 측면이 어떻게 연결되어 있는지를 보다 깊이 있는 수준으로 보여 줄 수 있다.

학습자는 연구를 수행하기 위해서 해당 내용과 관련된 구체화된 맥락에서의 사례를 충분히 이해할 수 있어야 하는데, 이것은 자연스럽게 교과 지식 바깥의 관심과 교과 내용을 연결하는 과정을 필요로 한다. 결국 내용의 구체성은 해당 교과 혹은 개념 바깥의 지식 혹은 경험이 관계성을 맺는 내용적 통합과 융합을 통해 구현될 수 있다. IBDP에서는 평가를 통해 학생들이 자신의 연구 분야와 관련된 개념에 대해 비판적으로 토론할 수 있는지 또한 연구 분야가 여러 다른 측면과 유기적으로 연결되어 있는지에 대한 수준을 보고자 한다.

이러한 해당 과정에서 요구되는 능력과 지식들이 어떻게 평가에서 반영되고 유도되는지는 〈표 2-14〉를 통해 확인할 수 있다.

〈표 2-14〉 소논문 평가 등급 및 기준(기준 A, B, C)

평가 기준	수준	구성 요소 및 지표의 설명
• 기준 A: 초점 및 방법 –이 기준은 주제, 연구 질문, 방법론에 초점을 둔다. 연구의 초점에 대한 설명(주제 및 연구 질문 포함), 연구 진행 방식 및 소논문 전반에 걸쳐 초점이 잘 유지되는가를 평가한다.	0	• 아래 등급 기준표에서 명시한 기준을 충족하지 못한다.
	1~2	• 주제가 불분명하고 불완전하게 전달된다. –주제의 식별 및 설명이 제한적이다. 연구의 목적 및 초점이 불분명하거나 소논문 제출 과목에서 체계적인 탐구를 진행하기에 적합하지 않다. • 연구 질문이 명시되어 있으나 분명히 표현되지 않았거나 지나치게 포괄적이다. –제한된 단어 수 및 요구 조건 내에서 효과적으로 다루기에는 연구 질문이 너무 광범위하고, 소논문 제출 과목에서 체계적인 탐구를 진행하기에 적합하지 않다. –연구 질문의 의도를 이해하고 있으나 명확하게 표현되지 않았거나 또는 질문에 초점을 두지 않은 채 소논문이 전개된다. • 연구의 방법론이 제한적이다. –주어진 주제 및 연구 질문에 비해서 사용될 자료 및/또는 방법의 종류가 제한적이다. –정보를 바탕으로 문헌과 방법론을 선정한 증거가 한정적으로밖에 보이지 않는다.
	3~4	• 주제가 서술되어 있다. –연구 주제가 식별되고 설명되었으며, 연구의 목적 및 초점이 충분히 분명하지만 부분적으로만 적절하다. • 연구 질문은 명확하지만, 소논문의 논지는 부분적으로만 연구 질문과 관련이 있다. –연구 질문은 분명하지만 소논문의 논지의 전개 초점이 부분적으로만 맞추어져 있고 연구 질문에 부분적으로만 부합한다. • 연구 방법론이 거의 완성되어 있다. –사용된 자료 및/또는 방법론이 연구 질문 및 주제와 대체로 관련이 있으며 이에 부합한다. –정보를 바탕으로 문헌과 방법론을 선정한 증거가 일부 보인다. • 주제 또는 연구 질문이 소논문을 등록한 과목에 부적절하다고 간주되는 경우 이 항목에 4점 이상을 부여할 수 없다.

	5~6	• 주제가 정확하고 효과적으로 서술되었다. –연구 주제의 식별 및 설명이 효과적으로 설명되어 있으며 연구의 목적 및 초점이 분명하고 적절하다. • 연구 질문이 분명히 기술되어 있으며 논의의 초점이 명확하다. –연구 질문이 명확하며 소논문의 논의의 전개에 적절히 부합되는 주제를 다룬다. • 연구의 방법론이 완전하다. –연구 질문 및 주제와 관련이 있으면서도 적절한 범위에서 관련성이 높은 자료 및/또는 방법론이 선택되었다. –자료 및/또는 방법론이 효과적으로 잘 선택되었다는 근거가 있다.
• 기준 B: 지식과 이해 –이 기준은 연구와 이 연구 질문을 탐구하는 데 사용된 교과군/학문의 연관 정도를 평가한다. 세계학 소논문의 경우 다루어진 문제와 적용된 두 가지 학문적 관점과 연구가 어느 정도 관련이 있는지를 평가하며 또한 적절한 용어 및 개념의 사용을 통해 지식과 이해를 설명했는지를 평가한다.	0	• 아래 등급 기준표에서 명시한 기준을 충족하지 못한다.
	1~2	• 지식과 이해도가 제한적이다. –연구에 사용된 자료가 연구와의 관련이 제한적이며, 연구 질문에 부분적으로만 부합한다. –주제/과목에 대한 지식이 주관적이고 구조적이지 않으며 자료를 효과적으로 사용하지 않고 대부분 설명에 그친다. • 용어와 개념의 사용이 불분명하며 제한적이다. –과목에서 쓰이는 용어 및/또는 개념이 부재하거나 부정확하여 지식과 이해도가 제한적인 것으로 보인다.
	3~4	• 지식과 이해도가 우수하다. –연구에 사용된 자료가 대부분 연구와 관련이 있으며 연구 질문에 적합하다. –주제/과목/이슈에 대한 지식이 분명하며 사용된 자료에 대한 이해를 보여 주지만 자료의 적용이 부분적으로만 효과적이다. • 용어와 개념의 사용이 적절하다. –과목별 용어 및 개념의 사용이 대부분 정확하고 적절한 수준의 지식과 이해도를 보여 준다. • 주제 또는 연구 질문이 소논문을 등록한 과목에 부적절하다고 간주되는 경우 이 항목에 4점 이상을 부여할 수 없다.

	5~6	• 지식과 이해도가 탁월하다. –연구에 사용된 자료가 연구와 명확하게 관련 있으며 연구 질문에 적합하다. –주제/과목/문제에 대한 지식이 분명하고 일관되며 자료를 이해하여 효율적으로 사용한다. • 용어와 개념을 잘 활용한다. –과목별 용어 및 개념의 사용이 정확하고 일관되며 효과적인 지식과 이해도를 보여 준다.
• 기준 C: 비판적 사고력 –이 기준은 연구 자료를 분석하고 평가하는 데 비판적 사고력을 사용한 정도를 평가한다.	0	• 아래 등급 기준표에서 명시한 기준을 충족하지 못한다.
	1~3	• 연구 자료가 제한적이다. –제시된 연구 자료가 제한적이며 논지를 뒷받침하기 위한 연구 자료의 적용이 연구 질문과 명확한 관련이 없다. • 제한적인 분석이 이행되었다. –분석이 제한적이다. –소논문의 전개 과정에서 발생하는 각각의 분석점마다 결론이 있지만, 해당 결론은 한정적이거나 제시된 증거와 일관성이 없다. • 논지의 전개/평가가 제한적이다. –논지가 제시되었지만, 제한적이며 불완전하고 서술적이거나 서사적이다. –논지의 구성이 불분명하고 그리고/또는 구조가 일관되지 않아서 이해하기 어렵다. –최종 결론이 제한적이고 제시된 논지/증거와 부합하지 않는다. –연구 자료를 평가하려는 시도가 있지만 피상적이다. • 주제 또는 연구 질문이 소논문을 등록한 과목에 부적절하다고 보이는 경우 이 기준에 대해 3점 이상을 부여할 수 없다.
	4~6	• 연구 자료가 적절하다. –일부 연구 자료가 적절하고 논지를 뒷받침하기 위하여 적절히 사용되었으며 연구 질문과 부분적으로 관련이 있다. • 분석이 적절하다. –분석을 실시했지만 연구 질문과 관련성이 부분적으로만 있다. 관련성 없는 연구 자료를 포함하여 논지의 수준을 약화시킨다.

	–각각의 분석점마다 결론이 제시되었지만, 해당 결론은 부분적으로만 증거에 의해 뒷받침된다. • 논지의 전개/평가가 적절하다. –논지를 통해서 연구가 설명되지만 논리가 일관적이지 않다. –논지에 명확성과 일관성이 부족할 수 있지만 이해하는 데 큰 지장을 주지는 않는다. –최종 또는 총괄 결론을 내릴 때 제시된 논지/증거와 부분적으로만 부합된다. –연구 자료를 평가하였지만 비판적인 평가는 이루어지지 않았다.
7~9	• 연구 자료가 우수하다. –연구 자료의 대부분이 적절하고 논지를 뒷받침하며 연구 질문과 명확한 관련이 있도록 연구 자료가 적용되었다. • 분석이 우수하다. –연구 자료를 연구 질문과 명확하게 관련된 방식으로 분석했다. 관련성이 적은 연구 자료가 포함되어 있지만 전반적인 분석의 수준이 떨어지는 경우가 거의 없다. –개별 분석의 결론이 증거에 의해 뒷받침되지만 일부 일관적이지 않은 부분도 있다. • 논지의 전개/평가가 우수하다. –연구 자료로부터 효과적이고 논리 정연한 논지를 전개했고 제시된 증거를 통해 결론을 뒷받침한다. –논리 정연한 논지가 명확한 구조와 일관성을 가지며 최종 또는 총괄 결론으로 뒷받침된다. 사소한 비일관성이 전체적인 논지의 입지를 약화할 수도 있다. –연구 자료를 평가하였지만 부분적으로만 비판적 평가가 이루어졌다.
10~12	• 연구 자료가 훌륭하다. –사용된 연구 자료가 연구 질문에 적절하며 논지를 뒷받침하도록 연구 자료가 일관성 있게 적용되었다. • 분석이 훌륭하다. –연구 자료가 효과적으로 분석되고 연구 질문에 확실하게 초점을 맞추었다. 관련성이 떨어지는 연구 자료를 포함했지만 전반적 분석의 수준이 크게 떨어지지는 않는다.

		–개별 분석의 결론이 증거에 의해 효과적으로 뒷받침된다. • 논지의 전개/평가가 훌륭하다. –연구 자료로부터 효과적이고 초점이 명확하며 논리 정연한 논지를 전개하며 결론은 제시된 증거를 반영한다. –논지가 논리 정연하며 일관성이 명확하다. 사소하게 논지와 일관되지 않은 부분이 있지만, 전체적 논지의 전개 및 최종 결론을 약화시키지 않는다. –연구 자료가 비판적으로 평가되었다.

(2) 지식과 기술, 가치, 태도의 실천적 융합을 위한 평가의 설계

IBDP의 필수 이수 과목의 통합적 설계는 과제의 주제적 융합 혹은 학문의 영역적 융합에만 국한되지 않는다. 〈표 2-15〉는 확장형 에세이에서 실천적 문제해결력을 평가하기 위한 평가 준거이다. 물론 이해와 실천이 분명하게 구분되는 것은 아니지만, 평가에서 이러한 측면을 언술화하여 평가 체계에 담아내고자 했다는 점에서 특징적이다. IBDP의 필수 이수 과목은 과제의 결과물 평가 시 실천적 문제해결력에 대한 평가가 인지적 이해력과 균형을 이루도록 설계되어 있다. 이것은 과제의 완성도를 평가함에 있어서 단순히 지식과 이해력을 확인하는 것이 아닌, 실천적 차원의 능력, 예컨대 자료의 활용과 글의 구조, 참여 과정에서의 정서적 개입의 문제까지도 전체 과제 완성에 필요한 능력의 일부로 간주하는 것이다. 따라서 필수 이수 과정의 교수학습 설계는 학생들의 실천적 문제해결력을 길러 내기 위하여 평가에서 이러한 측면들을 균형 있게 담아낸다. 그들의 조사 주제 선정 과정에서의 지적 호기심과 진취적 태도, 방법론과 자료 활용의 적절성과 윤리성, 그리고 비판적인 사고 능력과 진정성에 대한 평가는 IBDP에서 추구하는 전인적 인간을 길러 내기 위한 교육의 궁극적 목표가 과제 평가에도 그대로 녹아져 있음을 알 수 있다.

〈표 2-15〉 소논문 평가 등급 및 기준(기준 D, E)

평가 기준	수준	구성 요소 및 지표의 설명
• 기준 D: 형식 –이 기준은 소논문의 형식이 학문적 논문 작성에 요구되는 표준 서식을 따르는 정도와 해당 형식이 의사소통에 어느 정도로 효과적인지를 평가한다.	0	• 아래 등급 기준표에서 명시한 기준을 충족하지 못한다.
	1~2	• 형식이 수용 가능한 수준이다. –소논문의 구조가 주제, 논지 및 소논문이 등록된 과목에서 예상되는 통상적 형식에 비춰 볼 때 일반적으로 적절하다. –특정 레이아웃 요소가 누락되었거나 잘못 적용되었다. –구조 및/또는 레이아웃의 부족함이 소논문을 읽고 이해하거나 평가하는 데 크게 영향을 미치지 않는다.
	3~4	• 형식이 우수하다. –소논문의 구조가 주제, 논지 및 논문이 등록된 과목에서 예상되는 통상적 형식에 비춰 볼 때 매우 적절하다. –레이아웃에 대해 고려했으며 정확하게 적용했다. –구조 및 레이아웃이 소논문을 읽고 이해하고 평가하는 데 도움이 된다.
• 기준 E: 참여 –이 기준에서는 학생의 연구의 초점 및 연구 과정에 대한 참여도를 평가한다. 소논문 평가 마지막에 채점관이 이 기준을 적용한다. 이 기준은 지도교사의 의견과 소논문 자체는 맥락적으로 사용되며, RPPF에 기재된 응시자의 성찰 내용만을 평가한다. 평가의 대상은 RPPF에 기재된 내용 중 첫 500단어이다.	0	• 과제가 아래 설명에 명시된 기준에 미치지 못하며, 계획 및 진도 성찰 일지(RPPF) 양식이 제출되지 않았거나, 양식은 제출되었으나 소논문에서 사용된 언어가 아닌 언어로 제출되었다.
	1~2	• 참여가 제한적이다. –의사결정 및 계획에 대한 성찰이 대체로 설명 위주이다. –연구의 초점 및/또는 연구 과정에 관한 개인적인 참여가 제한적이라는 것이 성찰을 통해서 보인다.
	3~4	• 참여도가 우수하다. –의사결정 및 계획에 대한 성찰이 분석적이며 개념적 이해와 개인의 기술 발전에 대한 언급이 포함된다. –연구의 초점 및 연구 과정에 관한 개인적인 참여가 보통 수준이며, 어느 정도의 학문적 주도성도 성찰을 통해서 보인다.
	5~6	• 참여도가 훌륭하다. –의사결정 및 계획에 대한 평가적인 성찰을 담고 있고, 성찰 내용은 연구 과정에서 마주한 어려움에 대응하는 데 필요한 행동과 아이디어를 생각할 수 있는 학생의 역량을 보여 준다. –연구의 초점 및 연구 과정에 대하여 높은 수준의 학문적 및 개인적 참여도를 보여 주며, 학생의 의견에서 진위성, 학문적 주도성 및/또는 창의적 접근법도 성찰을 통해서 보인다.

평가의 설계가 활동의 성격을 유도하지만 좀 더 체계적인 교수학습 환경을 위하여 IBDP에서는 구체화된 내용의 배움의 영역과 속성을 제시하고 있다. 여기에서는 확장된 에세이(EE)에서의 교수학습 설계 요건을 중심으로 해당 활동이 얼마나 학습자의 실천적 차원의 활동을 세심하게 설계하도록 유도하는지를 살펴본다. 예컨대, 성찰 기간의 설정과 참여에 대한 평가 기준들, 성찰 활동에서 활용하기를 독려하는 다양한 수행의 도구들은 교수자가 학습 환경을 조성하고 해당 활동의 목적과 목표가 무엇인지를 더욱 분명하게 보여 준다.

① 사고 능력

확장된 에세이에서 사고력은 학생들에게 매우 구체적인 연구 분야에 대한 깊은 이해를 입증할 기회를 제공한다는 측면에서 중요한 역할을 한다. 상위인지(metacognition)는 DP 과정 전반에 수반되는 기술인 동시에, 확장된 에세이 활동에서는 중심적인 역할을 한다. 연구의 구체적인 분야를 공부하고 다른 정보와 데이터 자료들을 연관시키면서, 학생들은 이슈와 주제들에 대해 다르고 새로운 관점들을 접하게 된다. 확장된 에세이는 학생들에게 그들의 연구 주제를 분석하고 평가하는 방법으로 다양한 성찰적 접근을 하도록 요구한다. 확장된 에세이의 설계에서는 의무적인 성찰 기간과 참여 평가 기준을 구조화하고 이것이 학생의 학습 및 진행에 영향을 미치도록 하고 있다. 학습자의 연구는 성찰 기간 동안 글로 표현된 성찰, 영상 일기, 블로그 또는 마인드맵을 포함한 여러 가지 다른 기술을 사용하여 성찰하도록 촉진한다.

② 의사소통 능력

확장된 에세이는 학생들이 이론적인 보고서에 구체적인 방법으로 그들의 조사 주제 선택에 대해 이야기할 수 있는 능력들을 입증하도록 요구한다. 그들은 자신들의 과제에 대한 초안을 작성하고 교정을 볼 때와 마찬가지로 문서들을 명확하고 논리정연하게 표현할 필요가 있다. 학생들은 그들의 과제를 발전시키는 과정에서 연구 조사 과정의 구성, 전개, 도전적 과제에 대한 이론적 근거, 계획과 과정에 대한 부가적인 성찰적 측면에 대해서도 구두로 요약하여 전달할 수 있는 능력을 발전시키도록 연습 및 개발한다. 학생들은 그들의 생각, 구상, 전개, 논의 내용부터 시간 관리 방안에 이르기까지 여러 가지 관련 내용들은 다양한 방식의 의사소통 기술들을 사용하여 전달할 수 있어야 한다. 그들은 마인드맵, 블로그, 신문 기사 또는 사진들을 포함한 자료들을 활용할 수 있으며 이러한 내용들은 지도교사와 과제 수행 기간 동안 공유되며 의사소통 능력 향상에 활용된다.

③ 자기관리 능력

여타의 교과들과 비교했을 때 상당히 독립적인 과제로서 확장된 에세이 활동에 착수하는 학생들은 성공적인 자기관리 기술을 인식하고 발전시킬 것을 요구받는다. 지도교사는 활동 과정에서 연구 내용에 대해 지지하거나 안내해 주는 방식의 피드백을 제공한다. 그렇지만 학생들의 연구 결과는 확장된 에세이 작성 과정을 통해 독립적으로 진행될 수 있도록 개입의 정도를 조절한다. 이러한 피드백 방식은 학생들 스스로의 자기관리 능력 기술을 개발시키기 위한 것으로 학생들이 대학과 일터로 나아갈 때 유용하게 쓰인다. 이렇게 습득된 능력은 학생들이 그들 스스로 업무량과 우선순위의 결정을 성공적으로 수행할 수 있도록 할 것이라고 기대한다. 확장된 에세이에서 학생들의 자기관리 기술들을 개발시키기 위한 접근과 활동들의 예시는 다음과 같다.

- 명확한 기한을 설립하기, 기대 관리하기, 그리고 만약 이런 것들이 충족되지 않을 때의 결과들 명시하기
- 시간 관리, 필기, 마인드맵 작성하기, 그리고 디지털 방식의 행동과

같은 학습 기술과 관련된 안내와 지지 제공하기
- 조사자의 성찰 기간을 계획과 진전의 도구로 촉진시키기
- 학생들에게 그들 스스로의 성장에 대해 토론하는 기회 제공하기

④ 사회적 능력

확장된 에세이 활동 경험의 중요한 부분인 자기관리와 관련된 정서적인 능력들은 사회적 능력과 강한 연관성이 있다. 이것은 업무량과 시간관리의 측면에서뿐만 아니라 학생들이 지능적인 도전 측면에서 상당한 수준의 과제를 해내고 있다는 것을 고려하면 분명해진다. 학생들에게 확장된 에세이 활동 과정을 통해 지도교사가 제공하는 피드백을 공유하는 방식과 전략은 학생들의 성공적 결과에 매우 중요하다. 학생들에게 지도교사와 좋은 학습적 관계를 발전시키는 것은 이 분야에서 학생들의 사회적 능력 발전에 중요한 부분이 될 것이다.

⑤ 조사 능력

확장된 에세이는 학생들이 그들의 조사 기술을 입증하고 개발시킬 수 있도록 하는 이상적인 기회를 제공하는 연구 과제이다. 학생들은 그들의 조사 주제와 과목 분야 선택에 따라 폭넓은 연구에 다양하게 참여할 수 있다. 모든 학생은 그들의 연구 분야와 상관없이 그들의 지식과 맥락에 대한 이해를 입증하는 문학적인 논평에 착수하도록 요구되며, 이것은 그들이 적합성, 신뢰성, 그리고 이차 조사 자료에 대한 타당성에 대한 견문 있는 선택들을 할 수 있도록 요구한다. 추가적으로, 그들은 제기된 연구 문제와 그들이 에세이에 제시하고 있는 주제에 적절하고 관련성 있는 조사 방법과 기술들을 선택해야 한다. 뿐만 아니라 학생들은 요구되는 연구 윤리와 정책들에 대해서도 숙지하도록 요구한다. 특히나 학생들이 인터넷에 존재하는 정보 자료들을 비판적으로 다룰 필요가 있다는 점을 고려할 때, 학생들은 훈련을 통해 책임감 있게 정보에 접근하고

이용하는 능력들로서의 문해력을 발전시켜야 한다. 따라서 확장된 에세이에서 발전되고 입증되는 또 다른 중요한 조사 능력은 학문적 정직성을 포함한다. 학생들은 기본적인 가치들을 알아야 하고, 기술적인 측면들을 잘 알아야 하며, 가령 일관되고 실질적인 인용과 참고 기술들을 발전시키도록 도와주는 학습 전략들을 지도받게 된다.

참고문헌

강승호, 김양분(2004). 신뢰도(Reliability). 서울: 교육과학사.

강정찬(2015). 창의 · 융합 교육을 위한 수업설계원리 개발. 교육방법연구, 27(3), 275-305.

김경자, 온정덕(2011). 이해중심 교육과정. 서울: 교육아카데미.

김경회(2018). IBDP(International Baccalaureate Diploma Programme) 학업 성취도 평가방식이 한국 고교의 성적평가에 주는 시사점 탐색. 교육문화연구, 24(2), 79-100.

김정진, 박경규(2008). 다면평가 특성에 따른 평가결과 수용도 결정요인과 그 결과. 대한경영학회지, 21(1), 391-416.

김진수(2013). STEAM 교육론. 경기: 양서원.

박도순 외(2013). 교육평가: 이해와 적용. 경기: 교육과학사.

박일수(2013). 백워드 설계 모형을 적용한 단원 개발에 대한 예비교사의 경험 기술 연구. 학습자중심교과교육연구, 13(4), 327-350.

양미경(2002). 학생의 질문 행동 및 내용의 특성과 그에 따른 교육적 시사점 분석. 교육학연구, 40(1), 99-128.

유영만(2013). 브리꼴레르: 세상을 지배할 '지식인'의 새 이름. 경기: 쌤앤파커스.

이혜정, 이범, 김진우, 박하식, 송재범, 하화주, 홍영일(2019). IB를 말한다: 대한민국 미래 교육을 위한 제안. 서울: 창비교육.

임영구(2015). 제주국제교육모델로서 IB 교육과정의 현황과 전망. 교육과학연구, 17(2), 49-75.

조대훈, 이수미(2012). 창의적 체험 활동 교육과정 운영 실태 분석. 사회과교육, 51(1), 109-122.

주미경, 문종은, 송륜진(2012). 수학교과와 융복합교육: 담론과 과제. 학교수학, 14(1), 165-190.

차윤경(2009). 세계화시대, 선진강국으로의 도약을 위한 다문화 교육의 의미. 제2차평생교육정책포럼.

Brutus, S., London, M., & Martineau, J. (1999). The impact of 360-degree feedback on planning for career development. *Journal of Management Development, 18*(8), 676-693.

Drake, S. M., & Burns, R. C. (2004). *Meeting standards through integrated curriculum*. Alexandria, VA: ASCD.

IBO (2013). What is an IB education. Retrieved from http://www.ibo.org

Kenny, P. A., & Silver, E. A. (1993). Student self-aseessment in mathmatics. In N. L. Webb & A. F. Coxford (Eds.), *Assessment in the mathematics classroom: 1993 Yearbook* (pp. 229-238). Reston, VA: National Council Teachers of Mathematics.

Levi-Strauss, C. (1996). 야생의 사고(*The savage mind*). 안정남 역. 서울: 한길사. (원저는 1962년에 출간.)

Moon, J., & Schulman, L. (1995). *Finding the connections: Linking assessment, instruction, and curriculum in elementary mathematics*. Portsmouth, NH: Heinemann.

Sanders, M. (2009). STEM, STEM education, STEM mania. *The Technology Teacher, 68*(4), 20-26.

Wiggins, G., & McTighe, J. (2005). *Understanding by design* (2nd ed.). Alexandria, VA: ASCD.

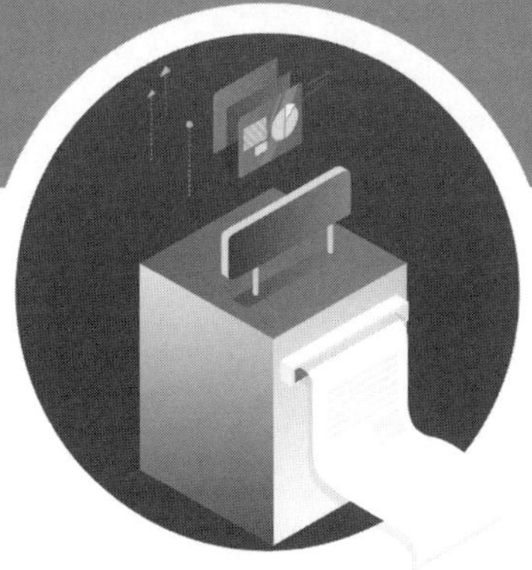

제2부

IB에 대한 고찰

IB that Shaped the Future of Education

제3장

역량, 미래교육을 말하다

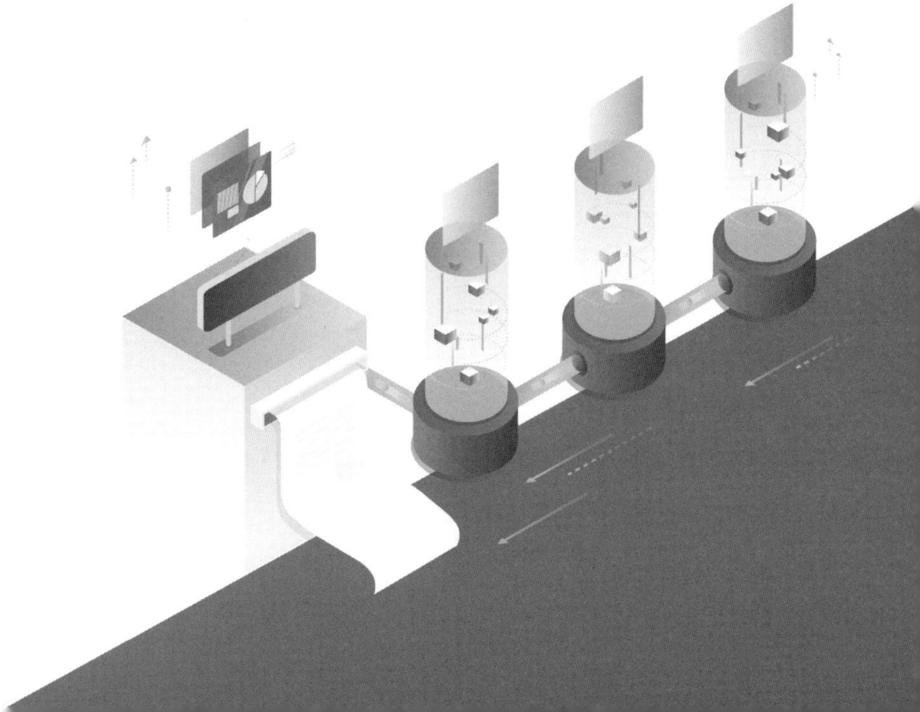

IB that Shaped the Future of Education

1. OECD 교육 2030에서의 역량교육

4차 산업혁명(the fourth industrial revolution or industry 4.0)으로 일컬어지는 최근의 사회경제적 변화가 인류의 삶의 모습을 송두리째 변화시킬 것으로 예측되는 가운데 학교 교육의 근본적 혁신에 대한 강력한 요구들이 제기되고 있다. 이에 부응하여 국내외적으로 역량교육이 새로운 학습의 관점으로 제안되었고, 이를 구체적인 학습의 원리와 방안으로 실행하기 위한 연구가 잇따르고 있다. OECD는 DeSeCo 프로젝트에서 처음 역량 개념을 제시하였는데 이후 제기된 활용적 측면의 한계들로 말미암아 최근 'OECD 교육 2030 프로젝트'에서는 실제 학습의 틀로 활용하기 위한 구체화된 논의들이 다루어진 바 있다.

이와 마찬가지로 2015 개정 교육과정에서는 핵심 역량 함양을 목표로 교육과정을 개정하고 교육과정 및 평가 설계에 상당 부분 이를 반영하고자 한 바 있다. 그러나 여전히 그 개념과 방법적 측면에서는 혼란과 모호성이 있는 것이 사실이다(한혜정, 김영은, 이주연, 2016). 이로 인해 역량 함양을 목표로 하는 교육과정에서의 수업과 평가에 대한 구체적인 개선 방안 마련의 필요성이 지속적으로 제기되고 있다(이상은 외, 2018). 이처럼 국내외의 교육적 논의들이 역량 함양을 위한 교육과정을 표방함에도 불구하고 이를 반영한 교수학습 및 평가 설계에서 어려움을 겪고 있다는 점은 개념적 수준의 명료화만큼이나 현장에서의 실천적 수준으로서 교육과정 운영 원리를 보다 구체적으로 제시할 필요성이 있다(김정효, 2020; 한국교육과정평가원, 2019)는 점을 상기시킨다.

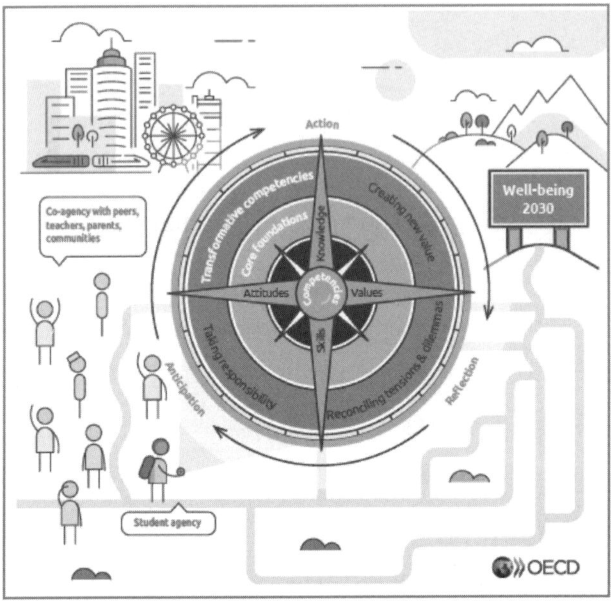

[그림 3-1] OECD 교육 2030 학습 개념 틀

이러한 요청 가운데 최근 새롭게 제시된 OECD의 교육 2030 프로젝트에서는 새로운 학습 개념 틀(learning framework)을 제시하고 여기에서의 학습자 개념을 '학생 주체성(student agency)'으로 제안하고 있다. 또한 새로운 학습의 목표로서 '웰빙(well-being)' 개념을 제안하는 등 기존의 논리에 새로운 해석을 요청하는 다소 생경한 개념들을 제시함과 동시에 역량교육과정 설계의 원리로서 내용적 측면과 과정적 측면에 대한 요소들을 상세히 제시하고 있다. 또한 여기에 덧붙여 교육과정 내용 매핑(CCM) 작업을 제시하고 있는데, 이것은 1단계 프로젝트의 결과 가운데 하나로 역량이 교과 교육과정 내에서 어떻게 반영될 수 있는지를 탐색하고 미래 교육과정 개발을 위한 시사점을 도출하는 데 목적을 두고 있다(OECD, 2018). 뿐만 아니라 2020년에 OECD에서 새롭게 제시한 '교육과정 (재)설계[curriculum (re)design]'를 통해 역량 설계의 원리를 보다 자세히 설명하기 위한 보완적 논의가 진행된 상황이다(OECD, 2020).

한편, OECD 교육 2030의 새로운 역량 개념과 비전이 제시되고 설계 원리와 함께 내용 매핑 작업까지 제시되고 있음에도 불구하고 여전히 실제 교육과정과 수업, 평가 설계의 실제가 무엇인지에 대한 구체성은 부족하다고 보인다. 실제로 OECD 교육 2030 설계 원리로 제시되고 있는 요소들의 경우 분절적인 요소들로 제시됨에 따라 지금까지 학습자 중심의 학습 설계 원리로 제시되었던 요소들과의 차별성이 무엇인지 분명하게 보이지 않는 측면이 있기 때문이다. 또한 최근 제시된 '교육과정 (재)설계'에서 역량 설계의 원리 열두 가지를 4개의 범주로 통합하여 새롭게 제시하고 있지만 사실상 그 원리가 실제 설계에서 범주에 따라 명확히 구분될 수 없다는 점으로 인하여 구체화된 이해에는 다소 한계를 갖는다고 보인다. 뿐만 아니라 교과 내용 매핑 작업 또한 각각의 역량 요소 반영 비율이 OECD 평균과 비교하여 어느 정도 수준인지 파악하는 데 그치고 있어 실제 구체화된 역량교육과정 설계의 구체적 방안을 제시하는 데는 한계가 있다. 이는 OECD 교육 2030 프로젝트의 두 가지 질문에서 현재 수행된 1단계 프로젝트가 '미래의 학생들이 자신이 살아갈 세상을 만들어 가고 번영시키는 데 필요한 지식, 기능, 태도, 가치는 무엇인가?'라는 개념적 정의 수준에 머물러 있다는 점으로 미루어 볼 때, 아직은 그것을 교육의 구체적 설계로 반영하기 위한 설계 원리로 활용하기에는 충분한 논의가 이루어지지 않았다고 보아야 할 것이다. 또한 실제로 2단계 프로젝트 주제가 '어떻게 하면 교육 시스템이 그와 같은 지식, 기능, 태도, 가치를 효과적으로 개발할 수 있는가?'로 설정되어 있다는 점(OECD, 2018)에서도 이에 대한 보완적 논의의 필요성을 보여 준다고 할 수 있을 것이다.

따라서 여기에서는 OECD 교육 2030의 역량 개념과 하위 범주, 역량교육 설계의 원리에 대한 의미와 관계성을 IBDP의 설계 원리를 기반으로 학습 설계의 원리로 구체화하고자 한다. 특히 앞서 제시한 IBDP의 평가의 특징들 가운데 몇 가지를 제시하고 OECD의 열두 가지 설계 원리와 어떻게 연관될 수 있는지 재해석해 볼 것이다. 이는 역량 개념과 설계 원리가 여전히 분절화된 개념적 수준에서 논의될 경우 추상적 논의에 그칠 수 있다고 보고 이러한 논의를 구체적 사례를 통해 이해함으로써 실천적 수준에서의 설계 방안을 마련하기 위한 구체적인 조건을 제시하고자 함이다. 다시 말해서, 역량교육의 배경과 비전, 역량의 의미와 구성 요소, 하위 범주와 성격 등이 달라진 이상 도출된 설계 원리들이 어떻게 새로운 관점에서 해석되어야 하는지, 또한 어떻게 역량 설계로 구체화될 수 있는지 분절적인 개념 중심이 아닌 통합된 교육적 시스템을 기반으로 풍부하게 해석하고자 하였다.

2. IBDP의 역량 설계 특징

1) 다면적 평가 설계

역량 함양을 위한 교육과정에서 역량을 평가한다는 것은 기존의 전통적인 지식 중심의 평가와는 상당히 다른 접근 방식이 요구된다는 것을 의미한다. 역량교육의 수업 설계가 개별화된 심층학습, 과정중심의 학습, 실제적 맥락에서의 학습을 통해 구현 가능하다고 보았을 때, 평가의 준거는 객관적 지식을 측정하기 위한 준거를 적용할 수 없게 된다. 또한 학습 과정에서 학습자의 수행 전반에서의 지식, 기능, 가치와 태도의 총체적 측면을 평가하기 때문에 학습 과정에 대한 평가 증거가 요구되며 각기 다른 결과물에 대한 평가의 타당성 확보를 위한 방식도 요구된다.

IBDP의 평가 방식은 역량 평가에서의 모호성을 극복하기 위한 다양한 장치를 보여 준다. 먼저 평가에는 다양한 주체가 참여하도록 하고 있다. IBDP에서 평가는 외부평가(EA)와 내부평가(IA)로 이루어진다. 내부평가는 학생들의 프레젠테이션, 프로젝트, 포트폴리오 등을 바탕으로 지도교사가 실시한다. 이러한 평가의 원리와 특징은 참혼합평가 혹은 다면평가(360 degree feedback, multisource evaluation)의 성격과 유사하다고 할 수 있는데, 이것은 IB가 추구하는 교육과정 구현을 위한 전제 조건이자 핵심이라고 할 수 있다.

IB의 평가 다면화 방식은 크게 두 가지로 특징지어진다. 첫째는 평가 주체의 다면화이고, 둘째는 평가 형식의 다면화이다. 먼저 IBDP에서 평가 주체를 다면화하는 것은 복수의 평가자에 의해 학습의 결과물을 다양한 관점에서 측정하는 방식이다. 내부평가, 외부평가 방식은 기본적으로 평가 주체와 시기, 방식 등에서 차이를 갖는다. 외부평가의 경우, IBO의 출제가 중심이 되어 지필형 졸업시험의 형태로 치러진다. 이 평가는 비교적 구조화된 지식 혹은 학습한 내용을 바탕으로 지식의 활용 능력을 확인하는 방식으로 치러진다. 내부평가는 학생들이 학습하는 2년 동안의 학습을 지도한 교사에 의해 다양한 수행 방식으로 치러진다. 이 평가는 학습자가 자신의 학습을 스스로 설계하고 이끌어 갈 수 있는지에 관한 개별화된 학습 과정에 대한 평가까지 반영하는 것으로, 우리의 수행평가와 유사하다고 볼 수 있다. 그렇지만 외부평가와 내부평가는 결코 분리된 평가가 아니다. 두 평가는 형식은 다르지만 내용적으로 상호 연관성을 가지기 때문에 각각의 평가 준비는 결코 분리된 활동이 될 수 없다.

다음으로 IBDP의 다면적인 평가 형식의 경우, 구두 및 서술, 단답형, 자료 제시형, 논술, 선다형(multiple-choice) 문제 등에 이르기까지 시험 방식에서의 다양성을 추구한다. 또한 평가 시기에 있어서도 수업 중에 발표 형식으로 진행하거나 학기 말에 구술 면접 형식으로 하는 방식, 2년에 걸쳐 수정 · 보완하는 서면 과제의 방식 등으로 다양화되어 있다. 출제되는 지문 역시 학습했던 작품과 새로운 작품 등으로 다양화하여 학습 내용에 대한 변용을 촉진시킨다. 이를 통해 다양한 맥락에서의 지식 활용을 통해 지식의 깊이와 폭을 확장하도록 한다. 이러한 평가 방식의 다양화는 자연스럽게 학습 과정에서 동일 지식에 대한 다양한 수행 방식을 요청하고 이를 통해 총체적인 학습 경험의 기회를 제공하게 된다. 〈표 3-1〉은 IBDP '국어 A: 문학과 평가-2'로서 앞서 제시한 특징을 잘 보여 준다. 여기서 주목할 것은 평가 내용과 평가 주체, 수행 방식이다.

〈표 3-1〉 국어 A: 문학과 평가-2

영역: 과목		Group 1: 언어와 문학국어 A			
평가 특성		평가 내용	평가 내용의 선정 주체	수행 방식	평가 시기
외부	과제 1	새로운 지문 (부분 발췌)	IBDP	지필고사	졸업시험
	과제 2	학습했던 작품 (작품 전체)	학생(지문)+ 문제(IBDP)	지필고사	졸업시험
	서면 과제	학습했던 작품 (교사 재량)	교사 혹은 학생	과제+ 1회 피드백	학기 중
내부	개인 구술 면접	학습했던 작품 (부분 발췌)	교사	구술 면접	졸업시험
	구술 발표	학습했던 작품 (교사 재량)	학생	구술 발표	졸업 즈음의 수업 시간

출처: 조현영, 손민호(2019).

이러한 IBDP의 다면적 평가 설계는 성적 조정 절차를 통해 평가의 신뢰성을 확보한다. 내부 수행평가와 외부 지필평가는 최소 3단계 이상의 조정 과정을 거친다. 외부평가의 경우 채점관-선임 채점관-최고 채점자로 이어지는 과정을 통해 평가의 신뢰도를 검증하고, 내부평가의 경우 교사-보조 조정자-주 조정자-최종 조정자의 단계를 거쳐 성적을 조정한다.

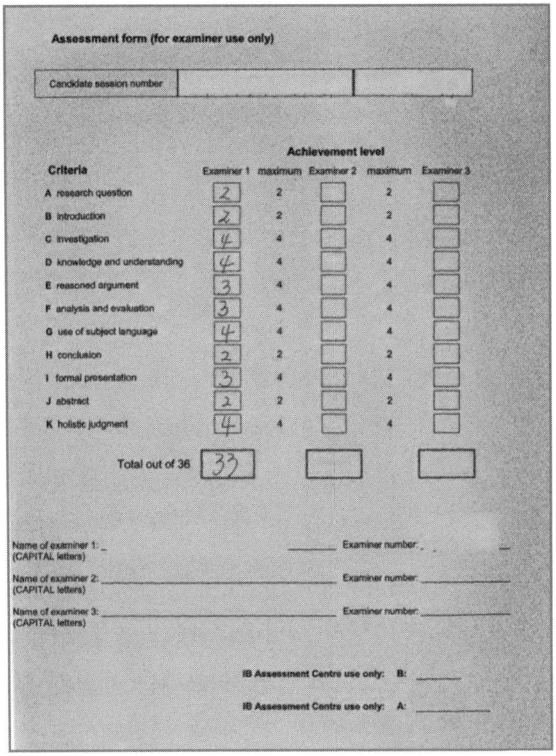

Assessment form (for examiner use only)

Candidate session number		

Achievement level

Criteria	Examiner 1	maximum	Examiner 2	maximum	Examiner 3
A research question	2	2		2	
B introduction	2	2		2	
C investigation	4	4		4	
D knowledge and understanding	4	4		4	
E reasoned argument	3	4		4	
F analysis and evaluation	3	4		4	
G use of subject language	4	4		4	
H conclusion	2	2		2	
I formal presentation	3	4		4	
J abstract	2	2		2	
K holistic judgment	4	4		4	
Total out of 36	33				

Name of examiner 1: _______ Examiner number: _______
(CAPITAL letters)

Name of examiner 2: _______ Examiner number: _______
(CAPITAL letters)

Name of examiner 3: _______ Examiner number: _______
(CAPITAL letters)

IB Assessment Centre use only: B: _______

IB Assessment Centre use only: A: _______

[그림 3-2] 소논문 평가 서식

[그림 3-2]의 평가 서식은 1명의 학생에 대한 평가를 위해 복수의 채점관이 평가 준거별로 평가를 실시하는 채점자 간 신뢰도(inter-rater reliability) 검증을 거친 뒤, 또다시 모든 채점관의 채점 성적은 선임 채점관에 의해서 점검되고 수정되는 단계적 조정 과정을 잘 보여 준다(손민호 외, 2020; IBO, 2020a). 선임 채점관은 채점관 10여 명을 지도하는데, 각 채점관이 부여한 채점표 전체의 15% 정도(10~20개 채점표)를 무작위로 제출받아 점검한다. 이러한 방식은 채점관 개인의 평가의 일관성과 더불어 채점관 간의 일관성의 확보가 가능하도록 하기 위한 설계 방식이다.

이러한 과정은 IBDP의 성적 조정 절차(54쪽 참조)를 통해 보완된다. 평가 조정 절차는 평가에 미치는 개인적 판단을 가급적 배제하기 위한 장치임과 동시에 이로써 학습자의 학습의 개별성을 확보해 주기 위한 장치이다. 이는 전통적인 교육에서 강조하던 객관적 지식에서 벗어나 개별화되고 총체적이며 보다 실제적인 학습의 결과물을 평가하기 위한 장치로서 역량 평가의 모호성을 보완하기 위한 조건이 된다.

2) 과정중심의 학습

과정중심의 학습과 평가가 이루어진다는 것은 학생들이 수업에 주도적으로 참여하는 학습자 중심의 학습을 전제로 한다. 특히 역량 함양을 위한 학습에서 학습에의 참여는 그 자체로서 학습 경험이자 변화의 과정으로서 성장의 경험이라고 본다. 이러한 과정중심의 학습에서 교사의 역할은 이전의 전통적인 지식 중심의 학습과 비교할 때 학습자의 학습 과정에 대한 관찰자이자 학생의 성장을 위해 도움을 주는 조력자 역할을 하게 된다. 결국 과정중심의 학습에서 교사는 학습자에게 필요한 것이 무엇인지 진단하고 그에 적절한 피드백을 제공해야 하는 역할이라는 점에서 수업과 평가를 이에 적절한 방식으로 설계하는 것은 매우 중요하다.

IBDP의 과정중심의 학습 설계로 주목해야 하는 것은 평가 설계의 방식으로서 크게 두 가지의 특징을 갖는다. 첫 번째는 평가 과제의 형식으로서 충분한 학습 과정이 조성될 수 있는 긴 호흡의 과제를 제시하고, 여기에 상세한 피드백 방식에 대한 지침을 제공한다는 점이다. 두 번째는 평가 시기의 설정을 통한 형성평가와 총괄평가를 분리하는 방식이다.

첫 번째 특징은 평가 과제의 형식이 긴 호흡의 수행을 요구하는 것으로 학습자의 과정으로서의 경험이 충분히 제공될 수 있는 중장기적 과제로 제시된다는 점이다. 또한 이러한 과제 수행 기간 동안 교사의 지도 지침 등을 상세히 제공하여 과정에 대한 질 관리를 도모하고 있다. 〈표 3-2〉는 IBDP의 내부평가 과제 형식의 일부를 정리한 것이다. 과목마다 조금씩 차이는 있지만 대체로 학습자의 자율적 주제 선택형 탐구 과제를 제시하면서 여기에 학습자의 개별적 문제 형성 과정을 학습의 과정에 포함한다. 학습자는 수업 시간에 다루었던 내용 가운데 답이 없는 문제 혹은 다루지 않은 내용에서 자신이 궁금한 내용들을 해결해 나가기 위한 확장형 질문으로 주제를 선정하게 된다.

〈표 3-2〉 IBDP 내부평가

Group 3 개인과 사회	경영관리	SL	서면 과제: 실제 이슈들과 직면하고 있는 문제에 관하여 3~5개의 지지하는 글을 바탕으로 해설을 적어 본다(최대 1,500자).
		HL	조사 프로젝트: 조직이 직면한 이슈 혹은 조직에서 내린 결정에 대하여 보고와 조사를 한다(최대 2,000자).
	경제	SL	포트폴리오: 4개의 해설(논평)에 대한 포트폴리오
		HL	포트폴리오: 4개의 해설(논평)에 대한 포트폴리오
	역사	SL	연구 보고: 교과요목에 제시된 영역 중 한 가지에 대한 역사적 연구
		HL	연구 보고: 교과요목에 제시된 영역 중 한 가지에 대한 역사적 연구
	심리학	SL	연구 보고: 학생들이 수행한 실험연구 샘플에 대한 보고
		HL	연구 보고: 학생들이 수행한 실험연구 샘플에 대한 보고
Group 5 수학	수학연구	SL	프로젝트: 측정 과정 혹은 관련된 정보의 수집, 이후의 분석과 평가에 대한 개별 과제
	수학	SL	수학적 탐구: 수학 SL의 내부평가는 개별 탐구 과제이다. 이것은 수학 연구 영역과 관련된 서면 과제이다.
		HL	수학적 탐구: 수학의 연구 영역과 관련된 개인 탐구 서면 과제

출처: IBO (2010).

두 번째 과정 설계로서의 특징은 형성평가의 활용 방식이다. IBDP에서 평가 시기의 설정은 IB가 어떻게 피드백을 위한 설계로서 평가를 활용하는지를 잘 보여 준다. 앞서 제시한 〈표 3-1〉 IBDP 국어 A: 문학 과목의 평가 시기 설정 방식을 보면 모든 평가는 졸업 시점에 집중되어 있다. 물론 여기에서 제시한 평가는 성적으로 기록되는 총괄평가에 해당하는데, 그 외에 과정 중에 이루어지는 다양한 방식의 진단 및 형성평가는 공식적인 평가로 명시되지 않았다. 이는 형성평가와 총괄평가를 분리시키기 위한 방식으로 과정 중에 이루어지는 평가는 누적하여 기록하는 방식을 지양하고 순수한 의미의 피드백을 위한 형성적 평가로만 활용한다. 이러한 방식은 학습 과정에서의 충분한 시행착오 경험을 보장하여 몰입적인 학습 과정을 유도하는 목적을 갖는다.

이러한 내부평가의 과제 유형은 평가 과제를 수행하는 동안 문제 형성부터 시작하여 과제의 종결까지 학습자가 주도성을 잃지 않도록 하기 위한 다양한 장치를 설계하고 있다. 과제를 수행하는 기간 동안 교사가 몇 차례의 피드백을 제공해야 하는지, 피드백 제공 시 얼마큼의 시간을 할애하여 어떻게 지도해야 할 것인지에 대한 피드백 지침을 교과별로 제공한다. 〈표 3-3〉은 IBDP 역사과 내부평가 지침 가운데 지도 및 진위성에 대한 내용이다.

〈표 3-3〉 역사 연구 에세이 내부평가 지도 및 진위성에 관한 지침

내부평가용으로 제출한 역사 연구 에세이는 반드시 학생이 스스로 작성해야 합니다. 그러나 학생이 주제를 혼자 선정하고 교사의 추가적인 지원 없이 내부평가를 준비해야 한다는 것을 의미하는 것은 아닙니다. 교사는 과제 계획 단계 및 학생의 내부평가 과제 작업 시 중요한 역할을 수행해야 합니다. 교사는 책임지고 학생이 다음을 반드시 이해하도록 도와주어야 합니다.

- 내부평가용 제출물 유형에 대한 요건
- 평가 기준: 학생은 평가용으로 제출한 과제가 이러한 기준을 효과적으로 다뤄야 한다는 것을 이해해야 합니다.

교사와 학생은 내부평가 제출물에 대해 논해야 합니다. 학생은 주체적으로 논의를 이끌어 필요한 조언과 정보를 교사로부터 구하고, 지도 요청으로 인한 불이익을 받지 않습니다. 학습 과정의 일환으로, 교사는 제출물 중 초안 한 가지를 읽고 학생에게 조언을 해야 합니다. 또한 교사는 제출물을 개선할 수 있는 방법에 대해 구두 또는 서면으로 조언을 제공할 수 있지만, 직접 초안을 편집해서는 안 됩니다. 그 이후 교사에게 제출하는 제출물은 최종 버전이어야 합니다. 진위성 및 지적 재산권을 포함한 학문적 정직성과 관련된 개념의 기본적인 의미와 중요성을 모든 학생이 이해하도록 하는 것은 교사의 책임입니다. 교사는 학생이 요구사항을 준수하여 내부평가용 과제를 준비해야 하며, 내부평가가 될 학생의 작업이 전적으로 자신의 것이어야 한다는 것을 학생들에게 명확하게 전달해야 합니다. 또한 교사는 조정 또는 평가를 위해 IB에 제출되는 모든 과제물에 대한 진위평가를 하며, 해당 작업에는 어떠한 경우라도 학문적 불성실 행위로 의심되거나 확인된 사례가 포함되지 않도록 해야 합니다. 모든 학생은 전적으로 자신 스스로 해당 작업을 작성하였음을 확증해야 합니다. (중략) 학생과 면담 중에 제출물의 내용이 전적으로 학생의 것인지에 관한 제출물의 진위성을 확인하며, 다음 사항을 면밀히 검토합니다.

- 학생의 최초 제안서
- 작성한 제출물의 초안
- 인용한 참고문헌
- 학생의 제출물과 해당 문서의 작문 스타일 비교
- 웹 기반 표절 검사기를 통한 과제 분석

참고: 내부평가 및 소논문 요구 조건을 만족하기 위해서 동일한 제출물을 제출할 수 없습니다.

출처: IBO (2020d).

과제의 지도 및 진위성에 대한 지침은 학습자의 주도성을 해치지 않는 범위에서 교사 개입의 범위와 방식에 대해서 안내하고 있다. 또한 과제의 진위성은 IB에서 강조하는 학문적 정직성에 해당하는 부분으로 학습의 태도와 윤리적 측면까지도 학습에서 부차적인 측면으로 다루지 않고 학습의 과정이자 결과물로서 엄격하게 다루도록 지침에 명시하고 있다.

3) 메타학습의 설계

심층학습 및 개별화 학습이 강조된다는 것은 학습 과정에서 학습자가 스스로 자신의 학습을 주도적으로 해 나가기 위한 다양한 전략이 요구됨을 의미한다. 뿐만 아니라 학습에서 실제적 맥락의 강조는 학습 내용뿐만 아니라 학습에 참여하는 과정 자체에 대한 자기인식과 성찰까지도 학습 맥락으로 봐야 한다는 패러다임의 전환이기도 하다. 이러한 학습 기제에 대한 접근 방식은 역량교육에서 과정적 학습으로서 메타인지적 능력을 함양시키기 위한 학습 설계가 필요함을 의미한다. 실제로 Trilling과 Fadel(2009)이 제시한 21세기 교육 개념 틀에서도 지식과 기능, 인성을 둘러싼 것으로서 '메타학습'을 제시할 만큼 역량교육에서 '학습하는 방법에 대한 학습'으로서 메타학습이 강조되고 있다.

IBDP의 설계에서 학습자의 성찰과 이에 따른 유연한 학습 설계를 강조하고 학습 과정에 이를 촉진시키기 위한 장치의 활용에 주력한다. IBDP는 학습자들이 학습 과정을 설계해 나가는 데 주도성을 잃지 않도록 하기 위해 크게 두 가지 방식의 메타학습 설계를 구현하고 있다. 첫째는 장기 프로젝트 형식의 내부평가 과제의 수행 과정에서의 자기인식을 내면화시킬 수 있도록 평가 준거를 설계하는 방식이고, 두 번째는 지식이나 학습 행위 자체에 대한 반성적 사고를 교육 내용으로 다루는 방식이다.

첫 번째 특징은 〈표 3-4〉 IBDP 수학과 내부평가의 채점 기준표를 통해 나타난다. 표에 제시되어 있는 채점 기준표의 평가 준거와 배점의 설계 구조는 학습자가 스스로 자신의 과제 수준을 결정하고 반성적 활동을 하도록 유도하는 특징을 보인다. 예를 들어, 준거 'E. 수학적 난이도'의 경우 학습자가 높은 수준의 과제를 설정하는 것에는 점수를 부여하는 한편, 자신의 수준에 맞지 않는 지나치게 높은 과제를 설정한다면 다른 평가 준거인 'A. 의사소통' 영역과 'B. 수학적 표현' 영역에서 감점이 될 수밖에 없는 모순적 구조를 갖도록 설계되어 있다. 이러한 채점 기준표의 모순적 구조는 학습자가 과제를 수행하고 이를 지도받는 과정에서 자신에게 적합한 난이도로 탐구 주제를 조정하며 다른 영역의 준거들도 스스로 적정한 수준을 찾아 조정해 가도록 만든다. 평가 준거의 모순적 설계는 형식적 차원의 자기평가가 아닌 실제 학습의 과정에서 자기인식과 반성적 사고 과정이 동반되도록 자연스럽게 유도한다.

〈표 3-4〉 수학 내부평가의 채점 기준표

준거 / 척도	A. 의사소통 (4점)	B. 수학적 표현 (3점)	C. 학생의 직접적 참여도(4점)	D. 비판적 성찰 (3점)	E. 수학적 난이도 (6점)
0	아래 기술된 기준 이하	아래 기술된 기준 이하	아래 기술된 기준 이하	아래 기술된 기준 이하	아래 기술된 기준 이하
1	어느 정도 논리의 일관성이 있음	적절한 수학적 표현을 일부 사용함	학생이 직접 수행하지 않은 증거가 있음	성찰이 미흡하거나 피상적인 증거가 있음	관련 있는 수학적 기술이 쓰였음
(중략)					
4	주제가 일관되고, 잘 조직되어 있으며, 명료하고 완성도가 높음	-	학생이 탁월하게 수행한 증거가 충분히 많음	-	수업 수준에 맞는 관련 수학적 기술이 사용되었고, 일부는 정확하며, 수학적 지식과 해석이 약간 제시되었음

5	–	–	–	–	수업 수준에 맞는 관련 수학적 기술이 사용되었고, 대부분 정확하며, 풍부한 지식과 해석이 제시되었음
6	–	–	–	–	수업 수준에 맞는 관련 수학적 기술이 사용되었고, 모두 정확하며, 빈틈없이 완벽한 지식과 해석이 제시되었음

출처: IBO (2010).

두 번째는 IB의 중핵교육과정에 해당하는 TOK에 의해 이루어진다. IBDP의 TOK는 방대한 인간의 지식 영역 및 오늘날 세계에 중대한 영향을 미치는 주제를 통해 자신이 알고 있는 것에 대한 성찰을 한다. 다음은 IBDP에서 TOK의 목표이다.

- '우리는 그것을 어떻게 아는가?'라는 질문에 대해 성찰하고 이런 질문이 가지는 가치를 인식한다.
- 모호함, 불확실성, 여러 가지 답을 가진 질문을 경험한다.
- 세상을 효과적으로 탐색하고 이해하고, 새롭고 복잡한 상황에 대한 준비를 한다.
- 자신의 관점을 더 잘 이해하고, 자신이 가진 믿음과 가정에 대해 비

판적으로 성찰한다.

- 여러 관점을 접하면서 열린 마음을 갖고, 문화 간의 이해를 발전시킨다.
- 기초 개념을 탐구하고, 다양한 지식 영역에서 사용되는 탐구 방법들 간의 유사점과 차이점을 파악하여 학문 분야를 서로 연결할 수 있다.

TOK는 최소 100시간 이상을 이수해야 하며 각 과정에 해당하는 필수 수업 시간이 정해져 있다. 〈표 3-5〉는 TOK 과정의 구성 요소 및 수업 시간이다.

〈표 3-5〉 TOK 과정 구성 요소 및 수업 시간

과정 구성 요소	필수 수업 시간
• 핵심 주제: 지식과 아는 자 이 주제에서는 학생들에게 아는 자 및 사고하는 자로서 스스로를 성찰하고, 우리가 속한 다양한 지식 공동체에 대해 성찰할 기회를 제공한다.	32
• 선택 주제 학생들은 다음 다섯 가지 옵션 중 두 가지 선택 주제를 선정해야 한다. – 지식과 기술 – 지식과 언어 – 지식과 정치 – 지식과 종교 – 지식과 토착 사회	

• 지식 영역 학생들은 다음 다섯 가지 지식 영역을 공부해야 한다. – 역사 – 인문과학 – 자연과학 – 예술 – 수학	50
• 평가 학생들은 두 가지 평가 과제를 완료해야 한다. – 지식이론 전시회(내부평가) – 정해진 제목에 대한 지식이론 소논문(외부평가)	18
필수 수업 시간	100

출처: IBO (2020c).

TOK는 과목의 내용 자체를 학습하는 것이 아니라 지식 자체에 대한 성찰을 위해 다양한 교과의 내용을 도구로 연계 학습을 하도록 만든다. 다섯 가지 선택 주제와 다섯 가지 지식 영역은 그 자체로서 학습의 대상이 아니며, 해당 주제 혹은 영역을 활용하여 핵심 주제인 지식 자체에 대한 성찰적 행위를 해야 한다. 이러한 설계는 학습자에게 교과 지식 자체에 대한 반성과 함께 지식 탐구 행위 혹은 학습 활동 자체에 대한 반성의 기회도 제공한다. 이러한 과정은 탐구 기반의 학습을 강조하는 IB에서 중요한 학습의 태도를 함양시키도록 하는 매우 중요한 경험을 제공한다는 목적을 갖는다.

앞에서 제시한 메타학습을 위한 IBDP의 두 가지 설계 방식은 상호 보완적으로 탐구 활동을 지원하며 학습에서의 자기평가 혹은 자기피드백의 과정으로서 메타적 학습을 내면화시키고자 하는지 보여 주는 특징이라고 할 수 있다.

3. OECD 교육 2030의 역량교육 설계 원리의 재이해

OECD 교육 2030 연구에서는 앞서 제시한 그림을 통해 새로운 교육의 비전과 학습자상을 제시함과 동시에 〈표 3-6〉과 같이 역량 함양을 위한 학습을 표방하며 그 설계 원리들을 제시하고 있다. 또한 2020년 새롭게 제시된 교육과정 (재)설계에서는 12개의 원리를 〈표 3-7〉의 4개 범주로 재구조화하고 있다.

〈표 3-6〉 OECD 교육 2030에서 역량교육 설계의 원리

원리	내용
내용 설계 원리	• 학생 주체성(student agency): 학생 중심 교육과정 설계 • 엄격성(riguor): 도전적인 사유와 성찰을 유도하는 주제 • 초점(focus): 학습의 깊이와 질을 위한 초점화된 주제 • 일관성(coherence): 학문적 논리가 반영된 주제의 계열성 형성 • 정합성(alignment): 교육과정-수업-평가의 일체화 • 전이 가능성(transferability): 지식, 기능, 태도와 가치의 맥락 간 학습의 전이 • 선택(choice): 프로젝트의 주제 선택 및 제안의 기회 확대
과정 설계 원리	• 교사 주체성(teacher agency): 교사의 전문성 활용 권한 강화 • 실제성(authenticity): 학습 경험과 실제 세계와의 연결, 간학문적 협력적 학습 • 상호 연관성(interdisciplinary): 학문 간 주제와 개념들의 연계, 학교 밖 실제 삶과 연계된 학습 기회 제공 • 유연성(flexibility): 융통성 있고 역동적인 교육과정, 사회적 요구를 반영하는 진화하는 교육과정 • 참여(engagement): 교육과정 개발에 대한 이해당사자들의 참여와 관여

출처: 이상은(2019).

〈표 3-7〉 설계 원리

범주	원리
1. 영역 내 설계 원리	1. 초점(focus) 2. 엄격성(rigour) 3. 일관성(coherence)
2. 영역 외 설계 원리	4. 전이 가능성(transferability) 5. 상호 연관성(interdisciplinary) 6. 선택(choice)
3. 학교 밖 설계 원리	7. 실제성(authenticity) 8. 유연성(flexibility) 9. 정합성(alignment)
4. 과정 설계 원리	10. 참여(engagement) 11. 학생 주체성(student agency) 12. 교사 주체성(teacher agency)

출처: OECD (2020).

여기에서는 〈표 3-6〉과 〈표 3-7〉의 설계 원리가 실제 사례에서 어떻게 적용되는지 역량 관련 문헌들을 활용한 분석을 통해 교육과정 설계 원리를 구체화하고자 한다.

1) 다면적 평가 설계: 개별화된 심층학습

앞서 IBDP의 다면적 평가 설계는 평가 주체와 평가 형식의 다면화로 접근되었다. 이러한 다면적 평가 방식은 객관적 지식에서 벗어나 개별화되고 총체적인 학습자의 학습 경험을 평가하기 위한 평가 방식으로 IBDP의 평가 과제들이 갖는 '심층학습'적인 형식을 전제로 적용되는 평가 방식이다. 실제로 이와 연관되어 OECD 교육 2030 프로젝트 1단계 성과에서는 역량 기반의 교육과정에서 각국이 당면한 과제 가운데 '심층

학습'에 대한 문제의식으로 점철된다. 이 프로젝트에서 제시하는 심층 학습의 원리는 역량 기반 교육과정의 설계 원리에서 '엄격성(rigour)' '초점(focus)' '일관성(coherence)'의 원리는 도전적이고 깊은 사유와 성찰을 위한 적은 수의 초점화된 주제와 계열화된 학습의 심화 설계 등을 강조하는 원리로서(이상은, 2019) 심층학습을 강조하는 요소들과 연관 지을 수 있다.

일반적으로 심층학습이란 지식의 통합, 반성, 재구성 등을 특징으로 하는 '학습에 대한 심층적 접근(deep approach to learning)'을 줄여서 지칭하는 용어로서 학습자의 학습에 대한 관점, 태도, 방식의 총체적 경험을 의미한다(Ramsden, 2003). 이는 단순한 암기를 특징으로 하는 표면적 학습(surface learning)과 대조되는 개념으로 1980년대부터 강조되기 시작했다. Marton과 Säljö(1976)는 심층학습 개념을 설명하기 위하여 여섯 가지 학습 개념(conceptions of learning)을 위계적으로 제시하고, 심층학습과 표면적 학습에 대한 개념을 처음으로 소개하였다. 여섯 가지의 학습 개념은 서로 위계를 가지며, 지식을 단순하게 암기 및 저장하고 학습 내용을 그대로 습득하는 표면적 학습 단계와 이를 넘어서서 지식 속에 숨겨진 의미를 추출하고 이를 기반으로 세상을 다른 방식으로 이해하는 심층학습 단계로 구분하였다. 그들은 학습을 인간 발달의 과정으로 보았으며, 심층학습은 진정한 인간 발달에 필요한 상위 단계의 학습 양식(learning style)이라 하였다. 이러한 학습을 촉진하기 위한 경험들은 팀 프로젝트, 인턴십, 지역 공동체 기반 학습 등에 자발적이고 적극적으로 참여하며 통합적이고 반성적인 학습을 경험하는 것으로 단순히 수업 시간에 학습한 내용을 노트에 필기하고 암기하는 등의 표면적 학습의 방법과 구분 짓고 있다(Biggs, 1987, 2003; Entwistle, 1981; Ramsden, 2003; Tagg, 2003).

심층학습의 개념을 이해하기 위해서 유사 개념인 '심화학습'과의 대조는 유용하다. 심화학습(deep learning 혹은 in-depth learning)은 어떠한 학습 주제에 관하여 상위 단계의 난이도를 가진 내용을 학습하는 것으로서(Lowndes & Berry, 2003), 학습 내용의 수준을 상향하여 발전된 문제를 해결하도록 유도하는 것을 말한다. 예를 들어, 수학 문제에서 기초에서 응용, 심화 단계까지 문제의 난이도 및 위계를 점점 심화시키는 학습 방식을 의미한다(배상훈, 전수빈, 홍지인, 2017).

결국 심화학습이 학습의 내용적 측면의 단계를 의미하는 것이라면 심층학습은 내용뿐만 아니라 학습에 대한 관점과 가치, 태도를 포함하는 총체적 경험의 단계가 깊어지는 것으로서 높은 단계의 학습으로 나아가기 위하여 매우 적극적인 학습자의 참여와 헌신을 요구한다는 것을 알 수 있다. 즉, 교수자가 설계한 높은 수준의 학습에 수동적으로 참여하는 것이 아니라 학습의 과정 매 순간에 학습자의 선택과 결정이 필요한 것이다. 이것은 자연스럽게 심층학습에서 중요한 것으로서 학습자의 주도성, 즉 OECD에서의 비전을 지향하는 학습자상이자 과정 설계 원리 가운데 '학생 주체성(student agency)'의 원리와 연결된다.

이러한 심층학습을 통한 총체적 학습에 대한 강조는 자연스럽게 개별화 학습의 논리와 맞닿는다. OECD에서 제시하는 설계 원리로서 '학생 주체성'은 학습의 과정에서의 '참여(engagement)'를 위한 학습자의 '선택(choice)'이 가능한 '유연한(flexibility)' 교육과정이 되어야 함을 강조하고 있기 때문이다. 즉, 심층학습의 촉진을 위해서는 학생 개개인의 학습을 위해 설계된 교육과정, 즉 개별화된 교육과정이 될 수 있어야 하는 것이다. 개별화된 교육과정은 학습자가 자신의 특성에 맞게 스스로 학습의 과정을 만들고 여기에 참여하며 이것은 개개인이 학습 과정에 몰입하여 깊이 있는 성찰을 하도록 하는 조건이 된다는 것이다.

여기에서 개별화된 학습의 개념은 개인별 맞춤학습의 개념과 구분될 필요가 있다. 개인별 맞춤학습이란 최근 학습자 수준이나 적성 등이 고려된 것으로서 개인화에 대한 관심이 높아지면서 개개인의 진로 적성뿐만 아니라 학습 스타일에 맞게 교육과정이나 수업을 제시하는 것을 말한다. 그러나 Hargreaves와 Shirley(2015)는 개별화 교육과정(personalized curriculum)을 자신의 생각을 분명하게 표현할 줄 알며 자율적이고 협력적으로 학습하고, 기회나 도전 과제를 풍부하게 제공받아 교육적 몰입을 경험하여 높은 수준의 메타인지와 포괄적 학습 기술을 획득하는 학습으로 정의한다.

다시 말해서, 개별화된 심층학습은 DeSeCo 프로젝트에서부터 강조되어 왔던 역량 개념의 특성으로서 "단순한 지식과 기능 이상의 태도와 가치를 포함하는 능력"(OECD, 2005: 6)을 중심으로 메타인지를 포함하는 총체적 학습 경험으로서 학습자 중심의 자율적이고 반성적인 학습의 과정을 의미한다. 결국 이러한 개별화된 심층학습의 방식은 이전의 전통적인 지식 전달 중심의 교육에서 강조하던 객관적 지식을 평가하기 위한 교육의 설계로서 학습자의 자율적인 문제해결 과정에서의 주도성과 창의성에 대한 학습의 촉진과 더불어 지식 학습과의 균형을 조화롭게 할 것인지에 대한 섬세한 설계가 요구된다.

요컨대, IBDP의 다면적 평가는 개별화된 학습으로서 학습자의 지식과 기능, 가치, 태도를 포괄하는 총체적 학습을 유도하기 위한 방식으로서 학습의 과정을 구현하기 위한 매우 중요한 설계 방식이다. 즉, OECD의 평가 원리로서 '엄격성(rigour)' '초점(focus)' '일관성(coherence)' '학생 주체성(student agency)' '참여(engagement)' '선택(choice)' '유연성(flexibility)'은 심층학습과 개별화 학습 방식의 학습 설계를 기반으로 하며, 이러한 학습 설계는 다면적 평가 방식으로서 유도되고 보장될 수 있었다.

2) 과정중심의 학습: 순수한 피드백 경험을 통한 몰입적 과정 설계

역량 함양을 위한 학습 설계에 대해 꾸준히 연구를 수행하고 있는 ORE(Observatory of Reforms)의 연구에 따르면, 역량을 프로그램에 반영하는 방식은 학습의 출발점을 어떤 상황으로 할 것인지에 대한 문제로서 학습자들의 참여는 지식 학습을 위한 수단이 아닌 그 자체로서 목적이 되는 매우 실용적인 접근 방식을 갖는다고 보았다(Lafortune, Ettayebi, & Jonnaert, 2007). 다시 말해서, 역량을 반영한 프로그램 설계는 유도하는 활동 자체가 충분히 학습자에게 기대하는 기능과 정서적 경험들을 제공할 수 있도록 설계되어야 한다고 보았다. 이것은 역량이 학습의 결과물이 아닌 참여의 과정 자체라는 것을 의미한다.

활동 자체를 학습의 과정으로 보고자 하는 관점은 궁극적으로 OECD 교육 2030의 학습의 목표로서 제시된 '웰빙'의 개념과도 일맥상통한다. '웰빙(well-being)'이 결코 결과가 아닌 잘 살아가는 과정을 의미하는 것이라는 점은 교육과정의 설계는 결과중심의 학습이 아닌 '과정 자체에 대한 경험'으로 설계되어야 함을 의미한다(조현영, 2019). 이러한 과정으로서의 학습은 학생 개개인의 성장을 성취물로 여긴다는 점에서 '지식 활용으로서의 학습'과는 다르다. 지식 활용으로서의 학습에서는 학습자가 의도한 바에 따른 기능적 측면에 치우쳐 학습할 가능성이 높지만, '과정 자체에 대한 경험'으로서의 학습은 단순히 지식을 습득하는 것이 목적이 아니라 '학습 방법에 대한 학습'으로서(佐藤學, 2019) 학습 과정 자체를 즐기고 전략을 구상하는 학습이 되도록 설계해야 하기 때문이다.

이처럼 역량 함양을 위한 교육과정 설계에서 '참여'란 과정중심의 학습 그 자체로 접근하면서 기존의 학습 설계에 대한 패러다임적 전환을 요구한다(Jonnaert et al., 2007; Masciotra, Roth & Morel, 2007). 이러한 이해는 OECD 교육 2030 역량 설계 원리에서의 '유연성과 정합성(alignment)'의 원리로서 다시 반영된다. 학습의 과정 자체가 획일화되지 않고 개별화된 교육과정으로서 유연한 교육과정이 설계되었을 때, 교육과정과 수업 및 평가를 어떻게 일체화시키고 또 이에 따라 어떻게 적절한 평가를 할 수 있는지의 문제는 결국 이전의 객관적 지식 중심의 학습에서와 배치되는 딜레마 상황이 되기 때문이다. 실제로 OECD 설계 원리를 제시할 때 '정합성'의 원리는 현재 평가의 불완전성을 한계로 제시하며 이를 위해 지금까지 전통적인 지식 전달 방식의 교육에서와는 다른 평가 방법이 개발되어야 한다는 점을 강조한다(OECD, 2018). 전통적인 방식의 교육에서 '가르친 것'을 '평가하는 것'과 동일하게 보던 것에서 개별화된 학습의 과정에 따른 다양한 학습의 과정과 계열을 어떻게 접근하여 타당하게 평가할 수 있을 것인지에 대한 대안이 필요하다고 본 것이다.

앞서 IBDP 사례는 이러한 양립 불가능할 것 같은 문제를 두 가지 방식으로 접근하고 있다. 개별 주제를 선택한 뒤 중장기적 프로젝트로 수행하는 과제의 형식은 학생들이 충분한 시간을 할애하여 과제를 수행하며 시행착오 경험을 할 수 있도록 한다. 또한 과제 중간에 이루어지는 평가는 순수한 피드백 목적의 평가로서 점수화하지 않는 방식으로 설계하고 있다. 이러한 논리는 구성주의적 논리에서의 학습과 평가의 설계에서도 유사한 원리로 제시되고 있다. 〈표 3-8〉은 구성주의 논리를 기반으로 한 교실에서의 평가 방식의 다양성을 보여 주는 것으로서 이 가운데 수행평가 방식에서 '과정중심형 평가'에 주목할 필요가 있다. 여기에서는 과정에 접근하기 위한 평가 방식으로서 질문이나 관찰, 인터뷰, 콘퍼런스 등을 제시하고 있다. 이러한 과정중심형 평가의 경우 다양한 방식의 참여 설계를 통해 학습자의 성장 과정을 다각도로 참고할 수 있는 정보들을 수집하는 방식의 수행형 과제들로 제시되고 있는데, 실제로 이러한 과제는 심층 과제의 중간 과정에서 행해지는 질문, 관찰, 콘퍼런스, 생각하기 등과 같이 수업의 방식으로 접근해야 하는 활동의 성격을 보인다. 단순히 객관적 지식을 복기해 내는 수준의 활동이 아닌 사고하고 탐구하는 과제에 대한 평가의 중간 과정으로 적합한 성격의 활동인 것이다. 즉, 과정중심형 평가란 누적 기록을 목적으로 하는 것이 아닌 중장기적 심층과제에서 피드백을 목적으로 활용하는 형성적 평가 방식으로 보아야 할 것이다.

〈표 3-8〉 평가 접근과 방법적 틀: 수업에서 학생의 학습을 어떻게 평가할 수 있을까?

선택형	수행평가			
	구성형	결과물	수행	과정중심형
선다형 양자 택일형 짝짓기	• 빈칸 채우기 – 단어(들) – 문구(들) • 단답형 – 문장(들) – 단락 • 도표 • 성과 보여 주기 • 도식화 – 웹 – 개념지도 – 플로차트 – 그래프/표 – 매트릭스 – 일러스트레이션	• 에세이 • 탐구보고서 • 일지 • 실험보고서 • 이야기 창작 • 시 • 포트폴리오 • 작품 • 과학 프로젝트 • 모델링 • A/V 제작 • 스프레드시트	• 구술 발표 • 춤 • 과학 실험 • 체육 수행 • 대본 읽기 • 연극 • 토론 • 리사이틀	• 구술 질문 • 관찰(학생 관찰) • 인터뷰 • 콘퍼런스 • 과정 서술하기 • 소리 내어 생각하기 • 학습일지

출처: McTighe & Ferrara (1994).

이러한 형성적 평가 방식은 학습자로 하여금 스스로 학습의 전략과 과정에 대한 성찰을 촉진시킨다. 과정 자체에 몰입할 수 있도록 하는 것이다. 즉, 누적 기록을 위한 평가가 아닌 IBDP의 평가 과제 설계의 방식과 시기는 과제에 대한 발전과 성장의 욕구를 자극하는 순수한 피드백 방식의 개입이 될 수 있다.

요컨대, IBDP의 사례는 과정의 평가와 결과의 평가는 내용적으로는 일관되지만 형식적으로는 분리된 방식의 접근으로서 정합성(alignment)의 원리와 일관성(coherence)의 원리가 얼마나 역설적으로 반영되어야 하는지를 보여 준다.

3) 메타학습: 다차원적 학습 맥락의 설계

OECD는 DeSeCo 프로젝트에서 역량의 의미를 규명한 후, 다양한 맥락에서 모든 사람에게 공통적으로 필요한 역량을 '핵심 역량(key competencies)'으로 규정하여 제시한 바 있다(OECD, 2005: 7). 그러나 이후 OECD 교육 2030에서는 '핵심 역량' 대신 '변혁적 역량(transformative competencies)'이라는 새로운 역량 개념을 제시하고 이에 따른 학습 틀과 학습자상을 제시하였다. 여기서 변혁적 역량이란 학생들이 더 나은 삶을 위해 사회를 변혁하고 미래를 만들어 가는 데 필요한 지식, 기능, 태도 및 가치들(OECD, 2019)로, 이에 대한 세 가지 하위 범주로 '새로운 가치 창출하기(creating new values)' '긴장과 딜레마 조정하기(reconciling tensions and dilemmas)' '책임감 갖기(taking responsibility)'가 함께 제시되었으며 학습자는 'agency' 개념으로 보다 유동적인 학습의 주체임을 강조한다. 이러한 변화는 DeSeCo와 비교하였을 때, 불확실성, 예측 불가능성이 커지는 미래 사회에서 요구되는 삶의 자세, 가치와 태도 측면을 반영하기 위함이다.

이처럼 새로운 역량 개념에서 강조하는 불확실하고 예측 불가능한 삶의 '실제성(authenticity)'은 학습 맥락에서 이를 어떻게 반영할 것인지에 관한 문제로 점철된다. 이와 관련하여 교육과정에서의 역량 개념을 실제적 역량(actual competence)과 가상의 역량(virtual competence)으로 구분 지어 설명한 연구에서는 실제적 맥락이 의미하는 바를 보다 분명히 하고 있다(Jonnaert et al., 2007: 68). 이러한 연구에서 실제적 역량은 교육 또는 학습 상황, 실제 상황 또는 업무 관련 상황에 관계없이 상황에 적응하기 위해 발전하는 능력을 실제적 역량으로 보았다. '실제 역량은 자신이 관련된 상황을 처리하기 위해 자원을 동원하고 적용함으로써 수행하는 모든 행동의 결과'이며 어떤 상황에서 개인이 진화하고 사전에 예측할 수 없는 일련의 요소들을 조합해 나가는 함수와 같다고 보았다. 따라서 실제 역량을 정의하려면 무엇보다도 사람이 몰입하는 상황에 대한 철저한 설명이 필요하고 이러한 과정에서 관찰한 요소를 발견하기 위해 해당 상황을 처리하는 데 사용된 전체 프로세스가 반영되어야만 한다.

반면에 가상의 역량은 교육 프로그램에서 공식화된 가설일 뿐이며 프로그램에 의해 규정한 제한된 자원을 적절하게 처리할 수 있는 능력으로서 잠재적 능력을 의미한다고 설명한다. 가상의 역량은 교육 프로그램 작성 과정의 일부로서 역량의 참조 틀로 체계화하여 설명한 것인데, 이는 보편적 성인을 대상으로 적용하긴 하지만 개별화하기는 어려운 측면이 있다고 보았다. 따라서 이러한 유형의 역량 기능은 하나의 프로그램에서 적용 가능한 일련의 자원을 식별하고 정의 및 구성하는 것을 의미한다. 따라서 가상의 역량은 해당 프로그램 상황에 처한 사람들에게 요구되는 잠재적 행동과 자원을 지정하는 것이라고 볼 수 있다(Jonnaert et al., 2007). 결국 해당 프로그램에서 식별하고 정의한 요소들이 갖는 '전이 가능성'을 담보하기는 어렵다고 보았다.

이처럼 역량의 개념을 '실제'와 '가상'으로 구분 짓는 연구들의 목적은 학습 설계에서 전이 가능한 영역과 그렇지 않은 영역을 구분 짓는 기준을 제시하는 것에 있다. 학습의 과정에서 학습자가 교육 프로그램에 참여함으로써 보여 주는 행동과 자원들은 해당 교육 프로그램 내에서 재현 가능한 영역일 뿐 실제적 역량으로서 전이 가능성(transferability)을 담보할 수 없다는 것은, 실제 학습자들이 교육 프로그램에 참여하면서 함양된 역량이 무엇인지, 또 그것을 어떻게 평가할 것인지에 대한 면밀한 고민이 필요하다는 것이다. 이러한 관점에서 앞서 제시한 IBDP 사례는 학습에서의 실제적 경험으로서 메타학습의 설계 방식을 제시한다. IBDP는 학습자의 실제적 경험을 위해 두 가지 접근 방식을 취한다. 첫째는 교과에서 과제 수행 시 모순적 구조의 채점 기준표 설계로 스스로 자기인식과 성장을 성찰하도록 하는 방식이었고, 둘째는 중핵 교과인 TOK를 통해 직접적으로 학습 활동 자체에 대한 비판적 사고를 하도록 하는 방식이었다. 두 접근 방식은 IBDP의 설계에서 메타학습이 실제적 맥락을 학습자가 과제 수행 과정에서 경험하는 자기인식의 맥락과 직접적으로 자신을 성찰하고 학습 행위를 돌아보도록 하는 방식으로 얼마나 다차원적 접근이 가능한지를 보여 준다.

요컨대, 역량 함양을 위한 학습 관점에서 최근 OECD는 새로운 학습자 개념으로서 '학생 주체성(student agency)' 개념을 차용하였다. 앞서 제시한 IBDP의 맥락의 실제성(authenticity)에 대한 다차원적 접근은 학습자가 주체성을 발휘하는 대상에 대해서도 재고할 필요성이 있음을 상기시킨다. 학습자의 주체성은 지식 학습에 대한 주체적 태도에 국한된 것인지, 학습의 과정 혹은 삶의 과정에 대한 주체적 태도인지에 따라서 학습의 결과를 상정하고 수업과 평가를 설계하는 방식이 달라질 수 있기 때문이다. 다시 말해서, 앞서 심층학습을 통해 학습자가 경험하길 기대하는 학습 경험은 단순히 해당 영역에서의 심화된 학문적 내용이 아니라 학습 과정 전반에서 경험하는 자기인식과 자기성장의 경험을 포함한 학문과 삶의 연관성(interdisciplinary)을 발견하는 경험으로 볼 필요가 있다. 이것은 학습에서의 실제적인 맥락(authentic context)이란 학습자가 학습의 과정을 이끌어 가는 모든 '선택(choice)'과 결정에서 발휘되는 지식, 가치, 태도의 활용 문제(transferability)로서, 결국 자기주도적으로 학습을 설계하는 행위까지 모두 포함한다는 것을 보여 준다.

4. 포스트 휴머니즘, 새로운 시대의 역량

OECD 교육 2030의 역량 개념과 교육과정 개발의 원리가 소개된 이후 교육 영역에서는 이러한 변화를 어떻게 지금까지의 교육 설계와 차별화된 원리로 구현할 수 있을지에 대한 고민에 빠졌다. DeSeCo 프로젝트에서 처음 제시된 역량 개념은 교육 2030을 통해 보다 명료해졌지만, 교육

2030이 학습 경험에 관한 의제를 중점적으로 다루기 위한 프로젝트임에도 불구하고 그 구체적 방안으로서 방법론적 측면은 여전히 모호함이 남아 있다. 특히 교육 2030에서 제시한 교육과정 내용 매핑(curriculum content mapping)과 '교육과정 (재)설계'의 경우에도 역량을 요소별로 분화하거나 범주화하여 정의하는 수준에서 제시함에 따라 설계 원리의 구체성은 충분하지 못한 상황이다.

새로운 교육의 지향점으로서 역량의 등장은 새로운 미래교육을 위한 전혀 다른 교육의 논리를 요구하는 듯 보일지 모른다. 그렇지만 역량교육에 관한 담론들이 제시하는 교육의 목적과 방법, 지향점은 조금만 자세히 들여다보면 결코 낯선 의미를 담고 있다고 할 수 없다. OECD 교육 2030에서 제시한 역량교육은 불확실성이 커진 최근의 세태를 더 반영한 것이기는 하지만 학습자 중심의 학습 설계의 요소들과 크게 다르지 않아 보이기도 한다. 다시 말해서, 역량교육에서 제안하는 목표와 방법들은 학습자 중심의 학습 논리 혹은 교육 패러다임에서 학습 패러다임으로의 전환에 관한 논의들에서 지속되어 온 오래된 담론에서 다루어 왔던 내용이다.

다만, 최근의 교육학 연구들이 거시적 담론들로 다루어지던 학습자 중심의 학습 논리들을 미시적 교수학습 설계 수준의 사안들로 다루어 내고자 하는 것에 더욱 집중하고 있으며, 이는 OECD 교육 2030의 연구 방향성과 일맥상통한다는 점에서 우리에게 시사하는 바가 크다. 특히 교육 2030에서 새롭게 제시되었던 목표인 '웰빙'과 '학습 틀'로서 학습자 나침반에 대한 메타포의 경우 교육과정을 인간 삶의 과정으로 확장해서 보고자 하는 시각이 적극적으로 반영된 것이라고 보인다. 이것은 학습의 장을 삶의 맥락으로 확대하고자 하는 교육에서의 인간성 회복의 논리를 보다 강조하기 위한 것으로, 이를 바탕으로 학습 환경의 구축에 대한 구체적인 논의가 시작되었다는 점에서 매우 상징성이 큰 시도였다고 보아야 할 것이다.

여기에서는 지금까지 이러한 맥락에서 역량 개념을 교육의 설계로 적용할 때 지금까지 논의된 다양한 학습의 논리들과 어떻게 유사점과 차이점이 있을 수 있는지 이해할 필요가 있다고 보았다. 따라서 교육 2030의 설계 원리를 학습 설계의 원리들을 중심으로 재해석하여 역량 설계의 원리를 분절적인 요소들로 이해하는 것이 아닌, 실제적이고 경험적인 방식으로 각각의 요소 간의 연관성을 형성하여 이해하고자 하였다.

분석 결과, IBDP의 다면적 평가 방식은 역량 설계에서 강조하는 심층학습과 개별화된 학습을 유도하기 위한 원리, 과정중심의 수업과 평가는 순수한 피드백 목적의 형성평가를 통한 몰입 설계의 원리를 취하고 있었다. 마지막으로 초학문적 학습의 특징은 실제적 맥락에 대한 다차원적 접근 방식을 통해 학습자의 경험을 접근하고 있다고 분석할 수 있었다. 이러한 연구 결과는 공히 개인이 소외되지 않는 지식 활동이 어떻게 가능할지에 초점이 맞춰진 역량에 대한 존재론적 접근을 취한다. 이것은 DeSeCo 프로젝트에서의 역량이 교육 2030으로 오면서 학습에 대한 새로운 비전으로서 '웰빙'을 제시하는 목적과 결코 다르지 않을 것이다.

역량 설계가 기존의 학습자 중심 학습 설계의 논리와 달라 보이지 않지만 분명 그 지향점이 달라진 만큼 모두는 진일보한 논리를 요구하고 있다. IBDP의 설계 방식은 OECD가 제시한 새로운 역량이 지향하는 바와 존재론적 접근으로서 역량에서의 설계가 어떠한 방식인지 보여 주는 하나의 사례가 될 수 있을 것이라고 생각된다. 새로운 역량 논의에서 학습의 목적은 기존의 학습 전이의 담론을 반복하지 않는다는 것, 실용적 차원의 지식을 넘어서는 개인의 삶의 의미로서의 학습에 대한 접근이 무엇인지를 상기시켜 준다. 즉, 앞서 분석한 IBDP의 사례와 역량 설계에 관한 논의들은 학습 경험과 개인이 서로 분리되지 않는다는 것의 의미를 '지식의 적용과 활용 전략'을 분리시키지 않는다는 점으로 특징짓는다. 이러한 관점에서 학습의 맥락은 곧 개인의 삶의 맥락과 동일시되는 것으로서 역량교육에서의 메타적 학습을 주목하는 것과 연관이 깊다. 즉, 메타적 사고가 교육의 부수적 산물이 아닌 그러한 사고 과정을 촉진시키고 그것을 학습의 결정적 산물로 다루어 주고자 하는 설계가 지금까지 학습 이론들이 제시했던 학습자 중심의 학습 설계를 보다 풍부하게 해석하고 새롭게 이해하기 위한 접근 방식이 될 수 있을 것이다.

역량 설계에서 지식과 학습 과정을 분리하지 않기 위한 원리와 방법들은 결국 객관주의적 지식관과 근대성을 기반으로 한 개인에 대한 이해와 접근 방식에서 탈피하여 탈근대적 개인으로서 주체성을 회복시키기 위한 전략인데, 이는 에이전트로서의 개인의 성장을 목표로 한다. 다시 말해서, 역량교육의 설계란 새로운 시대를 살아갈 역량 있는 개인으로서의 성장과 함께 개인의 삶의 의미 또한 놓치지 않는 방식으로서의 학습의 과정이 무엇인지, 지금까지의 학습 설계에서 개인의 위상을 어떻게 학습의 중심으로 옮겨 놓을 것인지에 대한 고민으로서 온전한 인간성의 회복을 위한 학습의 최소 조건이 무엇인지를 탐색하는 시도여야 할 것이다.

참고문헌

김정효(2020). OECD Education 2030 학습 프레임워크 내용 맵핑(CCM: Content Curriculum Mapping)을 통한 2015 개정 미술과 교육 과정에 따른 고등학교 미술과 진로 선택과목에 대한 비판적 검토. 한국조형교육학회, 74(74), 81-106.

배상훈, 전수빈, 홍지인(2017). 대학생의 심층 학습(deep learning)에 영향을 미치는 요인: 3개 대학 사례 연구. 열린교육연구, 25(2), 149-176.

손민호, 조현영, 이형빈, 서덕희(2020). 새로운 학력 평가 지표 구성 및 평가 도구 개발 연구. 세종: 세종특별자치시교육청.

오국환, 이창석, 이경원, 권오남(2021). IB DP 수학과 교육과정 문서 체재의 일관성 분석 연구. 수학교육연구, 35(1), 75-96.

이상은(2019). OECD Education 2030에 나타난 역량교육의 주요 특징 및 시사점: 2015 개정 교육과정과의 비교를 중심으로. 비교교육연구, 29(4), 123-153.

이상은, 김은영, 김소아, 유예림, 최수진, 소경희, 신연재(2018). OECD 교육 2030 참여 연구: 역량의 교육정책적 적용 과제 탐색(RR 2018-08). 충북: 한국교육개발원.

조현영(2019). 역량기반 교육과정에서의 평가의 실제적 구현: IBDP 사례. 교육과정연구, 37(4), 243-269.

조현영, 손민호(2019). 과정의 내재성은 어떻게 설계할 수 있나?: IBDP의 평가와 수업의 원리를 중심으로. 교육과정연구, 37(1), 217-240.

한국교육과정평가원(2019). OECD Education 2030 프로젝트 1단계 성과 분석을 위한 워크숍(ORM 2019-109). 충북: 한국교육과정평가원.

한혜정, 김영은, 이주연(2016). 교육 목적으로서 "일반 능력" 설정에 대한 논의 고찰: 2015 개정 교육과정의 핵심 역량과 교과 역량의 관계에 주는 함의. 교육과정연구, 34(2), 1-18.

佐藤學(2019). 학교를 철학하다: 사토 마나부의 학교개혁의 철학(學校改革の哲學). 신지원 역. 서울: 에듀니티. (원저는 2012년에 출간.)

Biggs, J. (2003). Aligning teaching for constructing learning. *Higher Education Academy, 1*(4).

Biggs, J. B. (1987). *Student approaches to learning and studying: Research monograph*. Australia: Australian Council for Educational Research Ltd.

Entwistle, N. J. (1981). *Styles of learning and teaching: An integrated outline of educational psychology for students, teachers and lecturers*. Chichester, UK: Wiley.

Hargreaves, A., & Shirley, D. (2015). 학교교육 제4의 길 1권(*The fourth way*).

이찬승, 김은영 역. 서울: 21세기교육연구소. (원저는 2009년에 출간.)

IBO (2010). *International baccalaureate diploma programme assessment principles and practice*. Wales, UK: International Baccalaureate Organization Ltd.

IBO (2020a). *Extended essay guide*. Wales, UK: International Baccalaureate Organization Ltd.

IBO (2020b). *International baccalaureate diploma programme assessment principles and practice*. Wales, UK: International Baccalaureate Organization Ltd.

IBO (2020c). *Theory of knowledge guide*. Wales, UK: International Baccalaureate Organization Ltd.

IBO (2020d). *History guide*. Wales, UK: International Baccalaureate Organization Ltd.

Jonnaert, P., Barrette, J., Masciotra, D. & Yaya, M. (2007). *Revisiting the concept of competence as an organizing principle for programs of study: From competence to competent action*. Geneva, Switzerland: IBE/UNESCO.

Lafortune, L., Ettayebi, M., & Jonnaert, P. (Eds.). (2007). *Observer les re' formes en education (Observing reforms in education)*. Quebec, Canada: Presses de I'Université du Québec.

Lowndes, V., & Berry, S. (2003). Benefits of using industrially based group projects within mathematics programmes. *MSOR Connections, 3*(1), 20–22.

Marton, F. & Säljö, R. (1976). On qualitative differences in learning outcome and process. *British Journal of Educational Psychology, 46*(4), 11.

Masciotra, D., Roth, W. M., & Morel, D. (2007). *Enaction: Toward a zen mind in learning and teaching*. Leiden, Netherlands: BRILL.

McTighe, J., & Ferrara, S. (1994). *Assessing learning in the classroom: A report from professional standards and practice*. Washington DC: National

Education Association.

OECD (2005). *The definition and selection of key competencies: Executive summary*.

OECD (2018). *OECD future of education and skills 2030 conceptual learning framework: A series of concept notes*.

OECD (2019). *OECD future of education and skills 2030 concept note: Transformative competencies for 2030*.

OECD (2020). *Curriculum (re)design*.

Ramsden, P. (2003). *Learning to teach in higher education*. London, UK: Routledge.

Tagg, J. (2003). *The learning paradigm college*. Bolton, MA: Anker Publishing Company.

Trilling, B., & Fadel, C. (2009). *21st century skills, enhanced edition: Learning for life in our times*. Hoboken, NJ: John Wiley & Sons.

제4장

역량을 교육과정에 담아내는 방법: IBDP와 2015 개정 교육과정 문서 체제 비교하기

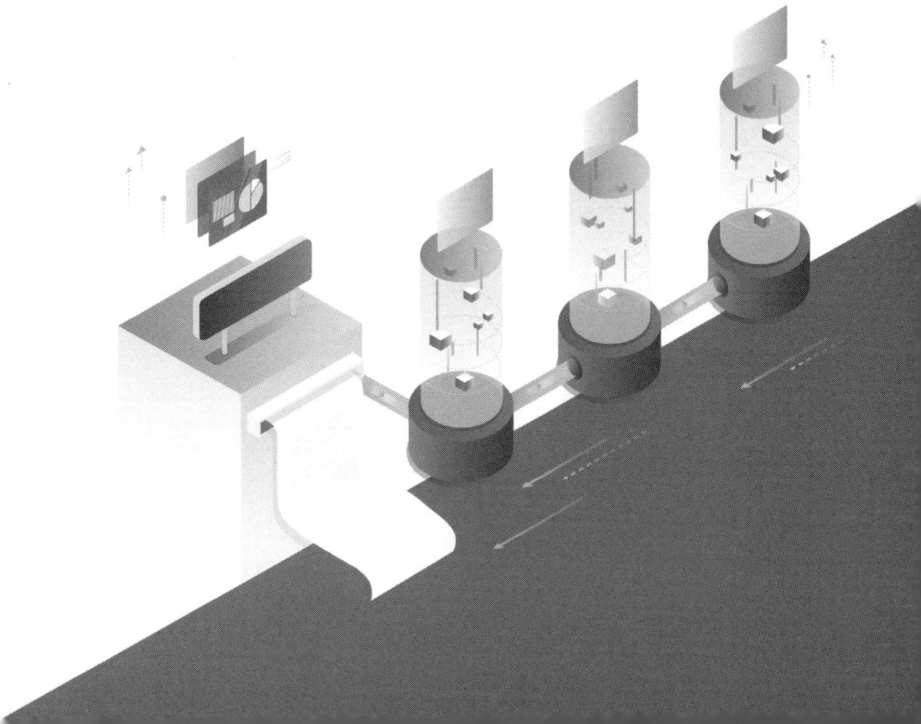

IB that Shaped the Future of Education

1. IBDP, 교육과정-수업-평가의 일체화를 그리다

앞서 살펴본 바와 같이 OECD DeSeCo 프로젝트를 통해 역량의 개념이 도입된 후 새로운 학력 개념을 수립하기 위한 다양한 방안이 모색되고 있다. 교육 현장에서 역량 개념의 도입은 기존의 교과 내용적 지식을 중심으로 한 교육과정에서 탈피하여 특정한 맥락에서 지식, 기술이나 태도와 같은 사회·심리적 자원 및 도구, 사물, 타인과 같은 환경적 자원들을 총체적으로 동원하는 능력으로서 역량을 교육과정에 어떻게 담아낼 것인지의 문제에 봉착하도록 만들었다. 이러한 문제의식은 최근 OECD 교육 2030 프로젝트를 통해서도 확인되는데, DeSeCo 프로젝트에서 제시한 개념적 수준에서의 역량에 관한 논의를 보다 실제적으로 학습의 설계에 활용 가능한 수준의 논의로 확장시키고자 학습 프레임워크와 학습자상을 새롭게 제안하면서 학습 설계의 방향성을 제시하고 있다.

이러한 흐름에 발맞추어 2015 개정 교육과정에서도 역량 함양을 위한 교육으로의 전환을 시도하기 위하여 교육과정 총론에서는 핵심 역량을 제시하고, 이를 기반으로 각 교과별 교육과정을 구성하도록 하였다. 총론에서 제시한 핵심 역량을 중심으로 각 교과는 교과 역량을 제시하고, 이를 기반으로 교과 목표, 내용 및 성취 기준, 교수학습 및 평가의 방향을 제시하였다. 실제로 2015 개정 교육과정 총론에서 제시하는 교육과정과 수업, 평가에 관한 방향성에서는 전반적으로 역량 함양을 위한 교육 설계의 원리들(OECD, 2018)을 반영하고자 노력한 흔적이 보인다.

〈표 4-1〉 2015 개정 교육과정의 총론에서 평가 관련 내용

가. 인문 · 사회 · 과학기술 기초 소양을 균형 있게 함양하고, 학생의 적성과 진로에 따른 선택 학습을 강화한다.
나. 교과의 핵심 개념을 중심으로 학습 내용을 구조화하고 학습량을 적정화하여 학습의 질을 개선한다.
다. 교과 특성에 맞는 다양한 학생 참여형 수업을 활성화하여 자기주도적 학습 능력을 기르고 학습의 즐거움을 경험하도록 한다.
라. 학습의 과정을 중시하는 평가를 강화하여 학생이 자신의 학습을 성찰하도록 하고, 평가 결과를 활용하여 교수학습의 질을 개선한다.
마. 교과의 교육 목표, 교육 내용, 교수학습 및 평가의 일관성을 강화한다.
바. 특성화 고등학교와 산업 수요 맞춤형 고등학교에서는 국가직무능력표준을 활용하여 산업사회가 필요로 하는 기초 역량과 직무 능력을 함양한다.

특히 학습자 주도성과 과정중심의 학습, 교육 내용과 수업, 평가의 일관성 등은 역량교육 설계의 원리들을 직접적으로 기술하고 있는 부분이기도 하다.

한편, 교육과정-수업-평가의 일체화는 2015 개정 교육과정에서의 '과정을 중시하는 평가' 및 '평가의 일관성'을 구현하려는 목적을 담은 것으로서 각 시 · 도 교육청별로 평가 및 형태를 나타내는 용어가 상이하다. 과정중심평가, 성장평가, 교사별 평가, 상시평가, 수행평가 등 평가를 지칭하는 용어가 통일되어 있지 않은 뿐만 아니라 세부적인 지침 역시 통일되어 있지 않은 상황이다(손민호 외, 2018). 학교 현장에서 '교육과정-수업-평가-기록의 일체화'라는 용어로 확산되어 왔다는 것이 일반적인 견해이지만 아직은 용어나 방법에서 정련되지 않은 개념이라고 해야 할 것이다. '교육과정-수업-평가-기록의 일체화'는 성취 기준을 중심으로 교과 교육과정을 재구성하고, 그것을 중심으로 학생 중심 수업을 실천하고, 수업 활동 과정을 관찰하여 평가하고 그 평가 과정을 기록하고 그 기록의 내용을 진학 자료나 피드백 자료로 사용하는 것을 의미한다. 이는 학교 현장의 수업 형식을 활동 중심의 수업으로 변화시킨다는 측면에서 긍정적인 평가를 받고 있지만, 여전히 객관적 지식의 측정이라는 평가 문화가 만연한 우리의 교육 현실에서 오히려 과도한 과정의 누적 평가가 학습의 질을 저해시킨다는 우려도 제기되고 있다(조현영 외, 2019). 특히 학생들의 활동을 세심하게 관찰하고 그 내용을 학교생활기록부에 자세하게 기록하는 방식은 수업에 대한 학생들의 적극성을 고양시키는 데 긍정적인 영향을 미치고 있지만 그것이 양적 확대로서의 의미를 가질 뿐 학습의 질적 심화로 이어지지 못한다고 본 것이다. 따라서 현장에서 평가를 시행하는 교사들의 경우 교육과정-수업-평가의 일체화 문제는 개념적 이해뿐 아니라 지금까지의 평가 관행으로 인한 공정성 · 객관성 · 전문성 부족 등에 대한 어려움까지 동반되는 평가 혁신의 과제로 인식하고 있는 상황이다.

한편, IB 프로그램에 대한 관심이 국내에 확산되기 시작한 배경에는 역량교육의 부상도 있지만 이와 함께 과정중심평가가 주목받게 되었다는 데에서도 기인한다. IB 프로그램은 2021년 기준으로, 전 세계 158개 국가에서 5,300개 이상의 학교에서 운영되고 있는 교육과정과 평가 시스템이다. 특히 프로그램 중 DP(Diploma Programme)는 학생의 자기이해도를 측정하고 자기주도적이고 경험적인 교육을 유도하는 평가 기반의 교육과정을 통해 탐구 중심의 교육 프로그램으로 평가받는 국제 표준 프로그램이다. 우리와 가까운 일본에서 IB 공교육 도입이 추진된 이후, 2019년 4월 제주 및 대구 교육청은 IBO(International Baccalaureate Office)와 한국어판 공교육 도입을 위한 협정을 체결하였고, 이후 국내 도입 및 실제 적용의 실효성에 대한 담론이 급격히 확대되기 시작하였다. 동시에 역량 함양을 위한 교육과정을 표방하고 있는 2015 개정 교육과정이 학교 현장에서 본격적으로 적용되면서 과정중심의 평가와 학생 참여 중심의 학습이 강조됨에 따라 과정중심의 학습과 평가이자 일체화된 교육과정으로 평가받는 IB의 설계 원리에 이목이 집중된 것이다.

여기에서는 역량 함양을 위한 교육과정 일체화를 강조하는 우리 교육의 현시점에서 지식, 기능, 가치, 태도 전반의 일관성과 연관성 구축을 위한 설계 원리를 보여 주는 분석을 시도하고자 하였다. 특히 최근 역량 함양을 위한 교육과정 연구에서 지식과 기능을 연계시키는 문제는 지속적으로 다루어 왔지만 실제적으로 가치와 태도를 어떻게 교육과정에 담아낼 것인지가 충분히 해소되지 않은 상황에서 이러한 일관성이 비교적 잘 갖추어졌다고 평가받는 IBDP 프로그램의 설계 원리는 매우 매력적인 사례로 보인다. 특히 수학과의 경우 가치와 태도라는 정서 · 사회적 측면을 어떻게 반영할 것인지에 대한 논란이 많은 상황에서 IBDP의 수학과와 2015 개정 교육과정의 수학과의 교육과정 문서 비교는 각각이 갖는 특징과 이러한 특징이 교육과정에서 어떻게 역량 함양이라는 목표를 달성하는 데 영향을 미치는지 흥미로운 결과를 보여 줄 것이다.

IBDP의 수학 과목은 〈표 4-2〉와 같이 '분석과 접근' 및 '응용과 해석'의 영역으로 구성되어 있다.

따라서 IBDP 수학과 문서는 「수학: 분석과 접근 가이드」와 「수학: 응용과 해석 가이드」로, 수학과의 두 과목인 '분석과 접근'과 '응용과 해석'에 해당하는 가이드가 따로 작성되어 있다. 하지만 두 문서의 목록이 일치하며 구성하고 있는 내용이 각 과목의 특성에 따라 상이한 부분이 존재한다. 이 장에서는 '응용과 해석' 과목보다 '분석과 접근' 과목의 목적, 탐구내용, 수학에 대한 인식 등이 2015 개정 교육과정의 수학과의 교과 목표 및 내용과 유사하다고 판단되어 「수학: 분석과 접근 가이드」의 두 문서를 비교하였다. 가이드는 교과 소개, 교수요목, 교수학습 접근 방법, 평가, 부록으로 구성되어 우리나라의 각론 문서에 해당하는 것으로 간주할 수 있다.

〈표 4-2〉 IBDP 수학: '분석과 접근' 및 '응용과 해석'

구분	분석과 접근	응용과 해석
목적	수학적인 논의의 구성이나 수학적인 사고 기술을 향상시키기 위한 수학적 역량 높이기	세상을 묘사하고 실제적 문제를 해결하기 위한 수학 능력 개발
탐구 내용	수학적 아이디어가 실제적인 용도로 응용되는 방법	수학적 모델 탐구와 테크놀로지를 이용하여 실제적인 맥락에서의 수학 탐구
수학에 대한 인식	분석력이 요구되는 사회 특성에 주목하여 현대사회에서 혁신을 일으키기 위해 수학에 대한 깊은 이해가 필요	데이터가 풍부한 세계의 광범위한 분야에서 수학과 테크놀로지의 역할 증대
과정 선택 시 고려사항	대수적 표현의 조작에 익숙해야 하며 패턴의 인식을 즐기고 이러한 패턴의 수학적 일반화를 이해해야 함	실제적인 맥락에서 사용되는 수학을 보고, 실제 문제를 해결하는 것에 흥미가 있어야 함
HL 선택 요건	대수적 능력이 뛰어나며, 단순한 증명을 이해하는 능력이 있어야 함	대수적 능력 및 실제 문제를 해결하는 것에 흥미가 있어야 함

「수학: 분석과 접근 가이드」의 분량은 총 94쪽이고, 문서의 체제를 정리하면 〈표 4-3〉과 같다.

〈표 4-3〉 '수학: 분석과 접근 가이드'의 문서 체제

목차	세부 목차
서론	문서의 목적
	DP 프로그램 소개
	수학의 본질
	'수학: 분석과 접근'에서의 교수학습 접근법
	목적
	평가 요소
	실천에서의 평가 요소
교수요목	교수요목 개요
	사전 학습 주제
	교수요목 내용
평가	DP에서의 평가
	평가 개요-SL
	평가 개요-HL
	외부평가
	내부평가
부록	명령어 용어집
	수학 개념 목록

두 문서 체제에서 사용하는 용어는 다소 차이가 있지만 여기에서는 내용적 유사성을 기준으로 항목별로 비교하고자 한다.

〈표 4-4〉 2015 개정 교육과정과 IBDP 수학 가이드의 항목과 내용

항목	항목별 목차	
	2015 개정 교육과정	IBDP 수학과 가이드
비전	인간상과 핵심 역량	학습자상
교과 목표	교과 목표와 교과 역량	교과 목표와 평가 목표
교과의 내용	내용 체계와 성취 기준	교수요목과 개념 및 내용
교수학습 방법	교수학습 및 유의사항	교수학습 접근법
평가	평가 방법 및 유의사항	평가 목표, 실제 평가 목표, 평가 개요, 내부평가 기준

2. 문서 체제의 비교

1) 인간상과 핵심 역량 vs. 학습자상

교과의 목표를 제시하기에 앞서 두 교육과정(혹은 프로그램)에서 추구하는 인간상과 핵심 역량을 비교하고자 한다. 이는 교과가 추구하는 궁극적인 목적을 제시하는 방식을 확인하기 위함이다.

2015 개정 교육과정 총론에서는 다음과 같이 인간상을 제시하였다. 동시에 이러한 인간상을 구현하기 위해 교과 교육을 포함한 학교 교육의 전 과정을 통하여 중점적으로 기르고자 하는 핵심 역량을 〈표 4-5〉와 같이 제시하고 있다.

그리고 이러한 인간상 및 핵심 역량과 유사한 내용으로 IB에서는 〈표 4-6〉과 같이 열 가지의 'IB 학습자상'을 제시하고 있다.

교과의 가장 궁극적 목적을 제시하는 것은 학습에 대한 목적을 기술하는 방식에서는 다음과 같은 차이를 보이고 있었다.

첫째, 학습자상(learner profile)과 인간상이라는 기본적인 용어와 진술

〈표 4-5〉 2015 개정 교육과정이 추구하는 인간상 및 핵심 역량

가. 전인적 성장을 바탕으로 자아정체성을 확립하고 자신의 진로와 삶을 개척하는 자주적인 사람
나. 기초 능력의 바탕 위에 다양한 발상과 도전으로 새로운 것을 창출하는 창의적인 사람
다. 문화적 소양과 다원적 가치에 대한 이해를 바탕으로 인류 문화를 향유하고 발전시키는 교양 있는 사람
라. 공동체 의식을 가지고 세계와 소통하는 민주 시민으로서 배려와 나눔을 실천하는 더불어 사는 사람

〈표 4-6〉 IB 학습자상(핵심 역량)

• 탐구하는 사람 우리는 호기심을 키워 탐구하고 연구하는 능력을 향상시킵니다. 우리는 독립적으로 또 다른 사람과 함께 배우는 법을 압니다. 우리는 열정을 가지고 배움에 임하며, 학습에 대한 열의를 늘 잃지 않습니다.	• 열린 마음을 지닌 사람 우리는 비판적인 사고를 통해 우리 고유의 문화와 역사를 바라보고 타인의 가치관과 전통을 수용합니다. 우리는 다양한 관점을 추구하고 평가하며, 경험을 통해 성장합니다.
• 지식이 풍부한 사람 우리는 개념적 이해를 통한 성장을 지향하며, 다양한 학문의 지식을 탐구합니다. 우리는 지역적이고 세계적으로 중요한 사안들과 의견에 관심을 기울입니다.	• 배려하는 사람 우리는 서로 공감하고 격려하며 존중합니다. 우리는 봉사 정신을 갖고, 타인의 삶과 지역 사회에 긍정적인 변화를 도모합니다.

• 사고하는 사람 우리는 비판적이고 창의적인 사고력으로 복잡한 문제를 분석하며 책임 있게 행동합니다. 우리는 합리적이고 윤리적인 의사결정을 주도합니다.	• 도전하는 사람 우리는 철저하게 계획하고 의사결정을 내려 불확실성에 도전하며, 독립적으로 또 협력을 통해 새로운 아이디어와 혁신적인 전략을 모색합니다. 우리는 도전과 변화에 맞서 굴복하지 않고 슬기롭게 대처해 나갑니다.
• 소통하는 사람 우리는 하나 이상의 언어와 다양한 방법으로 창의적이고 자신 있게 우리 자신을 표현합니다. 우리는 다른 개인과 집단의 의견을 경청하며 효과적으로 협력합니다.	• 균형 잡힌 사람 우리는 자신과 타인의 행복을 위해 삶의 지적·물리적·정서적 균형을 이루는 것이 중요하다는 것을 알고 있습니다. 우리는 타인뿐 아니라 우리가 살아가는 세상과도 상호 의존함을 인지하고 있습니다.
• 원칙을 지키는 사람 우리는 공정성과 정의감을 바탕으로 인간의 존엄성 및 권리를 존중하며, 성실하고 정직하게 행동합니다. 우리는 우리 자신의 행동과 그 결과에 따른 책임을 집니다.	• 성찰하는 사람 우리는 세상과 자기 생각 및 경험에 대해 깊게 생각합니다. 우리는 개인의 학습과 성장에 도움이 되도록 우리 자신의 강점과 약점을 이해하려고 노력합니다.

출처: IBO (2020).

문의 형식 자체의 차이가 있다. 2015 개정 교육과정에서는 '진로와 삶을 개척' '인류 문화를 향유하고 발전시키는' '세계와 소통하는 민주 시민' 등과 같이 보다 거시적 맥락의 미래 지향적인 학습의 결과로서 도달된 상태를 인간상으로 표현하고 있다. 이에 반해 IB의 경우 현재의 학습 맥락 자체에 임하는 학습자의 현 상태에서 요구되는 바를 표현하기 위하여 '우리는 ~합니다'와 같이 학습자가 실천해야 할 구체적인 행동을 현재 시제로 표현하여 기술하고 있다.

둘째, 2015 개정 교육과정의 경우 인간상과 핵심 역량을 분리하여 제시하고 있지만 IB의 경우 학습자상에 길러야 하는 능력을 하나의 진술문 형식으로 제시하고 있다. 이러한 진술 방식의 차이는 2015 개정 교육과정에서는 핵심 역량은 습득해야 하는 능력이고 이를 통해 어떠한 인간이 되어야 하는지를 보여 주도록 구성했다는 점에서 인간의 성장을 위해 필요한 능력으로서 역량을 학습자와 분리하여 별도로 제시하고 있다고 볼 수 있다. 이에 반해 IB의 경우 함양해야 할 능력과 인간상을 별도로 제시하지 않고 학습자의 상태만을 진술함에 따라 학습자와 학습의 결과로서 능력을 분리시키지 않고 통합하여 제시한다는 점에서 차이를 보인다.

2) 교과 목표와 교과 역량 vs. 교과 목표와 평가 목표

총론 수준의 목적이 교과로 분화됨에 따라 2015 개정 교육과정의 각론과 IBDP의 과목 가이드에서는 각 교과의 목표와 성취해야 하는 능력들을 제시한다.

2015 개정 교육과정의 수학과 교과 목표에서는 수학적 지식(개념, 원리, 법칙)에 대한 내용부터 이에 대한 기능적 측면(관찰, 분석, 조직, 표현), 가치와 태도(흥미, 자신감, 수학 학습자로서의 태도와 실천)까지 총론에서의 핵심 역량을 수학 교과의 관점에서 기술하고 이에 대한 성취의 준거들을 교과 역량 여섯 가지(문제해결, 추론, 창의 · 융합, 의사소통, 정보처리, 태도 및 실천)로 제시하고 있다(〈표 4-7〉 참조).

〈표 4-7〉 2015 수학과 개정 교육과정의 교과 목표와 교과 역량

수학과(고등학교) 교과 목표
1. 사회 및 자연 현상을 수학적으로 관찰, 분석, 조직, 표현하는 경험을 통하여 수학의 개념, 원리, 법칙과 이들 사이의 관계를 이해하고 수학의 기능을 습득한다. 2. 수학적으로 추론하고 의사소통하며, 창의·융합적 사고와 정보처리 능력을 바탕으로 사회 및 자연 현상을 수학적으로 이해하고 문제를 합리적이고 창의적으로 해결한다. 3. 수학에 대한 흥미와 자신감을 갖고 수학의 가치를 인식하며 수학 학습자로서 바람직한 태도와 실천 능력을 기른다.

⬇

수학과(고등학교) 교과 역량
1. 문제해결은 해결 방법을 알고 있지 않은 문제 상황에서 수학의 지식과 기능을 활용하여 해결 전략을 탐색하고 최적의 해결 방안을 선택하여 주어진 문제를 해결하는 능력이다. 2. 추론은 수학적 사실을 추측하고 논리적으로 분석하고 정당화하며 그 과정을 반성하는 능력이다. 3. 창의·융합은 수학의 지식과 기능을 토대로 새롭고 의미 있는 아이디어를 다양하고 풍부하게 산출하고 정교화하며, 여러 수학적 지식, 기능, 경험을 연결하거나 타 교과나 실생활의 지식, 기능, 경험을 수학과 연결·융합하여 새로운 지식, 기능, 경험을 생성하고 문제를 해결하는 능력이다. 4. 의사소통은 수학 지식이나 아이디어, 수학적 활동의 결과, 문제해결 과정, 신념과 태도 등을 말이나 글, 그림, 기호로 표현하고 다른 사람의 아이디어를 이해하는 능력이다. 5. 정보처리는 다양한 자료와 정보를 수집, 정리, 분석, 활용하고 적절한 공학적 도구나 교구를 선택, 이용하여 자료와 정보를 효과적으로 처리하는 능력이다. 6. 태도 및 실천은 수학의 가치를 인식하고 자주적 수학 학습 태도와 민주 시민 의식을 갖추어 실천하는 능력이다.

IBDP의 경우에도 교과 목표를 제시하는 방식은 이와 크게 다르지 않다. 용어와 기술 방식에서는 조금씩 차이를 보이지만 수학 교과를 중심으로 지식, 기능, 가치와 태도 등의 전인적 학습을 추구한다는 내용은 유사하다(〈표 4-8〉 참조).

〈표 4-8〉 IBDP 수학과 교과 목표 및 평가 목표

IBDP(고등학교)의 수학과 교과 목표(목적)
1. 수학에 대한 호기심 및 즐거움을 키우고, 그 우수성과 힘을 인식합니다. 2. 수학의 개념, 원리 및 본질에 대한 이해도를 향상시킵니다. 3. 다양한 맥락에서 명확하고, 간결하며, 자신감 있게 수학적 내용에 대하여 의사소통합니다. 4. 문제해결에 논리적 및 창의적 사고력을 개발하고, 인내 및 끈기를 가지고 수학적 자신감을 키웁니다. 5. 추상화나 일반화가 가져오는 힘을 이용할 수 있으며, 이를 개선할 수도 있습니다. 6. 다른 상황이나 다른 지식의 영역, 또 지역 및 세계적 공동체의 향후 발전을 위하여 기술을 적용하고 기술을 상황에 맞게 사용합니다. 7. 테크놀로지 및 수학의 발전이 서로에게 어떤 영향을 미치는지 인식합니다. 8. 수학자의 연구 및 수학의 응용에서 야기되는 도덕적 · 사회적 및 윤리적 문제를 인식합니다. 9. 수학의 보편성 및 다문화적 · 국제적 및 역사적 관점에서의 가치를 인식합니다. 10. 수학이 다른 학문 영역, 특히 지식이론 과정의 '지식의 영역'에 미치는 영향을 인식합니다. 11. 자신의 연구 및 타인의 연구에 대하여 비판적으로 성찰할 수 있는 능력을 개발합니다. 12. 독립적 및 협력적으로 수학에 대한 이해를 확장합니다.

IBDP(고등학교) 수학과 평가 목표(교과 역량)
폭넓은 상황에서 습득할 수 있어야 합니다. 여기에는 현실의 틀이 아닌 상황이나 일정한 답이 존재하지 않는(open-ended) 상황도 포함됩니다. DP 수학과정을 이수한 학생들은 다음과 같은 측면에서 능력을 기르게 될 것입니다. 1. 지식과 이해: 익숙하고 낯선 다양한 맥락에서 수학적 사실, 개념 및 기법의 지식을 기억하고 선택하고 사용합니다. 2. 문제해결: 추상적 맥락과 실제 상황 모두에서 문제를 해결하기 위하여 수학적 기술, 결과 및 모델의 지식을 소환할 수 있으며, 선택하고 사용할 수 있습니다. 3. 의사소통과 해석: 일반적인 사실적 문맥을 수학으로 변환하고, 상황에 대하여 설명하고, 테크놀로지를 사용하여 수학적 도표, 그래프 또는 구조를 종이 위에 스케치하거나, 표준 표기법을 사용하여 방법, 해결책 및 결론을 기록하고, 적절한 기호 및 용어를 사용합니다. 4. 테크놀로지: 테크놀로지를 정확하게 사용하고, 적절하고 효율적으로 새로운 아이디어를 탐구하여 문제를 해결합니다. 5. 추론: 정확한 명제, 논리적인 연역과 추론 및 수식의 조작을 이용하여 수학적인 논의를 구축합니다. 6. 탐구 접근 방식: 미지의 대상에 대하여, 그 대상이 추상적이든 현실적이든, 이를 정리하고 분석하며, 추측하고, 결론을 도출하고, 그 결론의 타당성을 검토합니다.

그러나 여기에서도 몇 가지 차이점이 나타난다.

첫째는 교과의 목표를 진술하는 방식과 해당 목표를 구체화하는 방식이다. 2015 개정 교육과정의 교과 목표는 핵심 역량을 반영한 교과에 대한 포괄적인 목표를 진술하고 있으며, 교과별로 달성해야 하는 성취의 능력들을 교과 역량이라는 요소로 제시하고 있다. 이와는 다르게 IBDP는 교과 목표를 구체화하고 세분화하는 방식으로 평가 목표를 제시하고 있다. 과목 가이드에서 교과 목표 다음으로 제시하고 있는 내용이 평가 목표라는 점에서도 2015 개정 교육과정에서 평가를 가장 마지막에 제시한다는 것과 차이가 있다.

둘째는 교과 목표에서 보였던 '가치와 태도'의 측면이 구체화된 교과 역량 혹은 평가 목표에서 다루어지는 방식이다. 2015 개정 교육과정에서는 '수학의 가치를 인식하고 자주적 수학 학습 태도와 민주 시민 의식을 갖추어 실천하는 능력'으로서 보다 확장된 태도와 실천적 측면을 교과 역량으로 다루고 있는 반면, IBDP에서는 교과 목표 수준에서 제시하고 있는 '인내와 끈기' '공동체성' '도덕성' '사회성' '윤리성' 등에 해당하는 가치와 태도적 측면에 대한 요소가 평가 목표에서는 드러나지 않는다는 점이다.

3) 내용 체계와 성취 기준 vs. 교수요목과 개념 및 내용

2015 개정 교육과정에서의 내용 체계는 해당 영역을 핵심 개념과 일반화된 지식으로 구체화하고, 그 영역과 관련된 내용 요소와 성취가 요구되는 기능을 나열하는 방식으로 제시된다. 그리고 이러한 내용 체계를 기반으로 성취 기준은 내용 요소와 기능을 일대일로 매치시킨 형태(내용 요소+기능)의 문장 형식으로 기술되고 있다(〈표 4-9〉 참조).

〈표 4-9〉 2015 개정 교육과정 수학과 고등학교 공통과목 '수학'의 '내용 체계'와 '성취 기준' 제시 방식

고등학교 공통과목 '수학'의 내용 체계

영역	핵심 개념	일반화된 지식	내용 요소	기능
문자와 식	다항식	식에 대한 사칙연산과 인수분해는 복잡한 다항식으로 확장되어 적용된다.	• 다항식의 연산 • 나머지정리 • 인수분해	• 계산하기 • 이해하기 • 문제해결하기 • 설명하기
	방정식과 부등식	방정식과 부등식은 양 사이의 관계를 나타내며, 적절한 절차에 따라 이를 만족시키는 해를 구할 수 있다.	• 복소수와 이차방정식 • 이차방정식과 이차함수 • 여러 가지 방정식과 부등식	
기하	도형의 방정식	좌표평면에 나타낸 점, 직선, 원과 같은 도형은 대수적으로 표현된다.	• 평면좌표 • 직선의 방정식 • 원의 방정식 • 도형의 이동	• 계산하기 • 이해하기 • 설명하기 • 판별하기
수와 연산	집합과 명제	집합은 수학적 대상을 논리적으로 표현하고 이해하는 도구이며, 명제는 증명을 통해 그 타당성이 입증된다.	• 집합 • 명제	• 설명하기 • 표현하기 • 이해하기 • 증명하기 • 구별하기
함수	함수와 그래프	함수는 대수적 조작이 가능하며, 함수의 그래프를 통해 시각적으로 표현된다.	• 함수 • 유리함수와 무리함수	• 그래프 그리기 • 이해하기 • 함수 구하기 • 계산하기 • 표현하기
확률과 통계	경우의 수	다양한 상황과 맥락에서 경우의 수를 구하는 체계적인 방법이 존재한다.	• 경우의 수 • 순열과 조합	• 경우의 수 세기 • 계산하기 • 문제해결하기

고등학교 공통과목 '수학'의 성취 기준

1. 문자와 식

문자를 포함한 식의 사칙연산과 인수분해는 복잡한 다항식으로 확장되어 적용되고, 방정식과 부등식은 적절한 절차에 따라 이를 만족시키는 해를 구할 수 있다. 다항식의 연산 및 방정식과 부등식은 수학의 여러 분야 학습의 기초가 되고 문제를 해결하는 중요한 도구가 된다.

[1] 다항식의 연산

[10수학01-01] 다항식의 사칙연산을 할 수 있다.

[2] 나머지정리

[10수학01-02] 항등식의 성질을 이해한다.

[10수학01-03] 나머지정리의 의미를 이해하고, 이를 활용하여 문제를 해결할 수 있다.

[3] 인수분해

[10수학01-04] 다항식의 인수분해를 할 수 있다.

[4] 복소수와 이차방정식

[10수학01-05] 복소수의 뜻과 성질을 이해하고 사칙연산을 할 수 있다.

[10수학01-06] 이차방정식의 실근과 허근의 뜻을 안다.

[10수학01-07] 이차방정식에서 판별식의 의미를 이해하고 이를 설명할 수 있다.

[10수학01-08] 이차방정식의 근과 계수의 관계를 이해한다.

[5] 이차방정식과 이차함수

[10수학01-09] 이차방정식과 이차함수의 관계를 이해한다.

[10수학01-10] 이차함수의 그래프와 직선의 위치 관계를 이해한다.

[10수학01-11] 이차함수의 최대, 최소를 이해하고, 이를 활용하여 문제를 해결할 수 있다.

[6] 여러 가지 방정식과 부등식

[10수학01-12] 간단한 삼차방정식과 사차방정식을 풀 수 있다.

[10수학01-13] 미지수가 2개인 연립이차방정식을 풀 수 있다.

[10수학01-14] 미지수가 1개인 연립일차부등식을 풀 수 있다.

[10수학01-15] 절댓값을 포함한 일차부등식을 풀 수 있다.

[10수학01-16] 이차부등식과 이차함수의 관계를 이해하고, 이차부등식과 연립이차부등식을 풀 수 있다.

이와 달리, IBDP에서의 내용 체계는 '교수요목 구성 요소'에 따른 '권장 수업 시간'으로 제시된다(〈표 4-10〉 참조). 성취 기준을 따로 제시하지 않는 대신 수학과 '개념'이라는 10개의 요소가 주제 구분 없이 선행되어 제시된다(〈표 4-11〉 참조). 또한 '교수요목 내용'을 따로 제시하는데 여기에서 주제별로 상세한 성취 상태를 설명하고 있다(〈표 4-12〉 참조).

〈표 4-10〉 IBDP 수학과 교수요목과 권장 수업 시간

교수요목 구성 요소	권장 수업 시간	
	SL	HL
주제 1: 수와 대수	19	39
주제 2: 함수	21	32
주제 3: 기하와 삼각법	25	51
주제 4: 확률과 통계	27	33
주제 5: 미분과 적분	28	55
• 툴킷 및 수학적 탐구 조사, 문제해결 및 모델링 기술 개발은 개별 탐구로 이어집니다. 수학적 탐구란 수학의 한 분야에 대하여 조사하는 것을 포함하는 서술형 탐구 과제입니다.	30	30
총 수업 시간	150	240

〈표 4-11〉 IBDP 수학과의 '개념' 요소

요소	개념
근사값	어떠한 수치에 정확하지는 않아도 충분히 가깝다고 이야기할 수 있는 수량을 뜻합니다.
변화	크기, 숫자 또는 동작이 변하는 것을 뜻합니다.
동치성	완전히 같거나 상호 교환 가능함을 뜻하며, 명제, 수치, 수식 등에 적용됩니다.
일반화	특정 사례를 근거로 들어 표현한 일반화를 뜻합니다.

모델링	실제 세계를 표현하는 목적으로 수학을 사용하는 방법을 의미합니다.
패턴	수학적 체계에서 기본이라고 보이는 질서, 규칙성 또는 예측 가능성을 의미합니다.
수량	수나 수치를 의미합니다.
관계성	수량, 특성 또는 개념 간의 관계를 뜻하며, 그 관계는 모델, 규칙, 명제 등으로 표현될 수 있습니다. 이러한 관계성은 학습자 주변의 세계의 패턴을 탐구하는 기회를 제공합니다.
표현	수학적 정보를 문자, 식, 도표, 표, 차트, 그래프, 모델 등으로 대신 표현하는 것을 뜻합니다.
공간	개체를 그리기 위한 기하학적 차원의 틀을 말합니다.
체계	상호 연관된 요소들의 그룹을 뜻합니다.
타당성	정확한 결론 혹은 결과에 대한 합리적인 해석에 이르기 위해 잘 설계된 수학적 논리를 사용하는 것을 뜻합니다.

〈표 4-12〉 IBDP 수학과 교수요목 내용 제시 방식

〈주제 1: 수와 대수〉

- 개념
  - 기본적인 이해

    수와 대수를 사용하여 패턴의 표현 혹은 동치관계를 명시하며, 일반화가 가능하고 이러한 기술을 통하여 실제 상황을 모델링할 수 있습니다. 대수는 수 개념을 추상화한 것으로 변수 등을 활용하여 수학적 문제를 해결합니다.

    ◦ 본 주제와 관련이 깊은 개념: 일반화, 표현, 모델링, 동치성, 패턴, 수량

    ◦ AHL: 타당성, 체계
  - 내용별 개념적 이해

    ◦ 등차수열, 등비수열 및 급수의 구조를 가지고 실제 상황을 모델링하면 예측, 분석 및 해석이 가능합니다.

- ◦ 수를 다양한 형식으로 나타내면, 등가의 수량을 서로 비교할 수 있고, 그것들을 이용해 적절한 정밀도의 계산을 용이하게 실행할 수도 있습니다.
- ◦ 수와 수식은 다양한 형태로 표현이 가능하고 이를 통하여 다양한 항등식을 유도할 수 있습니다.
- ◦ 공식은 특정 예시를 기반으로 만들어진 일반화로, 새로운 예시에 확장(적용)될 수 있습니다.
- ◦ 로그 법칙은 실제 상황을 모델링하는 지수함수의 역함수를 구하는 수단으로 사용됩니다.
- ◦ 수의 패턴을 의식함으로써 대수적 도구가 개발되고, 이를 이용하여 미지수를 구할 수 있습니다.
- ◦ 이항정리는 일종의 일반화로, 이를 이용하여 이항식의 거듭제곱을 효과적으로 전개할 수 있습니다.

• SL 내용

– 권장 수업 시간: 19

수와 대수 주제의 SL 내용의 목적은 학생에게 등차수열, 등비수열, 급수에 대한 소개와 함께, 금융 및 기타 응용을 위하여 사용할 수 있는 수적 개념과 기법을 소개하는 것입니다. 또한 공식적인 증명 개념을 배우게 됩니다.

IBDP 수학 과목 중 분석과 접근(SL) '주제 1: 수와 대수'의 교수요목 내용을 살펴보면, 2015 개정 교육과정의 내용 체계 및 성취 기준과 IBDP의 교수요목, 개념 및 내용의 제시 방식은 크게 두 가지의 차이를 보인다.

첫째, 교과의 '개념'에 대한 이해 방식의 차이이다. 2015 개정 교육과정에서 '개념'이라는 용어는 내용 체계의 핵심 개념에서 사용된다. 이는 '다항식' '방정식과 부등식' '집합과 명제'와 같은 내용 요소를 의미한다. 반면에 IBDP에서는 '근사값' '변화' '동치성' '패턴'과 같이 수학적 원리를 의미하는 용어로 사용된다. 2015 개정 교육과정에서는 개념이 내용 요소를 의미하여 이를 통해 도달해야 하는 상태를 기능에서 추가로 제시한다. 그러나 여기에서 제시된 '이해하기' '표현하기' '설명하기' '판별하기' 등과 같은 기능은 수학과의 특수성이 잘 드러나지 않는다. 반면에 IBDP의 경우 열두 가지의 수학과 개념은 수학과에서 각 개념이 가지고 있는 의미를 구체적으로 설명하는 방식을 통해 수학과 고유의 원리로 제시하고 있다. 이러한 차이는 교과 학습의 목표가 2015 개정 교육과정의 경우 '지식의 일반화'로 나타나고 IBDP의 경우 '교과 고유의 개념화'로 나타난다고 할 수 있겠다.

둘째, 성취 기준에 접근하는 방식의 차이이다. 2015 개정 교육과정에서는 성취 기준을 '내용+기능'으로 제시함에 따라 성취의 상태를 지식을 습득한 상태로 나타낼 수 있는 구체적인 기능 요소로 제시한다. 예를 들어, '풀 수 있다' '문제를 해결할 수 있다' 등으로 제시하거나 '의미를 이해한다'와 같이 학습된 개인의 수행이나 이해 여부를 구체화하여 성취 기준으로 제시한다면, IBDP의 경우 '내용 요소의 제시'에서 해당 내용 요소가 활용 가능한 맥락을 설명하는 동시에 관련 '개념'을 제시하고 있다. 이러한 방식은 2015 개정 교육과정의 '일반화된 지식'에서 제시하고 있는 것과 유사한 층위에서의 이해 상태이지만 좀 더 수학과 고유의 특수성을 반영하고 있다는 점에서 엄밀하게는 다르다. 2015 개정 교육과정은 일반화된 지식을 다시 구체화된 성취 기준으로 제시하는 것에 반해 IBDP는 각각의 내용 요소를 수학과 '개념'을 중심으로 연계시킨다는 점에서 구체화된 내용들을 일반화된 개념으로 수렴시키는 방식으로 제시한다는 차이를 갖는다.

4) 교수학습 방법 유의사항 vs. 교수학습 접근 방법

2015 개정 교육과정에서 수학과 교육과정을 살펴보면 각 영역별로 성취 기준을 제시한 뒤 이에 대한 교수학습 방법 및 유의사항이 제시된다. 〈표 4-13〉은 수학과 교육과정 문서에서 제시하는 '문자와 식' 단원의 교수학습 방법 및 유의사항 내용이다. 제시된 내용에 따르면, 각각의 내용 요소들을 선행 지식과 연결하도록 하거나 실생활에 예시를 들어서 지도하도록 명시하고 있다.

〈표 4-13〉 2015 개정 교육과정 수학과 고등학교 공통과목 '수학'에서 '문자와 식' 영역의 교수학습 방법 유의사항 제시 방식

가. 학습 요소

- 미정계수법, 나머지정리, 인수정리, 조립제법, 허수단위, 복소수, 실수부분, 허수부분, 허수, 켤레복소수, 실근, 허근, 판별식, 최댓값, 최솟값, 연립부등식, i, $a+bi$, $\overline{a+bi}$

나. 교수학습 방법 및 유의사항

- 조립제법은 다항식을 단항식으로 나누는 연산과 연계하여 지도하고, 구체적인 예를 통하여 그 방법을 간단히 다룬다.
- 다항식의 인수분해는 다음의 경우를 다룬다.

  $a^2+b^2+c^2+2ab+2bc+2ca=(a+b+c)^2$

  $a^3+3a^2b+3ab^2+b^3=(a+b)^3$

  $a^3-3a^2b+3ab^2-b^3=(a-b)^3$

  $a^3+b^3=(a+b)(a^2-ab+b^2)$

  $a^3-b^3=(a-b)(a^2+ab+b^2)$
- 다항식의 곱셈과 인수분해는 중학교에서 학습한 내용을 토대로 고등학교에서 추가된 내용을 이해하게 한다.
- 방정식은 계수가 실수인 경우만 다룬다.
- 이차함수의 최댓값과 최솟값은 실수 전체의 범위뿐만 아니라 제한된 범위($a \leq x \leq b$)에서도 구하게 한다.

- 미지수가 2개인 연립이차방정식은 일차식과 이차식이 각각 1개씩 주어진 경우, 두 이차식 중 한 이차식이 간단히 인수분해되는 경우만 다룬다.
- 방정식과 부등식을 이용하여 실생활 문제를 해결하는 경험을 통해 수학의 필요성과 유용성을 인식하게 한다.
- 연립부등식은 중학교에서 학습한 연립일차방정식 내용을 토대로 이해하게 하고, $A<B<C$와 같은 형태의 연립일차부등식도 다룰 수 있다.
- '삼차방정식' '사차방정식' '연립이차방정식' '연립일차부등식' '이차부등식' '연립이차부등식' 용어는 교수학습 상황에서 사용할 수 있다.

2015 수학과 교육과정에서 교수학습 방법 및 유의사항이 영역별로 제시된 것과 달리 IBDP에서 교수학습 접근 방법은 과목 가이드 서두에서 수학과 일반의 교수학습 접근법으로 통합되어 다루어진다.

〈표 4-14〉는 IBDP 수학과에서 교과 가이드 서두에 제시하고 있는 교수학습 접근법의 내용의 일부를 발췌한 것이다.

〈표 4-14〉 IBDP 수학과 교수학습 접근 방법(ATL)

- 개념적 이해

개념은 특정 기원과 화제, 시공간을 초월하여 포괄적이며, 효과적이며, 체계적인 특성을 가지고 있습니다. 위 문장을 고려하면 또한 개념은 수학의 본질을 탐구하는 도구를 제공한다는 점에서 학생의 문제에 대한 탐구 및 개인적 · 지역적 · 전 세계적 의의에 대한 아이디어의 이동 수단으로 비유될 수 있습니다. 개념은 학생과 교사가 사실과 주제를 조직하고 연관 지으며 종합적으로 사고하는 데 있어서 중요한 역할을 합니다. 학생은 개념적 이해를 통해 문제를 분석하고 해결하며, 그 결론을 평가하여 자기 자신과 공동체, 나아가 전 세계에 영향을 끼칠 수 있습니다. DP 수학 과정에서 개념적 이해는 심도 깊은 학습을 위한 필수 요소입니다. 이 과정에서는 열두 가지 기초 개념을 다섯 가지 중요 주제와 연결하여 소개합니다. 교사는 지역의 상황과 국가적 교육과정 요건에 맞춰 추가적인 개념에 대해 수업할 수 있습니다. 그리고 교육과정 전반에 걸쳐 이 개념들을 활용하고 그 연관성을 확장할 수 있습니다.

• 수학적 탐구

DP 교수학습법은 교수 및 학습 환경에 널리 사용되는 계획된 전략, 기술, 태도를 의미합니다. 이 접근법과 도구는 본질적으로 질문을 통한 발견과 실험을 통한 학습을 중시하는 IB 학습자상과 연계되어 있습니다. IB 교실에서 학생은 학습 활동에 활발하게 참여하여 수학을 배우게 될 것입니다. 그러므로 교사는 지속적으로 학생의 비판적 사고와 문제해결 능력을 자극하는 전략을 사용해 수학적 탐구를 통한 학습 기회를 제공해야 합니다.

• 수학적 모델링

수학적 모델링은 현실 세계의 문제를 해결하기 위한 중요한 기법입니다. 상황을 보다 잘 이해하고 변화의 영향을 감지하거나 의사결정을 알리는 데 종종 사용됩니다. 이러한 기회는 학생이 수학적 모델링 과정에 참여함으로써 얻을 수 있습니다. 수학과 관련된 과정이나 직업뿐만 아니라 수학이 아닌 영역에서도 학생들에게 가장 유용하게 사용될 수 있는 수학적 기법 중 하나입니다.

• 증명

수학적 증명은 비판적 사고력을 기르는 중요한 요소입니다. 명제 증명에 참여하는 학생들은 심화된 수학적 사고가 가능합니다. SL 학생들은 간단한 연역적 증명을 하게 됩니다. 추가 심화 수준(Additional Higher Level: AHL)에서 학생들은 귀류법, 귀납법을 비롯하여 반례를 사용하여 명제의 참·거짓을 판단하는 방법도 학습합니다. 명제를 증명하는 것은 학생들이 다음의 역량을 기르는 데 도움을 주므로 다면적 가치가 있습니다.

– 협동 작업
  ◦ 수학: 분석과 접근 교수학습 접근 방법
  ◦ 수학: 분석과 접근 가이드 17

- 대인 기술
- 추론
- 조사
- 말과 글을 통한 의사소통
- 창의적 사고력
- 구성

학생들이 직접 증명을 기술하면서 증명 기법을 습득할 수 있고 수학적 사고 과정에 참여할 수 있습니다. 학생들은 수학적 명제를 증명하기 위한 어휘와 그 구성 방법을 배우게 됩니다. HL 학생들은 수학 명제를 볼 때 명제가 참이라는 것을 증명하는 최선의 방법을 고민해야 합니다. 명제가 참이라는 것을 증명하려면 수학적 엄밀성, 효율성, 간결함을 고려해야 합니다.

• 테크놀로지의 활용

테크놀로지의 활용은 DP 수학 과정의 필수적인 요소입니다. 교육 목표 중 하나는 테크놀로지와 수학의 발전이 우리에게 어떻게 영향을 주었는지에 대한 이해력을 기르는 것이며, 평가 목표 중 하나는 새로운 아이디어를 탐구하고 문제를 풀기 위해 테크놀로지를 정확하고 적절하며 효율적으로 활용했는지 확인하는 것입니다. 다양한 형태의 테크놀로지를 활용하는 것은 수학에서 중요한 기술이며, 교수요목에서는 주제별로 이를 위한 시간과 '툴킷'을 제시하고 있습니다. 테크놀로지는 수학에 있어 강력한 도구입니다. 최근 몇 년 동안 학생과 교사의 테크놀로지에 대한 접근이 증가하여 수학의 교수법 발전에 도움이 되고 있습니다. 테크놀로지의 활용은 수학에 대한 접근을 더욱 용이하게 하고 많은 학생에게 학습 동기를 부여합니다. 교사는 테크놀로지를 이용하여 다음과 같은 방식으로 학생들의 이해력에 도움을 줄 수 있습니다.

- 지도의 요점을 명확히 제시
- 잘못 이해한 내용을 바로잡기
- 시각화하기
- 많은 양의 계산이나, 복잡한 대수적 과정으로 이해를 어렵게 하는 과정을 간소화하여 이해력 향상시키기

– 학생에 의한 추측과 일반화 확인을 뒷받침하기
– 각기 다른 수학적 접근과 표현 연관 짓기

또한 학생들은 테크놀로지를 활용하여 다음과 같은 다양한 방식으로 교육과정에 참여할 수 있습니다.

– 개념적 이해력을 기르기
– 패턴 찾기
– 추론 및 일반화 검증
– 해석 정당화하기
– 프로젝트를 통해 협동하기
– 데이터를 정리하고 분석하기

• 교수요목 서식

수학 가이드의 교수요목의 서식은 과목 및 수준에 관계없이 모두 동일합니다. 이 체계는 개념 이해, 내용, 심층 문제와 같은 교수법적 측면을 다루고 있습니다. 다섯 가지의 큰 주제가 있고 큰 주제마다 소주제들이 있습니다. 다섯 가지 주제는 다음과 같습니다.

– 수와 대수
– 함수
– 기하와 삼각법
– 통계와 확률
– 미분과 적분

• 과정 설계

교과 가이드에 제시된 교수요목은 교육 순서가 아닙니다. 과정이 끝날 때까지 다루어야 할 사항을 상세히 설명해 놓은 것입니다. 학교는 학생들에게 가장 적합한 과정을 설계해야 합니다. 예를 들면, 학생들의 사전 학습 경험, 지역의 서로 다른 요구사항, 사용할 수 있는 자료를 고려하여 학습 활동을 설계할 수 있습니다.

• 시간 배분

권장 교육 시간은 HL 과정의 경우 240시간, SL 과정의 경우 150시간입니다. SL과 HL 과정 모두 탐구, 모델링, 연구 기술에 30시간을 배분해야 합니다. 이 시간에는 수학 탐구라고 하는 내부평가 과제를 위한 최대 15시간이 포함되어 있습니다. 이 가이드에서 주어진 시간 배분은 대략적인 것이며, 각 HL과 SL에서 나머지 210시간과 120시간을 교수요목에 어떻게 배분하는지 제시하고 있을 뿐입니다. 각 주제마다 배분되는 정확한 시간은 학생들의 배경지식과 준비 정도 등에 달려 있습니다. 그러므로 교사들은 학생들의 요구에 부합하여 시간을 조정할 수 있어야 합니다.

• 툴킷

수업 시간에는 학생들이 실제 수학자처럼 탐구하고, 그들과 같은 사고 기능을 기를 수 있도록 수업 시간 내에 이를 위한 시간이 확보되어야 합니다. 다시 말하면, 수학 툴킷을 학생들에게 제공하여 어떠한 방식으로도 문제를 해결할 수 있도록 길을 열어 주어야 합니다. 이러한 생각의 기저가 되는 것은 IB 프로그램에서 추구하는 여섯 가지 교수 접근 방법과 다섯 가지 학습 접근 방법입니다. 이 시간을 통해 수강생들에게 탐구를 기반으로 한 접근 방식을 직접 수행해 보고 개념 이해에 집중하며 국내외적인 맥락에서의 수학을 인식하는 데 도움을 주고, 협동과 협력을 통해 배운 내용을 직접 적용하고 성찰할 수 있는 기회를 제공합니다.

• 공식 및 공식 책자

본 문서에서는 애매함이 발생할 우려가 있는 곳에서만 공식을 기재하고 있습니다. 과정에 필요한 모든 공식은 수학 공식 책자에 기재되어 있습니다. 학생들은 DP 과정을 시작하면서부터 공식 책자에 익숙해질 필요가 있으며, 교사는 전자사본이나 복사본을 학생들에게 제공해야 합니다. 시험을 보는 중에도 새롭게 준비된 (메모가 없는) 수학 공식 책자를 모든 학생에게 한 부씩 배부해야 합니다. 매 시험에 IBIS 또는 프로그램 자료실에서 공식 책자 사본을 다운로드하고 인쇄 오류가 없는지 확인하며, 모든 학생이 사용 가능한 충분한 사본이 있는지 확인하는 것은 학교의 책임입니다.

• 지시어 및 기호 표기법 목록

시험지에는 IB 기호 표기법 목록 및 지시어에 대한 설명이 제공되지 않기 때문에, 교사와 학생은 이러한 기호 표기법 및 지시어를 숙지할 필요가 있습니다. '지시어 용어집' 및 '기호 표기법 목록'이 본 가이드의 부록으로 표시되어 있습니다.

교수학습에 관한 지침을 제시하는 것에서는 다음의 두 가지 차이점이 나타났다.

첫째는, 교수학습 지침으로 다루는 범주의 차이이다. 2015 개정 교육과정의 '교수학습 방법 유의사항'이라는 명칭으로 단원별로 내용적 차원에서의 유의점이나 내용적 연계성 등을 비교적 간단하게 제시하고 있다. 반면에 IBDP 수학과의 경우 교수요목을 제시하기에 앞서 '수학과 개념' 제시에 덧붙여 제시하고 있다는 점에서 내용보다 선행하여 제시한다. 또한 교과 세부 주제나 영역과는 연계시키지 않고 주제를 포괄하는 수학과의 개념, 탐구 방식, 기능과 가치, 수업 설계에서의 유의점, 학습 참여 방식 및 태도적인 측면들을 교수학습에서 어떻게 다룰 것인지 폭넓게 제시하고 있다. 이러한 포괄적인 제시 방식은 주로 수학과 개념과 원리에 기반한 교수학습 접근 방법에서의 유의점을 제시하는 데 초점을 둔다. 예컨대, 테크놀로지의 활용이라는 부분에서는 소프트웨어 및 전자기기 활용과 같은 테크놀로지 활용 능력과 구분되는 수학과에서의 활용 방식이 갖는 특징을 설명하고 있다.

둘째는, 구체성을 보이는 영역의 차이이다. 2015 개정 교육과정의 교수학습 방법 유의사항에서는 다루어야 하는 문제 혹은 풀이 방식 등까지 상세하게 제시하고 있다는 점에서 내용적 차원에서 매우 구체적이다. 반면에 IBDP에서는 내용적 차원의 구체성은 개념적 이해와 교수요목에 대한 부분에서 일부 나타날 뿐 대체로는 시간의 배분, 공식 및 공식 책자, 툴킷, 지시어 및 기호 표기법 목록 등에 관한 안내가 제시되고 있다. 이는 2015 개정 교육과정에서는 다루어지지 않는 부분이다. 특히 이러한 부분은 학생들의 수업과 과제 등을 수행하는 데 필요한 매우 구체적인 도구와 방법들에 대한 것으로 학습을 수행하는 데 필요한 형식적 차원과 관련하여 매우 구체성을 보이고 있다. 특히 수학과의 목표를 달성하기 위해 필요한 전략과 기술, 태도에 대한 내용으로서 테크놀로지의 활용, 협력과 협동학습의 필요성과 접근 방식 등을 설명하고 있는데, 한 가지 주목할 것은 공식 및 공식 책자의 제공과 툴킷의 제공의 경우 IBDP의 수학 학습에서 수학 공식에 대한 암기 혹은 기계적인 수준의 복잡한 계산 자체는 직접적인 학습의 대상이 아닌 학습을 위한 도구로 다루어지고 있다는 것을 알 수 있다. 학습 과정과 시험에서 모두 공식 책자를 제공하거나 계산기를 사용한 평가가 별도로 제시되는 방식은 IBDP의 경우 수학에서의 탐구를 학습의 주안점으로 삼고 있다는 것을 보여 준다.

5) 평가 방법 및 유의사항 vs. 평가 목표, 개요, 기준

2015 개정 수학과 교육과정에서는 내용 영역별로 성취 기준이 제시되고 이에 따라 교수학습 방법 및 유의사항과 함께 평가 방법 및 유의사항이 〈표 4-15〉와 같이 간략하게 제시된다. 그런데 제시된 내용의 경우 해당 영역에서 평가에 다루지 않아야 하는 내용들을 제시하는 것 외에는 다른 평가 관련 내용이 제시되고 있지는 않다.

반면에, IBDP의 경우 평가 관련 내용이 평가 목표, 실제 평가 목표, 평가 개요, 내부평가 기준으로 모두 네 가지 요소로 매우 상세하게 제시되고 있다. 앞서 성취 기준 관련 분석에서 제시한 것과 같이 2015 개정 교육과정에서는 가장 마지막에 평가 관련 내용이 제시된 것과는 달리 IBDP에서는 교과별 목표 다음으로 평가 목표가 제시된다. 이는 내용

〈표 4-15〉 2015 개정 교육과정 수학과 고등학교 공통과목 '수학'에서 '문자와 식' 영역의 평가 방법 및 유의사항 제시 방식

가. 학습 요소

- 미정계수법, 나머지정리, 인수정리, 조립제법, 허수단위, 복소수, 실수부분, 허수부분, 허수, 켤레복소수, 실근, 허근, 판별식, 최댓값, 최솟값, 연립부등식, i, $a+bi$, $\overline{a+bi}$

나. 교수학습 방법 및 유의사항

(중략)

다. 평가 방법 및 유의사항

- 복잡한 인수분해 문제는 다루지 않는다.
- 항등식의 성질, 나머지정리와 인수정리를 활용하는 복잡한 문제는 다루지 않는다.
- 판별식을 활용하는 복잡한 방정식과 부등식 문제는 다루지 않는다.
- 이차방정식의 근과 계수의 관계를 활용하는 복잡한 문제는 다루지 않는다.

요소나 성취 기준보다 먼저 평가 목표가 제시되는 것인데, 이것은 교과 활동을 통해 지향해야 하는 바가 무엇인지를 성취 기준으로 제시하는 2015 개정 교육과정과 가장 두드러진 차이점이다. 또한 이러한 평가의 목표는 〈표 4-16〉 '실제 평가 목표'를 통해 구체화된다. 여기에서는 평가 과제별로 평가 목표별 가중치를 상세하게 제시하는 방식으로 각각의 평가 과제가 강조하는 바가 무엇인지 가늠하도록 돕는다.

〈표 4-16〉 실제 평가 목표(%)

평가 목표	시험 1	시험 2	시험 3 (HL에만 해당)	수학적 탐구
지식 및 이해	20~30	15~25	10~20	5~15
문제해결	20~30	15~25	20~30	5~20
의사소통과 해석	20~30	15~25	15~25	15~25
테크놀로지	0	25~35	10~30	10~20
추론	5~15	5~10	10~20	5~25
탐구 접근 방식	10~20	5~10	15~30	25~35

평가 목표와 실제 평가 목표가 앞부분에 제시된 이후 교수요목이 제시된 다음 평가 관련 내용이 '평가 개요'로 본격적으로 제시된다. 이 부분에서는 각각의 평가 항목과 가중치, 소요 시간, 배점과 테크놀로지 활용 여부 등 평가와 관련한 상세한 내용이 〈표 4-17〉과 같이 제시된다. 또한 이와 관련하여 외부평가와 내부평가 각각에 대한 상세한 설명이 추가되어 있다. 특히 내부평가의 경우 지도교사가 2년여에 걸쳐 지도하고 평가 과제를 수행해야 하는 평가의 특성상 평가의 목적과 진위성을 판별하는 방식, 교수 방법과의 연계 방식으로서 협업과 팀워크 관리 방식, 시간의 배분과 평가 과제의 형식(제목과 페이지 수 제시 방식 등) 등 과제 수행 과정에서 참고할 요소들을 매우 상세하게 제시한다. 특히 평가 기준에 대한 부분은 평가 준거별 의미를 비교적 구체적으로 제시하려고 하지만 그것이 내용적 요소와 관련된 것이 아닌 과제의 형식적 측면에 초점을 두어 〈표 4-18〉과 같이 기술된다. 이것은 과제의 특성상 모든 학생이 개별화된 주제를 가지고 과제를 수행한다는 점 때문이기도 하다.

〈표 4-17〉 IBDP 수학과 평가 개요 SL

평가 항목	가중치
• 외부평가(3시간) –시험 1(90분) 테크놀로지 사용 금지(80점) ◦ 섹션 A: 교수요목에 기반한 필수적인 간단한 서술형 질문 ◦ 섹션 B: 교수요목에 기반한 필수 확장 서술형 질문 –시험 2(90분) 테크놀로지 필요함(80점) ◦ 섹션 A: 교수요목에 기반한 필수적인 간단한 서술형 질문 ◦ 섹션 B: 교수요목에 기반한 필수 확장 서술형 질문	80% (40%) (40%)
• 내부평가 이 항목은 교사가 내부적으로 평가를 한 후 과목 종료 시점에 IB에서 평가 조정을 합니다. –수학적 탐구 수학의 내부평가는 개별 탐구입니다. 수학의 한 분야를 조사하는 것을 포함하는 서술형 과제입니다(20점).	20%

〈표 4-18〉 IBDP 수학과(SL과 HL) 내부평가 기준 제시 방식

• SL과 HL의 내부평가 기준

탐구 과제는 내부평가로서 교사가 평가하며, 수학 목표와 관련이 있는 평가 기준을 사용하여 IB에서 평가 조정을 합니다. 각 탐구 과제는 다음 다섯 가지 기준에 따라 평가됩니다. 각 탐구 과제의 총점은 각 기준에 대한 점수의 합계입니다. 최고 점수는 20점입니다.

학생들이 탐구 과제를 제출하지 않은 경우 수학 성적을 받을 수 없습니다.

기준 A	형식
기준 B	수학적 의사소통
기준 C	직접 참여
기준 D	성찰
기준 E	수학의 활용

• 기준 A: 형식

성취 단계	설명
0	아래 명시한 기준을 충족하지 못합니다.
1	어느 정도 일관성이 있거나 혹은 구성이 조금 보입니다.
2	어느 정도 일관성이 있고 구성이 조금 보입니다.
3	일관적이고 잘 구성되어 있습니다.
4	일관적이고, 잘 구성되어 있으며, 간결합니다.

형식 기준은 탐구 과제의 구성과 일관성을 평가합니다.

– 일관적인 탐구 과제: 이해하기 쉽고, 목적을 달성하며, 논리적으로 잘 구성되어 있습니다. 이는 서론, 본론, 결론이 있는지, 서로 다른 부분이 얼마나 잘 연결되는지를 포함하여 전반적인 구성이나 틀을 말합니다.
– 구성이 잘된 탐구 과제: 서론이 존재하고, 탐구의 목적을 설명하며, 결론이 있습니다. 관련 그래프, 표, 도표는 적절한 곳에 쓰여야 하며 문서에 부록으로 첨부하지 않습니다. 부록은 대형 데이터 세트, 추가적인 그래프, 도표, 표 등의 정보만 포함해야 합니다.
– 간결한 탐구 과제: 불필요한 계산, 그래프, 설명을 반복적으로 늘어놓지 않습니다.

테크놀로지를 꼭 사용할 필요는 없지만 적절한 경우 활용할 것을 권장합니다. 그러나 기술적 접근 대신에 해석적 접근을 했다고 하여 간결함 항목에서 감점되지 않으며 불이익을 받지 않습니다. 그렇다고 해서 계산만 반복하는 것이 용납되는 것은 아닙니다.

(중략)

• 기준 C: 직접 참여

성취 단계	설명
0	아래 명시한 기준을 충족하지 못합니다.
1	직접 참여한 흔적이 조금 있습니다.
2	직접 참여로 중요한 역할을 한 흔적이 있습니다.
3	돋보이는 직접 참여의 흔적이 있습니다.

'직접 참여'의 기준은 학생이 수학을 탐구하고 그것을 자신의 것으로 만드는 것과 관련하여 학생의 참여 정도를 평가합니다. 이는 노력을 측정한다는 말이 아닙니다.

직접 참여는 여러 가지 방식으로 파악할 수 있습니다. 여기에는 독립적이거나 창의적으로 생각하고, 자신의 방식으로 수학적 개념을 제시하고, 다양한 관점에서 주제를 탐구하고, 가설을 세우고 검증하는 것이 포함됩니다. 다른 수준의 직접 참여의 더 자세한 예시는 교사용 보조 자료(TSM)에 나와 있습니다.

학생이 탐구 결과에 직접 참여한 증거가 확실하게 있어야 합니다. 학생이 열심히 참여했다고 교사가 언급하는 것만으로는 충분하지 않습니다.

개인적 시각이 반영되지 않은 교과서 방식의 서술이나, 이미 있는 수학적 서술 방식을 모방하는 것은 높은 점수를 받기 어렵습니다.

- 중요한 역할: 몇 가지 사례에서 직접 참여했다는 것이 명백해야 하고, 탐구를 진행하면서 다른 학생들이 작가의 의도를 잘 이해할 수 있도록 기여한 것을 입증해야 합니다.
- 돋보이는 역할: 학생은 수많은 사례에 직접 참여했음을 입증해야 하고 그 내용의 수준이 굉장히 높아야 합니다. 이와 같은 역할을 통하여 탐구를 창의적으로 진전시켰음을 입증해야 합니다. 학생의 접근을 통하여 탐구 주제의 맥락에 대한 완벽한 이해를 더욱 높였으며, 다른 학생들이 해당 학생의 의도를 잘 이해하였다는 인상을 주어야 합니다.

• 기준 D: 성찰

성취 단계	설명
0	아래 명시한 기준을 충족하지 못합니다.
1	성찰의 흔적이 약간 있습니다.
2	의미 있는 성찰의 흔적이 있습니다.
3	비판적 성찰의 흔적이 상당히 많이 있습니다.

'성찰'의 기준은 학생들이 탐구 과제를 최종적으로 결론짓는 방식을 평가하는 것입니다. 성찰은 결론에 국한된 것이 아니라 모든 부분에서 나타나야 합니다.

결과를 간단히 설명하기만 하는 것은 제한적인 성찰을 의미합니다. 높은 수준을 달성하려면 더 심도 있는 성찰을 해야 합니다.

의미 있는 성찰을 보여 주는 방식의 몇 가지 예를 들면, 탐구 목표와 연관을 지어 탐구를 통해 무엇을 배웠는지 설명하거나, 다른 수학적 접근을 비교하거나 한계를 논의하는 것입니다.

비판적 성찰은 매우 통찰력 있거나 결정적이고 중대한 성찰입니다. 결과값을 다시 설명하면서 탐구를 심화적으로 발전시킬 수 있고, 탐구 주제와 관련하여 학생들의 이해를 배가할 수 있습니다. 비판적 성찰을 보여 주는 방식의 몇 가지 예를 들면, 다음에 나올 내용을 예상하거나, 결과가 암시하는 점을 토론하거나, 접근 방식의 강점과 약점을 나누거나, 다른 관점에서 바라보는 것입니다.

상당한 흔적은 중요한 성찰이 곳곳에 나타나 있음을 의미합니다. 상당한 흔적이 탐구 과제의 결론에만 보이는 경우, 등급 3을 달성하기 위해서는 탐구에서 개념을 어떻게 발전시켰는지 입증하는 내용이 있어야 하며, 내용의 수준이 질적으로 높아야 합니다.

다른 수준의 성찰에 대한 더 자세한(선택사항) 예시는 교사용 보조 자료(TSM)에 나와 있습니다.

이러한 평가 관련 지침에서의 차이점이자 IBDP의 제시 방식이 갖는 특징은 다음과 같다.

첫째, 교과별 교육과정 문서에서 평가 관련 내용이 갖는 비중의 차이와 표준화 여부이다. IBDP에서는 과제의 형식, 평가가 이루어지는 맥락, 평가의 기준까지 매우 상세하게 교육과정 제시 단계에서 함께 제시하고 있다. 이는 2015 개정 교육과정에서 평가를 교육과정 문서에 구체적으로 제시하지 않고 시·도 교육청의 별도 지침이나 교사의 재량으로 남겨 둔다는 점과 매우 대조적인 측면이다. 이것은 실제로 평가 관련 내용을 교육과정 문서에서 어느 정도의 비중으로 다루는지에 대한 문제뿐만 아니라 평가 기준을 표준화하여 적용하는지 혹은 현장의 자율성에 맡기는지의 구분이기도 하다는 점에서 교육과정에서의 평가에 대한 비중의 차이가 매우 크게 나타난다고 볼 수 있다.

둘째, 가치, 태도적 측면을 평가에 반영하는 방식의 특징이다. 내부평가 기준에서 '기준 C. 직접 참여'와 '기준 D. 성찰'에 관한 부분은 가치와 태도를 평가 기준화한 항목으로 이에 대한 평가 방식을 주목할 필요가 있다. 앞서 제시한 〈표 4-18〉의 '기준 C. 직접 참여' 부분을 예로 들면, 직접 참여가 의미하는 바가 무엇인지에 대해 그 의미를 구체화하여 수준에 따라 상세하게 제시하고 있다.

셋째, 내부평가 기준의 경우 모호할 수 있는 평가 과제의 질적 차이 혹은 정성적 측면을 명료화하기 위한 방식의 차이이다. 교육과정 문서에서는 제시하지 않고 있지만 시·도 교육청 지침을 따라 현장에서 수행평가 기준으로 활용하는 평가 지침과 준거들에 관한 연구에 따르면 모호한 평가 기준의 경우 정량화된 평가 기준을 추가로 제시하는 방식이 현장에서 빈번하게 활용되고 있었다(조현영 외, 2019). 반면에 IBDP의 경우 평가 기준에서 제시하는 모호한 기준들을 명료화하기 위한 방식으로 맥락적 설명과 자료들을 교육과정 문서에서 자세히 제시하고 있다. 특히 정량화시키는 방식이 아닌 범할 수 있는 오류의 상황들과 대조시키거나 교사용 보조 자료(TSM) 예시와 함께 제시하는 등 평가 맥락의 다양성을 보여 주는 방식으로 제시한다.

3. IBDP에서 가치와 태도는 어떻게 교육과정에서 다루어지는가

본 연구에서는 2015 개정 교육과정과 IBDP의 수학과 문서 체제를 비교하였다. 그 결과 IBDP 수학과 문서의 특징은 교육과정-수업-평가 일체화의 관점에서 우리나라의 교육과정에 다음과 같은 시사점을 제시할 수 있다.

첫째, 교육과정의 목표와 비전을 제시하는 방식에서의 차이이다. 먼저 2015 개정 교육과정의 경우 핵심 역량과 인간상을 분리하여 제시하고 있는 것과 달리 IBDP에서는 2015 개정 교육과정의 핵심 역량과 유사한 요소들을 학습자상에 하나로 통합하여 제시하고 있다. 또한 학습자상과 인간상에 대한 진술 방식에 있어서도 학습이 지향하는 시점이 달랐다. 2015 개정 교육과정의 경우 진술문이 미래 지향적인 내용으로 진술된 것에 반해 IBDP의 경우 학습에 참여하는 시점에서의 학습자에게 기대하는 상태를 진술하고 있다는 점에서 차이가 있었다.

Dewey는 교육은 그 자체 이외의 다른 목적을 가지지 않으며 학교 교육의 가치를 판단하는 기준은 그것이 계속적인 성장에 대한 열의를 얼마나 일으키는지, 그리고 그 열의를 실천에 옮기는 수단을 얼마나 제공하는지에 있다고 보았다. 이러한 Dewey의 관점은 최근의 역량 함양을 위한 교육에서의 '과정(process)'에 대한 강조와 맥락을 같이한다. 역량은 저장해 둘 수 있는 지식이 아니라 어떤 과제를 해결하고자 할 때 그 맥락에 맞게 지식과 기능 등을 자주적으로 구성하여 총체적으로 동원하고 발휘하는 '과정 그 자체'를 의미한다고 보기 때문이다[하버드 대학교 교육출판부에서 최근 펴낸『역량 기반 교육(Competency-Based Education)』(2017) 참조]. 이러한 관점에서 교육의 목표와 비전은 결코 미래에 놓인 달성해야 하는 성과가 아닌 학습에 참여하는 과정 그 자체이다. 이러한 학습에 대한 패러다임적 전환은 최근 OECD 교육 2030 프로젝트에서 학습의 목표로 제시하는 '웰빙(well-being)'의 의미와도 맞닿는 지점이라고 할 수 있다.

둘째, 교과 목표가 구체화되는 목차 간 연결 방식의 차이이다. 2015 개정 교육과정의 경우 교과 역량을 교과 목표로 구체화하여 제시하고 있는 것과 달리 IBDP에서는 교과 역량은 따로 명시하지 않고 교과 목표에 따른 평가 목표를 제시하는 방식으로 교과 목표에서 달성해야 하는 바를 제시하고 있다. 이러한 특징으로 인하여 IBDP의 경우 객관적으로 평가 준거화할 수 있는 영역으로서 인지적이고 기능적인 측면과 객관화하고 가시화하기 어려운 영역으로서 가치와 태도의 측면을 분리하여 접근하게 된다. 가치와 태도를 교과 역량에서 제시하고 있는 2015 개정 교육과정과는 달리 IBDP에서는 평가에 실제로 그 부분을 포함시키지 않는 것이다.

최근 역량 함양을 위한 교육과정에 관한 연구물들은 교육과정, 교수학습 및 교육 평가 연계에 대해 기존의 교과중심 교육과정에서의 교육과정과 교수학습의 관계가 A와 A′의 일률적인 대응인 반면 핵심 역량 함양을 위한 교육과정과 교수학습, 교육 평가의 관계는 다양한 결합을 가지는 다원적 연계라고 설명하고 있다. 다시 말해서, 교과 지식과 기능 중심의 수업과 평가는 선형적인 구조로 설계가 가능했지만 지식, 기능, 가치, 태도를 총체적으로 함양하고자 하는 교육에서는 가치와 태도에 대한 학습을 위한 또 다른 접근 방식이 필요하다고 본 것이다. 이러한 맥락에서 학습 과정에서의 학생 간 상호작용 및 사고·행동 변화를 돕기 위한 목적으로 피드백 목적의 수행평가와 형성평가를 적극적으로 활용하고 강화하는 방식들을 제안하는 연구들이 최근 다양하게 제시되고 있다. 이러한 관점은 학생의 성취를 평가하는 것이 학습이 종료된 시점에서 객관적 준거를 통해 도달 정도를 파악해야 하는 것과 학습의 과정에서 학생의 다양한 활동을 통해 촉진되고 고양되어야 하는 것으로서 학습 지향적 활동으로 분리될 필요가 있음을 의미한다.

셋째, 성취 기준을 제시하는 방식에서의 차이이다. 2015 개정 교육과정의 경우 내용 요소를 기능과 연결시켜 성취 기준을 매우 상세화하여 제시하고 있는 것과 달리 IBDP에서는 교수요목과 권장 수업 시간을 제시하는 방식으로 매우 대강화하여 제시하고 있다. 그러나 이러한 대강화된 제시 방식에 덧붙여 선행하여 제시되는 수학과 개념 12개는 교수요목 내용 제시 부분에서 각각의 내용이 수학과의 12개 개념 가운데 무엇과 연결되는지 제시함으로써 교사의 교육과정 재구성과 수업 설계의 방향성을 보완적으로 제시한다는 점에서 특징을 갖는다.

이러한 차이는 IBDP에서 내용 요소와의 연계로서 강조하는 '개념' 요소가 2015 개정 교육과정의 '기능' 요소와 비교해 보았을 때, 일반적 수준의 기능을 넘어서는 수학적 지식까지 포괄하는 개념이라는 점에서 교사의 교육과정 재구성과 수업 설계의 접근 방식에서 학습 목표를 설정하는 상당한 범주의 차이를 야기할 수 있다고 보인다. 성취 기준으로서 내용과 기능을 일대일로 연결시키는 방식은 관련 지식에 대한 포괄적인 학습에 대한 규제나 간섭이 될 수도 있기 때문이다. 이러한 접근 방식은 국가 교육과정 상세화와 대강화에 관한 대립적 논의의 쟁점이기도 하다. 성취 기준이 수업 활동을 다양하고 창의적으로 구성하기 위해서 교육과정에서 목표로 하고 있는 학생들이 갖추어야 할 능력이 무엇이고 수행 수준이 어떠해야 하는지에 대한 방향을 안내하는 지표가 될 수 있는 만큼 그 진술이 구체화·명료화될 필요가 있다는 상세화의 방향과 성취 기준의 대강화를 통해 성취 기준의 수를 감축하여 교육과정 지역화와 교육과정 자율화를 실현하기 위한 노력으로서 교육과정 대강화가 필요하다는 입장으로서의 대립이다. 이러한 대립적 관점에서 접근할 경우 역량 함양을 위한 교육과정에서 교육과정-수업-평가 일체화의 실현이 지식 이외에도 기능과 가치, 태도에 대한 총체적 학습이라는 점으로 보았을 때, IBDP의 교수요목과 권장 수업 시간의 대강화된 제시 방식에서는 수학과 개념과의 연계를 통해 학습의 지향점을 제시하는 방식이 학습의 과정 설계의 포괄성에 미치는 영향에 대해 재고해 볼 필요가 있다.

넷째, 교수학습 방법에서 다루는 내용적 범주와 구체성의 차이이다. 2015 개정 교육과정의 경우 교수학습 방법 유의사항이라는 명칭으로 매우 간단하게 내용이 제시되고 있는 것에 반해, IBDP의 경우 내용적 측면을 제시하는 것에 앞서 수학과의 교수학습 접근 방법으로서 포괄적인 내용으로 제시하고 있다는 점에서 큰 차이를 보인다. 또한 2015 개정 교육과정의 경우 내용적 차원을 중심으로 교수학습 방법을 다루는 것과 달리 IBDP에서는 교수요목 외에는 내용적 차원에 관한 것은 교수학습 접근 방법에서는 다루지 않고 있다. 대신 수업과 과제를 수행하는 데 필요한 도구와 형식적 차원에 대해 매우 구체적으로 제시한다는 점에서 초점을 두고 있는 영역이 전혀 다르게 나타난다.

교수학습 접근 방법에서는 학생들의 학습 참여를 유도하고 어떠한 방식의 참여가 요구되는지에 대한 형식적 차원의 지원 방식에 대해 주로 제시한다. 특히 일부 단순한 기능적 측면으로 여겨질 수 있는 것들 가운데 수학과 본질과는 무관하다고 여겨지는 요소들은 교수학습 설계적 측면과 학습 도구로 접근하여 직접적 학습의 대상 자체로 다루지 않도록 하고 있다. 예를 들어, 수학에서 공식을 암기하거나 단순히 수학적 시각화를 비롯한 일반적 테크놀로지 활용 능력을 측정하지 않는다는 점들을 보여 준다. 다시 말해서, 교수요목이 내용적 차원에 대한 제시라면 교수학습 접근 방법은 내용적 차원의 지식을 다루기 위한 방법적 차원의 기술과 가치, 태도적 측면에 대한 지원 방식을 제시하는 것에 보다 집중하고 있다고 볼 수 있다. 이러한 제시 방식은 역량의 지식과 기능, 가치, 태도를 어떻게 학습의 전체 흐름 속에 배치하는 방식으로서 주목할 필요가 있는 부분이다. 기능과 가치, 태도 역시 내용적 지식의 학습처럼 직접적인 성취 기준으로 직접 설정하고 평가의 대상으로 보아야 하는 것인지 혹은 내용적 지식을 다루는 장면에서 자연스럽게 경험되어야 하는 학습의 맥락적 설계로 접근되어야 하는 것인지의 차이는 성취 기준(교육과정)과 수업, 평가 설계에서 역량을 어떻게 분산하여 배치시키는지에 대한 또 다른 접근 방식으로서 참고해 볼 수 있을 것이다.

다섯째, 평가 관련 내용의 표준화와 평가 준거 설정 방식의 차이이다. 2015 개정 교육과정이 평가 관련 내용을 대강화하여 현장의 자율성을 보장하고 있다면, IBDP에서는 평가 관련 내용을 매우 상세화하고 있다는 것이 특징이다. 또한 IBDP에서는 가치와 태도적 측면을 평가에 반영할 때 이에 대한 구체적인 근거를 맥락화하여 상세히 설명하거나 예시 자료를 제공하는 방식으로 모호한 기준에 대한 보완적 지침들을 비교적 상세히 설명하고 있다.

이러한 IBDP에서의 평가 방식 제시는 역량평가의 목적과 특징을 상기시킨다. 역량평가는 습득된 지식을 평가하는 것이 아니라 지식의 활용을 평가하는 것이고 개인마다 지식의 활용 양태가 다르기 때문에 평가가 매우 난해하다. 따라서 역량평가를 위해서는 하나의 수행을 구성하는 개념이나 구조를 이해 가능하고 관리 가능한 수준으로 쪼개서 단순화하는 과정이 필요하다. 다시 말해서, 과제에 대한 평가를 위해 지식, 기능, 가치와 태도적 측면을 준거화하고 이 가운데 평가의 모호성이 우려되는 경우는 용어에 대한 맥락적 설명을 덧붙이거나 예시 자료를 제공하는 방식을 활용한다는 것을 주목할 필요가 있다고 보인다. 이는 평가의 기준을 정량화하지 않으면서 최대한 객관화하기 위한 방식으로 학습의 개별화와 정성적 측면의 학습을 유도하기 위한 평가 설계의 한 가지 방식이라고 할 수 있을 것이다.

참고문헌

김경근(2008). 한국사회의 대안교육 수요 결정요인. 한국교육학연구, 14(1), 45-69.

김정숙(2006). 여자 대학생의 직업인식과 직업선택 과정. 고려대학교 대학원 박사학위논문.

손민호 외(2018). 핵심역량 함양과 과정중심평가모형 및 평가자료 개발. 대구: 한국교육학술정보원.

오욱환(2005). 교사전문성. 서울: 교육과학사.

이종재(2003. 8. 26.). 교육행정시스템 혁신의 방향. http://www.kedi.re.kr에서 검색.

조현영, 손민호(2019). 과정의 내재성은 어떻게 설계할 수 있나?: IBDP의 평가와 수업의 원리를 중심으로. 교육과정연구, 37(1), 217-240.

Airasian, P. W. (1991). *Classroom assessment*. New York: McGraw Hill.

Bjork, R. A. (1989). Retrieval inhibition as an adaptive mechanism in human memory. In H. L. Roediger & F. I. M. Craik (Eds.), *Varieties of memory & consciousness* (pp. 309-330). Hillsdale, NJ: Erlbaum.

Bookhart, S. M. & Freeman, D. J. (1992). Characters of teacher candidates. *Review of Educational Research, 62*(3), 37-65.

Gold, N. C. (1981). *Meta-evaluation of selected bilingual education projects*. Unpublished doctoral dissertation. University of Massachusetts.

IBO (2020). *International baccalaureate diploma programme assessment principles and practice*. Wales, UK: International Baccalaureate Organization Ltd.

OECD (2018). *OECD future of education and skills 2030 conceptual learning framework: A series of concept notes*.

제5장

과정중심평가? 평가 중심 과정?:
2015 개정 교육과정에서의
과정중심평가 다시 보기

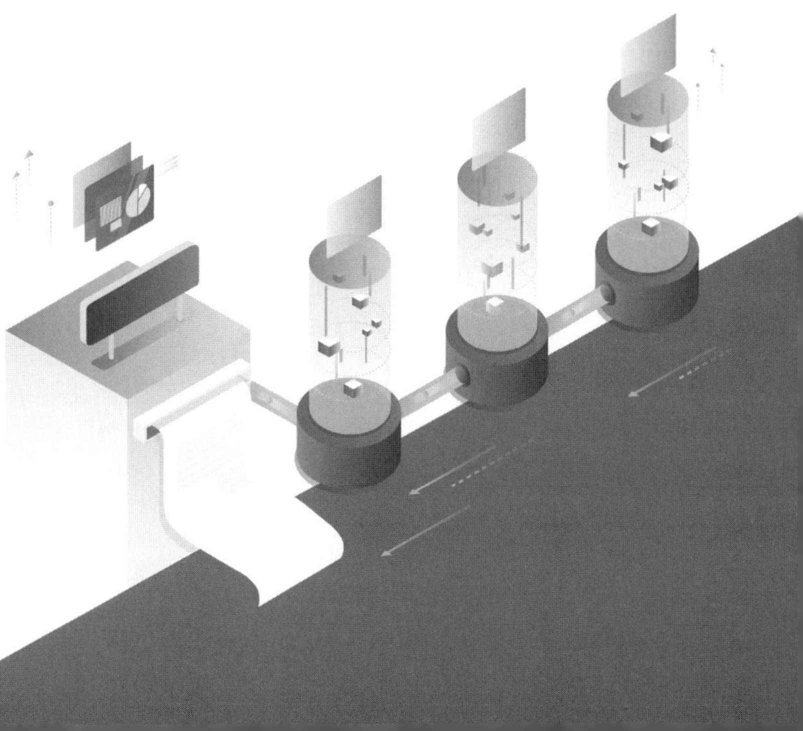

IB that Shaped the Future of Education

1. 교육과정-수업-평가-기록 일체화 모형과 IBDP 평가 모형은 어떻게 다를까

과정중심평가는 최근 '교육과정-수업-평가-기록 일체화(이하 교수평기 일체화)'로 현장에 소개되고 있다. 이는 학습자가 과정을 통해 진정한 배움을 경험하고 이를 통해 자기주도적으로 탐구할 수 있는 학습력을 기르는 것을 목적으로 한다. 이러한 평가 모형에서는 학생의 성장을 위해 지속적인 피드백을 제공하고, 이를 통해 학습자 스스로 성장을 이뤄 내며 탐구의 즐거움과 배움의 기쁨을 경험하는 것을 중시한다. 따라서 학습자가 학습의 과정을 주도하고 내적 동기를 유지할 수 있도록 하는 것이 학습 설계의 핵심이다. 사실 과정중심평가의 이러한 목적은 결코 새로운 것은 아니다. 기존의 학습자 중심 학습과 배움 중심 수업, 그 외에도 학습에 대한 이론들은 대체로 이러한 목적과 취지를 갖는다. 다만, 과정중심평가는 이러한 목적에 도달하기 위한 방법으로 '과정'에 대한 관심과 설계에 더 주목하는 모형이라 할 수 있다. 따라서 과정중심평가는 학습의 과정이 어떻게 경험되는지를 정확하게 이해하고 학습자의 배움과 성장이 일어날 수 있는 경험의 궤적을 정교하게 설계할 필요가 있다.

이러한 관심에서 현장에 소개된 교수평기 일체화 모형은 대체로 다음과 같은 형식을 갖는다. 지식, 기능, 태도에 대한 종합적 평가를 위해 수업의 과정과 수행평가를 강조하며, 아이들의 다양한 성장을 반영하기 위하여 다양한 평가 방법과 과정을 기록하는 방식으로 운영된다. 이러한 과정중심평가는 학교생활기록부를 통한 학생부 종합 전형이 그 전형적인 예가 될 것이다. 학교생활기록부를 본다는 것은 학생의 학교생활을 통해 아이가 어떻게 성장했는지를 가늠하기 위함이다. 그런데 이러한 기록을 위해서는 학생의 적극적인 활동도 많아야 하지만, 교사의 관찰력도 매우 중요하다. 또한 학교는 그러한 경험을 위한 다양한 프로그램을 유기적으로 결합하여 제공할 필요도 있다. 그런데 여기에는 필연적인 한계가 따른다. 교사들은 보지 못한 학생의 행동을 기록할 수는 없다. 또한 모두 학교에서 이루어지는 활동만 담게 된다. 그러니 교사의 눈을 벗어난 학생의 성장과 배움은 기록되기 어렵다. 결국 학교생활기록부는 학교 생활의 이력서는 될 수 있지만 아이의 성장과 역량을 온전히 담아내기에는 한계를 가질 수밖에 없다는 것이다. 과정을 기록하는 방식이 과정중심평가라면 그것은 학생이 가진 절반의 배움과 성장의 이력이 될지도 모른다.

그렇지만 이보다 더 큰 문제점은 현장에서의 어려움이다. 교과서 중심의 수업이 대부분인 학교 현장에서 많은 아이에게 다양한 기록을 남겨 주는 것 또한 교사들에게는 고역이다. 대부분의 학생이 유사한 활동을 하고 유사한 결과물을 만들어 내는 수업 상황에서 아이의 창의성이나 특별한 적성을 발견해 낸다는 것은 결코 쉬운 일이 아니다. 또한 생활기록부의 10개 항목에 기록해야 할 다양한 경험을 위해서 아이들은 쉴 새 없이 여러 가지 활동에 기웃거려야 한다. 학생에 대한 교사의 관찰이 늘어나고 학생들이 다양한 경험을 하게 된다는 취지는 매우 좋다. 하지만 이것이 얼마나 학생들의 진정성 있는 성장과 배움을 담보하는지에 대해서는 재고해 볼 필요가 있다. 기록은 있지만 역량은 없고, 참여는 있지만 배움은 없는 빛깔 좋은 생활기록부가 많아지고 있기 때문이다.

평가가 학습의 과정을 결정한다는 과정에 대한 기록이 과정의 내실을 꾀하도록 하는 제도를 낳았고, 학습자들의 학습 경험을 달리 만들었다. 다시 말해서, 평가 기반의 교육과정 운영은 학교와 수업을 바꾸기 위한 가장 자연스럽고 효과적인 방법이다. 특히 대학 입시가 막강한 영향력을 행사하는 우리나라의 교육 현실에서 평가는 더욱 강력하게 과정을 결정한다. 그렇다면 현행 교수평기 일체화 모형이 갖는 몇 가지 한계점들은 과연 극복될 수 없는 문제일까? 과정을 평가하고 기록하는 방식만이 과정중심평가의 방식일 수 있을까?

이러한 과정중심평가에 대한 관심과 함께 최근 국내에는 학습자 주도의 탐구 기반 학습이자 과정중심평가 모델로 IB가 이슈가 되고 있다. IB는 수업과 평가 혁신의 모델로 소개되며 도입이 검토되고 있지만 아직은 국가적 차원의 공교육 혁신 모델이 될 수 있을지가 불투명하다. 그렇지만 IB의 평가 시스템은 최근 현장의 평가와 수업 혁신에 대한 관심과 맞물려 활동 중심의 수업, 논술형 시험 등으로 대표되며 교육과정과 수업, 평가를 일체화하기 위한 과정중심평가의 모델로 그 평가 원리와 수업 방식에 대해서는 매우 관심이 높아지고 있는 것이 사실이다. 그럼에도 불구하고 IBDP가 철저하게 대입 준비를 위한 대입 연계의 평가 기반 교육 시스템이라는 점은 주목해 볼 필요가 있다. 어찌 보면 과정중심의 교육과정이라고 하기에는 평가의 비중이 상당히 큰 교육과정이다. 일본에서는 IBDP를 고대접속 프로그램이라고 명명할 만큼 교육과정에서의 대입 연계적 특성은 명약관화하다. 뿐만 아니라 IBDP는 교육과정의 내용과 형식을 대강화하였다는 점에서 우리나라 교육과정과 비교했을 때 훨씬 더 평가 중심의 교육과정 운영 방식이라고 할 수 있다. 그럼에도 불구하고 IBDP는 어떻게 과정중심평가라고 할 수 있을까?

과정중심평가를 둘러싼 이러한 몇 가지 이슈는 현행 교수평기 일체화 모형과 IB의 평가 체계를 비교해 볼 필요성을 제기한다. IB와 교수평기 일체화 모형은 모두 평가를 통해 과정을 유도하고자 하는 교육과정 모형이라는 점에서 유사성을 갖는다. 그런데 두 평가 모형은 몇 가지 전제를 달리하며 실제 현장의 교육과정 운영과 수업의 행태를 달리 만들어 내고 있을 것이라고 여겨진다. 따라서 이 책에서는 교수평기 일체화로 소개되고 있는 우리의 과정중심평가와 IBDP의 평가를 달리 만드는 기본적인 전제를 되짚어 보고 이를 기반으로 과정중심평가를 위한 교수학습 설계의 원리를 도출해 내고자 한다. 이것은 기존의 일체화 모형의 한계를 극복하고 성장 중심의 대안적 과정중심평가 모형으로서 평가와 수업 혁신의 새로운 모형이 될 수 있을 것으로 기대한다.

2. 현행 일체화 모형의 한계와 IB 평가의 특징

여기에서는 IBDP의 평가와 수업 설계 원리를 중심으로 현행 일체화 모형과의 차이를 보여 주고자 한다. 이것은 평가의 설계라는 기술적인 차이에 앞서 기본적으로 서로 다른 교육적 환경과 인식이 어떻게 과정중심평가에 다른 접근을 만들어 내는지에 대한 근원적인 이유를 찾고자 함이다.

1) 보편적 지식을 바라보는 관점: 학습의 개별화와 절반(折半)의 수행평가

IBDP의 평가 방식은 학습자의 성취도에 따른 절대평가 방식으로, 기존의 선발적 평가관으로 성적을 산출하던 방식과 전반적으로 차이를 갖는다. 예를 들어, 문항 설정 방식과 채점 방식을 비롯하여 평가 결과의 활용까지 객관적 지식에 대한 학습 결과를 비교하고 이를 통해 서열화를 하던 방식과는 달리 개개인의 학습 도달 정도를 특정하기 위하여 개인의 학습 과정을 지원하기 위한 목적으로 평가를 설계하고 활용하는 특징을 갖는다.

평가관이 달라졌다는 것은 평가의 방식도 달라져야 함을 의미한다. 평가에서 어떻게 변별력을 확보할 것인지에 대한 문제는 기존의 평가 문항과 성취 목표를 전제로 할 때에만 성립하는 질문이다. 선발적 평가관에서는 학생 간 차이를 변별해 내는 것이 중요하기 때문에 동일 문제와 동일 답안을 전제로 하는 평가 조건의 동일성이 강조되지만, 발달적 평가관에서는 학습자의 발달 자체에 초점을 두기 때문에 조건의 동일성이 중요치 않다. 이것은 개별화된 학습의 조건이 형성될 수 있음을 의미하며 평가 문항과 형식은 다양성을 추구할 수 있게 된다. 평가 문항과 답안이 개별화된다는 것은 평가에서 상정하는 성취 준거 역시 모호할 수밖에 없음을 전제로 한다. 과목별로 다소 상이하긴 하지만, 대체로 IBDP에서 성취 준거의 제시는 대체로 과제의 '내용 요소'가 아닌 '수행의 질적 수준'을 차등하는 방식으로 이루어진다. 예컨대, 〈표 5-1〉은 학생의 '지식과 이해' 수준을 평가하기 위한 채점 기준표이다.

〈표 5-1〉 채점 기준표에서 총체적 평가의 모호성: IBDP 수학과 지식과 이해 영역

5~6	상세한 지식과 이해, 그리고 직관력 있는 통찰을 보임(detailed knowledge and understanding, perceptive insight)
3~4	지식과 이해, 그리고 약간의 통찰을 보임(knowledge and understanding, some insight)
1~2	약간의 지식을 보이지만 이해는 거의 없음(some knowledge but little understanding)
0	설명에 기술된 기준에 이르지 못함(does not reach a standard described)

이 성취 준거에서 보여 주듯이 성취 수준을 차등하는 기준은 'detail' 'perceptive' 'some' 'little' 등의 형용사로 구분 지어진다. 이것은 개별화된 과제에서는 정해진 답안을 얼마나 정확하게 작성했는지의 여부를 평가할 수 없기 때문에 개별 학습자의 학습 전이의 질적 수준을 수행의 질적 심화 정도, 깊이를 통해 평가할 수밖에 없다. 결국 평가 준거를 수행의 질적 수준으로 특정 짓는 방식은 개별화된 과제 설계에서는 필연적으로 따라오는 특성이 된다. 따라서 이러한 평가에서는 결과물에 대한 교사의 맥락적인 판단과 해석을 적극적으로 요구한다. 다시 말해서, 서로 다른 학습의 과정과 결과를 어떻게 객관적으로 평가할 수 있는지, 채점자 개인의 일관된 평가 방식을 통한 신뢰성 확보가 중요해진다. 이러한 평가 맥락에서 평가의 신뢰도와 타당도는 이전의 평가 맥락과는 다르게 적용된다. 평가의 목적이 학습자 간의 유의미한 변별에만 국한되지 않기 때문이다. 개별화된 과제의 서로 다른 답안에서 학습자 개인의 도달 정도를 채점자의 일관된 기준에 따라 적용하고 이를 납득 가능한 방식으로 설계하는 것이 평가의 신뢰도와 타당도에 결정적인 역할을 한다.

익히 알려져 있듯이 IBDP에서의 성취 준거의 모호함은 IBDP의 성적 조정 절차를 통해 신뢰도와 타당도를 확보한다. 채점관 개인의 일관성과 더불어 채점관 간의 일관성의 확보가 필요하기 때문이다. 채점관의 평가 조정 절차는 평가에 미치는 다양한 맥락적 요소 사이에서 점차 보편성을 획득해 가는 방식이다. 이것은 개별성이 어떻게 보편성을 획득해 나가는지에 대한 IB의 세계관을 엿볼 수 있는 측면이기도 하다. 학습자들은 학습의 과정에서 일관되게 사고와 견해의 차이를 인식해 간다. 이것은 평가 설계를 통해 유도되는데, 정답이 존재하지 않는 개별화된 탐구 주제 완수를 통해 비로소 완성되는 평가 점수의 안배는 학습자들에게 결코 수동적 학습자로 안주할 수 없도록 만든다. 결국 학습자들은 끊임없이 지식의 가변성을 경험하며 탐구의 가치를 경험한다. 또한 그러한 과정에서 가변적 지식이 보편적 가치로 인정받기 위해서 필요한 공동체의 이해와 공감의 과정을 스스로 느끼고 터득한다. 따라서 학습자들에게 평가의 조정 절차는 교사의 오차나 오류를 발견하는 과정이 아닌 서로 다른 개별성이 어떻게 보편성을 획득해 가는지에 대한 협상과 조율의 과정으로서 의미를 갖는다. 이러한 의미에서 IBDP의 평가 조정 절차는 IB의 학습자의 학습 과정과 그 자체와 다르지 않다.

이러한 IBDP의 성적 조정 절차는 현장의 수행평가에 평가 방식으로서 절대평가와 가장 큰 차이를 보이는 지점이다. 현장의 수행평가는 절대평가를 산출의 원리로 삼고 있지만, 실제로 그것을 정량적으로 체크하는(몇 개 만족) 방식으로 학습자들에게 정확한 정답이나 해답의 요건을 제시하는 분석적 채점 방식을 취하고 있다. 이것은 IBDP가 절대평가 설계를 통해 유도하고자 하는 학습자의 개별성과 평가의 보편성 확보 방식과는 근본적으로 다른 객관적 지식을 근거로 한 불완전한 형태의 절대평가 방식일 수 있다. 다시 말해서, IBDP에서 평가의 공정성을 확보하기 위해 성적 조정 절차를 활용한다면 현행 일체화 모형에서의 평가는 평가의 목적을 왜곡시킬 수 있는 채점 기준을 추가로 제시하는 방식으로 평가를 시행하고 있다는 문제를 안고 있다.

2) 과정을 이해하고 접근하기 위한 방법적 논리: 분절적 기록과 통합적 경험

현행 교수평기 일체화 개념과 IBDP의 과정 설계의 원리는 사실상 본질적으로 같은 지점을 지향하고 있다. 학습자의 학습이 얼마나 학습자의 맥락과 동떨어지지 않은 통합적 경험으로 설계 가능한 것일지에 관한 것으로 학습 과정에 대한 몰입과 성장을 목표로 한다. 이러한 목표를 반영한 대표적인 현장의 사례로서 수행평가와 학생부 종합 전형의 경우, 학생들의 학습 과정을 평가에 더 충실하게 반영하기 위한 취지로 시행되었지만 사실상 평가에서 그 부분이 얼마나 잘 반영되고 있는지 회의적인 것이 사실이다. 과정에서의 학습자 참여를 어떻게 평가에 반영할 것인지 혹은 평가를 통해 학습자의 참여를 어떻게 유도할 것인지 그 방안에 대한 고민들은 아직 현장에서 충분히 만족할 만한 수준으로 논의되었다고 보기 어렵다.

그렇다면 IBDP는 어떠한가? 〈표 5-2〉는 IBDP 국어 A: 문학 과목의 평가를 평가 도구(작품)와 도구(작품) 선정의 주체, 수행 방식과 평가 시기에 따라 분석한 것이다.

〈표 5-2〉 국어 A: 문학 평가의 특성

영역: 과목		Group 1: 언어와 문학국어 A			
평가 특성		평가 도구(작품)	평가 도구(작품)의 선정 주체	수행 방식	평가 시기
외부	과제 1	새로운 지문 (부분 발췌)	IBDP	지필고사	졸업시험
외부	과제 2	학습했던 작품 (작품 전체)	학생(지문)+ 문제(IBDP)	지필고사	졸업시험
외부	서면 과제	학습했던 작품 (교사 재량)	교사 혹은 학생	과제+ 1회 피드백	학기 중~ 학기 말
내부	개인 구술 면접	학습했던 작품 (부분 발췌)	교사	구술 면접	졸업시험
내부	구술 발표	학습했던 작품 (교사 재량)	학생	구술 발표	졸업 즈음의 수업 시간

표에 제시된 문학과의 평가 설계를 살펴보면 평가는 다양한 조건의 조합을 통해 다면화되어 있다. 평가 도구로서 작품은 이전에 학습했던 것에서 전혀 다루지 않은 새로운 작품에 이르기까지 다양하게 활용되며 작품이 제시되는 방식에 있어서도 부분적 발췌에서 작품 전체를 대상으로 하는 방식으로 차이를 갖는다. 또 작품을 선정하는 주체도 학생 스스

로 선택하는 것에서부터 교사 혹은 IBO에서 선택된 작품을 다루는 방식으로 다양성을 도모하고 있다. 그리고 평가의 수행 방식 역시 지필 시험에서 구술 면접과 발표, 과제 형식의 에세이 등으로 방법적 다원화를 추구한다. 그런데 주목할 것은 평가 시기는 모두 12학년을 마치는 졸업 시점에 집중되어 있다는 것이다. 이것은 과정을 누적하여 기록하는 방식의 교수평기 일체화 방식과는 매우 대조적이다. 과정을 그때그때 평가하고 기록하여 피드백으로 제공해야만 과정의 질이 높아질 것이라는 교수평기 일체화의 전제와는 상충되는 설계인 것이다.

그렇다면 IBDP에서 과정의 설계란 어떻게 접근된 것일까? 과정의 설계란 결국 학생들에게 성장을 지속할 수 있도록 하는 피드백을 어떻게 제공할지에 대한 설계이다. 문학과의 평가 설계를 통해 귀납적으로 IB의 평가 설계를 과정중심평가의 관점에서 추론해 보자면 다음의 세 가지 특징으로 정리될 수 있다.

첫째는 백워드 형식의 수업 설계라는 점이다. IBDP가 평가 기반의 교육 프로그램이라는 점은 익히 알려진 바 있다. 교육 내용을 대강화하고 평가 체계를 정교화하여 학습을 유도한다는 측면에서 IBDP는 평가를 통해 과정을 통제하는 역순 설계의 형식이다.

둘째는 수행 중심의 평가 설계라는 점이다. IBDP에서 평가는 성취해야 할 내용 요소가 아닌 학습 결과를 구체화하기 위한 '다양한 형식'의 제공에 초점을 둔다. 상대적으로 다루어야 할 내용적 요소에 관해서는 학습자 혹은 교사에게 선택의 자율성을 부여하여 대강화하고 있다는 점에서 수행 중심의 평가이다. 평가에서 강조하는 다양한 평가의 형식들은 학습자들이 학교 현장에서 경험할 수 있는 다양한 자기표현의 맥락들을 제공한다. 덧붙여 내용적 다양성이 허용된 평가의 방식은 학습자 간의 개별화된 성과물을 공유하고 그 차이를 인식하도록 하는 학습 문화를 형성시킨다. 이러한 학습의 과정은 학습자 스스로 차이의 인식을 통한 자기피드백의 경험을 제공받도록 한다.

셋째는 과정에 대한 접근은 시간을 누적하는 방식이 아닌 결과에 통합된 경험의 총체성을 측정하는 방식으로 이루어진다는 점이다. 따라서 과정에 대한 질적 제고를 위해 평가 시기를 과정의 중간이 아닌 마지막에 배치한다. 이러한 방식은 학습자에게 충분한 시행착오를 통해 성장을 지속시킬 수 있는 몰입적 환경을 제공하게 된다. 누적 기록이 아닌 순수한 성장 지향의 피드백의 제공은 과정 그 자체에 의미와 가치를 경험할 수 있는 여유를 제공한다.

3) 도구적 지식과 역량 기반 학습의 균형: 이론 중심 수업과 역량 기반 수업의 유기적 연계

과정중심평가는 '과정'을 담아낼 수 있는 학습을 전제로 한다. 과정이란 실험, 탐구, 연습, 창작, 제작 등 문제해결을 위해 참여한 시간을 의미한다. 학습자의 참여가 개입되지 않은 채 지식을 습득하는 과정은 과정을 반영한 학습이라고 하기 어렵다. 결과중심평가를 과정중심평가로 바꾸어 나가는 작업은 과정을 반영하는 학습 과제를 어떻게 설계할 것인가에 관한 고민에서부터 출발한다.

교과서를 통해 전달한 지식을 얼마나 그리고 어떻게 학습했는지를 평가하고 피드백하는 형성평가 역시 다른 의미에서 과정중심평가라고 할 수 있다. 평가를 수업 과정의 일환으로 했다는 점 그리고 평가가 학생이 취하게 될 다음 학습에 대해서 피드백 역할을 한다는 점에서 형성평가는 종종 과정중심평가와 동일한 것으로 간주되기도 한다. 그러나 이러한 형성평가는 과정을 담아내는 학습과 그에 대한 평가라는 취지에서 보면 과정중심평가라고 할 수 없다. 교과서에 나와 있는 분절화된 지식과 정답이 있는 지식을 학생이 얼마나 학습했는지 학습을 진단하고 피드백하기 위한 것이 형성평가라면, 그것은 학생으로 하여금 자신의 성장, 특히 역량의 성장을 경험하도록 하는 데에는 충분치 않다.

단원 중심으로 '과정'을 반영하는 과제는 시간상으로도 그렇고 단원의 분절적인 특성상 '일정 시간의 과정'을 요구하는 학생 성장을 유도하기에 한계가 있다. 과정중심평가가 성공적으로 이루어질 수 있기 위해서는 학생들이 '한동안' 참여하는 긴 호흡의 수행 과제와 이를 기반으로 한 수업과 평가를 어떻게 설계하느냐가 핵심 관건이다. 과제는 학생이 그 과제를 수행하는 과정에서 문제와 해결을 반복적으로 경험하면서 자신이 변화해 가는 모습을 스스로 발견할 수 있을 정도로 충분히 긴 시간을 요구하는 것이어야 한다. 그리고 과제는 학생 스스로 자신이 개입해야 그 문제를 해결할 수 있다고 느낄 만큼 자신이 발견한 과제이면서 충분히 복잡하고 그 해결이 열려 있는 것이어야 한다.

한편, 새 개정 교육과정의 도입 이후 핵심 역량을 반영하여 수업과 평가를 어떻게 설계할 것인가에 대한 관심이 점차적으로 커져 왔다. 과정중심평가를 구체화하기 위해서 모든 단원과 모든 차시를 어떻게 참여형 수업으로 설계할 것인가를 두고 고민하기도 한다. 그리고 교과서의 지식을 단원별로 전달하고자 하는 수업이나 교사 중심의 강의식 수업 그리고 학생들의 지식을 이해하고 외우고 연습하는 등 지식의 습득은 지양해야 할 것으로 보기도 한다. 과정중심평가를 위한 수업에서 지식 습득을 위한 수업은 지양해야 할까? 결론부터 말하자면, 지식 습득을 위한 강의식 수업과 수행 과제를 중심으로 한 수업은 서로 배타적인 관계도 아니고 선후 관계로 진행해야 할 선형적 관계가 아니다. 진도 나가기 수업과 수행 과제 중심의 참여식 수업은 함께 병행하면서 서로 순환적인 역할을 해 주어야 하는 관계에 있다.

이는 축구를 배우는 동아리에서 축구 실력을 향상시키는 방법을 보면 쉽게 이해할 수 있다. 축구 실력을 키워 주기 위해서는 드리블, 패스, 슈팅 등 기본기를 몸에 꼭 달라붙게 연습하도록 하는 것이 중요하다. 기본기를 강조하면서 학생들에게 무한 연습을 강조하는 교육 방식에 익숙해져 있다. 그러나 기본기의 연습만으로 훌륭한 축구 선수가 되기에는 역

부족이다. 더욱이 기본기 연습만으로 연습생에게 동기를 부여하기가 쉽지 않다. 연습생이 마음에 품고 있는 축구란 마치 잉글랜드 프리미어 리그 맨체스터 유나이티드의 올드 트래포드 경기장에서 뛰는 자신의 미래의 모습과 같을 것이다. 연습 경기라 할지라도 실제 경기를 통해서 학생들의 기량을 기르는 것도 한 방법일 수 있다.

외국의 학교 사례를 보면 스포츠 동아리에서 교내 또는 교외 토너먼트를 통해 계획함으로써 경기를 대비하여 기본기와 경기를 연습시키는 경우를 자주 볼 수 있다. 경기 토너먼트가 학생들로 하여금 쉬는 날에도 학교에 나와 연습을 하도록 동기를 자극하는 학습 환경으로 설정된 것이다.

기본기 연습과 실제 경기 경험의 관계는 기본 개념을 설명하고 익히게 하는 수업과 과제를 수행하도록 하는 참여식 수업 간의 관계와 동일한 원리라 할 수 있다. 전통적인 교육과정 설계에서는 기본 개념이나 원리에 대한 설명과 이해 그리고 그러한 개념이나 원리를 활용해서 수행하는 과제를 선형적인 관계로 구성해야 한다고 보았다. 둘 간의 순서가 존재할 것이라고 보고 교육과정을 선형적으로 구성하는 방식에는 이론과 실제(습), 기초와 응용, 개념과 활용 등의 관계에 대한 오랜 신념이 깔려 있다.

최근 전문가를 양성하는 대학에서 이러한 신념은 점차적으로 바뀌고 있다. 3학년까지 이론을 배우고 4학년에서 교육 실습을 하던 사범대학에서 실습의 단계를 조금씩 낮추고 있는 추세이다. 미국의 의대나 간호대에서는 1학년에서부터 현장 실습을 하도록 되어 있다. 지식만을 다루던 교육과정과는 달리 전문성을 교육 목표로 하는 교육과정에서는 이론과 실습이 순환적 관계에서 병행할 수 있게 한다. 바이엘 교본을 순서대로 연습하는 동시에 완성된 곡을 함께 연습하도록 함으로써 효과적으로 피아노를 가르칠 수도 있다. 학기 말에 오케스트라 공연에 대비하여 바이올린 초보 학생에게 기초적인 코드 연습과 함께 위모레스크 곡을 연습하도록 하는 방법도 바이올린 연주에 빠져들게 하는 좋은 전략일 수 있다.

기본기 연습은 실제 경기에서 사용될 도구를 익히게 하는 과정과도 유사하다. 동기를 자극하며 실제 경기력을 성장시키기 위해서는 기본기 연습과 실제 경기 경험은 동시에 그리고 순환적으로 함께 가야 한다. 마찬가지로 기본 개념과 수행 과제는 동시에 그리고 순환적인 관계 속에서 함께 다루어 나가야 한다.

지식을 숙달하도록 하기 위해 학생들이 배운 내용을 반복하고 연습하는 것은 매우 중요하다. 그리고 이러한 목적에 부합하면 진도 나가기 식의 수업 역시 매우 필요하다. 문제는 교사 중심의 진도 나가기를 하느냐 마느냐가 아니라 그 시간들이 과정중심평가를 위한 전체 수업에서 어떤 역할을 하는 것인가를 분명히 알고 있어야 한다는 것이다. 진도 나가기가 종국적으로 어떤 기능을 하느냐는 평가의 설계에 따라 그 의미가 크게 달라질 수 있다. 과정중심평가 설계에서 진도 나가기 수업은 학생들이 수행할 과제에 활용하게 될 도구를 갖추게 하는 시간이다. 지식과 그것의 습득은 역량 기반 교육과정에서 갖다 버려야 할 대상이 아니라 그것을 바라보는 우리의 인식을 바꾸어 달리 접근해야 할 대상이다.

학교 교육에서 핵심 역량은 교과지식을 기반으로 형성된다. 교과지식과 별개로 다룬 능력이라면 그것은 역량이 아닌 기술(skill)이다. 실제로 학생들이 교과 내용에 대한 심화된 학습과 별개로 문제해결 능력이나 협업 능력을 발전시키는 경우를 종종 볼 수 있다. 범교과적 융합 차원에서 보면 그러한 수업도 역량 기반 교육과정으로서의 의미를 가질 수 있다. 그러나 학교 교육에서는 분명 학생들에게 학습하기를 기대하는 전수해야 할 지식이나 경험이 있다. 문제는 학습자들이 이를 습득하는 경험으로 끝나는지 혹은 이를 충분히 활용하고 자기지식화할 수 있는 기회를 갖게 되는지의 문제이다.

3. 대안적 설계의 몇 가지 원리

1) 성취 기준의 재구성과 채점 기준표의 구성

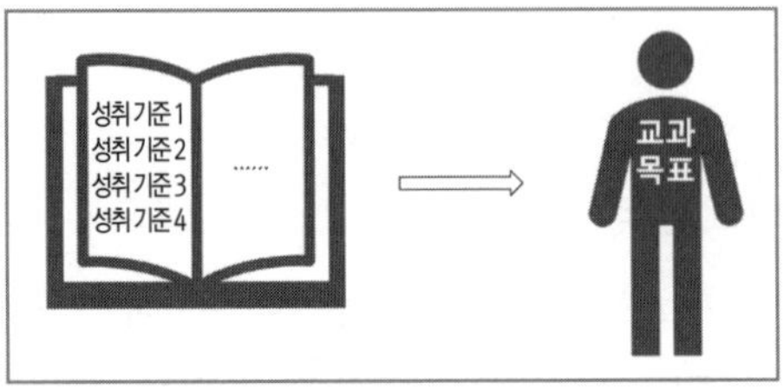

[그림 5-1] 성취 기준 중심의 학습과 교과 목표 수준의 학습 목표

과정중심평가는 학습자가 교과 수업을 통해 성장하는 경험을 할 수 있도록 하기 위한 시도이다. 성장의 과정이 학습과 평가의 목표가 되도록 하기 위해서는 목표를 과정 안에 집어넣는 작업이 필요하다. 이를 위한 전략으로, 과정중심평가 설계를 위해서 우선적으로 해야 할 것은 교과의 목표와 수업 그리고 평가를 일체화시키는 작업이다. 이는 성취 기준을 그 교과가 지향하고 있는 인간상, 즉 교과의 목표를 반영하여 해석하고 재구성하여 설정하는 일이다.

교과 목표는 교과에서 지향하고 있는 교육의 방향, 즉 교과를 통해 길러지는 인간상을 말한다. 예컨대, 사회과의 교과 목표는 〈표 5-3〉과 같다. 표에 제시된 인간상은 학생이 교과를 통해 어떠어떠한 인간으로 성장하도록 할 것인지에 관해 보여 준다.

〈표 5-3〉 사회과에서의 교과 목표의 예

사회과는 학생들이 사회생활에 필요한 지식과 기능을 익혀 이를 토대로 사회현상을 정확하게 인식하고, 민주사회 구성원에게 요구되는 가치와 태도를 지님으로써 민주 시민으로서의 자질을 갖추도록 하는 교과이다.

〈표 5-4〉 사회과에서의 성취 기준의 예: 통합사회

[10통사01-01]	시간적 · 공간적 · 사회적 · 윤리적 관점의 특징을 이해하고, 이를 바탕으로 인간, 사회, 환경의 탐구에 통합적 관점이 요청되는 이유를 파악한다.
[10통사01-02]	사례를 통해 시대와 지역에 따라 다르게 나타나는 행복의 기준을 비교하여 평가하고, 삶의 목적으로서 행복의 의미를 성찰한다.
[10통사01-03]	행복한 삶을 실현하기 위한 조건으로 질 높은 정주 환경의 조성, 경제적 안정, 민주주의의 발전 및 도덕적 실천이 필요함을 설명한다.

성취 기준은 학생들이 교과를 통해 배워야 할 내용과 이를 통해 수업 후 할 수 있거나 할 수 있기를 기대하는 능력을 결합하여 나타낸 수업 활동의 기준이다. 각 교과에서 학생이 학습을 통해 얻어야 할 지식, 기능, 태도를 포함하고 있으며, 학습의 결과로 학생이 할 수 있어야 하는 것을 진술한 것이다.

한편, 현행 성취 기준을 보면 교과의 목표에서 지향하는 인간상을 충분히 녹여 내었다고 보기 어려운 정도로 분절화되거나 기능 중심으로 제시된 성취 기준이 많다. 즉, 과정중심평가를 위한 수업 설계를 위해 현행 성취 기준을 그대로 따르는 것에는 다음과 같은 문제점이 있을 수 있다.

첫째, 현행의 많은 성취 기준에서는 여전히 기능 중심으로 그 기준이 설정되어 있어 어떠어떠한 인간으로의 성장을 경험하도록 하는 데 미흡하다는 점이다.

둘째, 수업에서 다루고자 하는 어떤 성취 기준이 지식과 기능 그리고 태도를 잘 반영하고 있다고 하더라도, 내용 요소에 따라 분절화되어 있는 경우가 많아 길러 주고자 한 인간으로서의 성장 경험을 담아내기 쉽지 않다는 점이다.

셋째, 수업에서 다루고자 하는 어떤 성취 기준이 지식과 기능 그리고 태도를 잘 반영하고 있다고 하더라도 이를 분절적으로 접근할 경우 의도하고자 한 인간으로서의 성장 경험을 담아내기 쉽지 않다는 점이다. 성장으로서의 학습 경험을 갖는다는 것은 분절적인 지식이나 기능의 성장이 아닌 통합된 경험을 갖는 '한 인간으로서의 역량'의 성장을 의미하기 때문이다.

교과의 목표나 교과의 성격 등에는 교과에서 기르고자 하는 인간상 또는 교과에서 가르치고자 하는 핵심 가치가 제시되어 있다. 성취 기준 중심의 교육과정 재구성은 교과의 교육 목표를 달성하기 위하여 보다 적절한 교육 내용이 무엇인지를 고민한 결과를 바탕으로 이를 효과적으로 구현하기 위하여 교육 내용과 수업 시수 및 인적·물적 자원을 적정하게 배분하는 것을 의미한다.

선정된 핵심 성취 기준을 학생들이 탐구 활동 또는 실기·실습 활동, 다양한 체험 활동을 통해 충분히 이해할 수 있도록 해당 단원 내 성취 기준 간 수업 시수를 재조정할 수 있다. 이때 핵심 성취 기준을 위한 수업 활동 시수가 반드시 일반적인 성취 기준을 위한 수업 활동 시수보다 증대될 필요는 없으며, 필요한 경우 핵심 성취 기준을 중심으로 관련되는 성취 기준을 통합적으로 재조직할 수도 있고, 다른 교과와의 연계를 꾀할 수도 있다.

교육 목표를 반영하여 성취 기준을 해석하거나 재구성하고 난 후 과정중심평가를 위해서 채점 기준표를 설계해야 한다. 채점 기준표는 성취 기준의 설정과 함께 설계하고 학생들에게 과제와 함께 설명해 줌으로써 학생들이 충분히 공감과 상상을 할 수 있도록 해야 한다.

수행 과제에 대한 평가는 크게 두 가지, 총체적 채점 기준표와 분석적 채점 기준표로 설계할 수 있다. 총체적 채점은 학생들이 수행한 과제 전체의 완성도, 즉 과제의 질(quality)에 관한 평가이다. 분석적 채점은 수행 과제를 구성하는 요소별로 수행 수준을 판단하기 위한 평가이다. 총체적 채점은 평가자의 주관적인 판단이 개입될 가능성이 있기 때문에 현재 수행평가에서 활용하기를 꺼리는 반면, 분석적 채점은 증거 기반 평가로서의 신뢰도를 보다 용이하게 확보할 수 있다는 점에서 널리 활용되고 있다.

과정중심평가에서는 총체적 채점을 충분히 반영하여 설계함으로써 평가의 타당성을 확보해야 한다. 분석적 채점은 교육의 목표에서 의도하고자 했던 학생의 성장을 유도하는 데 몇 가지 점에서 걸림돌이 될 수 있다.

첫째, 분석적 채점에서는 학생들이 요소별 채점 기준에 맞추어 과제를 수행할 가능성이 있다.

둘째, 요소들에 대한 채점은 대부분 결과의 상태를 부분적으로 나타내는 것들로서 학생의 탐구 과정을 오롯이 담아내기 어렵다.

셋째, 교사가 상정한 요소들의 합이 성장시키고자 하는 인간으로서의 역량을 온전히 보여 주지 못한다.

〈표 5-5〉와 〈표 5-6〉은 사회과와 국어과에서 수행 과제에 대한 분석적 채점을 위해 설계한 채점 기준표의 예이다.

〈표 5-5〉 분석적 채점 기준표의 사례 1

평가 영역		평가 항목	평가 척도	채점 기준
관련 내용	관련 역량			
사회조사 연구의 방법	문제 해결력 및 의사결정 능력	가설 설정 능력	(4점)	독립변수 및 종속변수 간 관계의 명확성, 검증 가능성, 검증 필요성 모두 충족하는 가설을 설정하였다.
			(3점)	독립변수 및 종속변수 간 관계의 명확성, 검증 가능성, 검증 필요성 중 두 가지만 충족하는 가설을 설정하였다.
			(2점)	독립변수 및 종속변수 간 관계의 명확성, 검증 가능성, 검증 필요성 중 한 가지만 충족하는 가설을 설정하였다.
			(1점)	독립변수 및 종속변수 간 관계의 명확성, 검증 가능성, 검증 필요성 모두 충족하지 못하였다.
	창의적 사고력	연구 주제의 참신성	(4점)	설정한 가설이 연구 주제와 관련이 있고 독창적이며 참신한 내용으로 구성되었다.
			(3점)	설정한 가설이 연구 주제와 관련이 있고 독창적이며 참신한 내용 중 두 가지만 충족되었다.
			(2점)	설정한 가설이 연구 주제와 관련이 있고 독창적이며 참신한 내용 중 한 가지만 충족되었다.
			(1점)	설정한 가설이 연구 주제와 관련이 있고 독창적이며 참신한 내용 모두 충족하지 못하였다.

〈표 5-6〉 분석적 채점 기준표의 사례 2

평가 항목	체험 시 쓰기(과정중심평가 20점 만점)
성취 기준	[9국05-02] 비유와 상징의 표현 효과를 바탕으로 작품을 수용하고 생산한다. [9국03-05] 자신의 삶과 경험을 바탕으로 하여 독자에게 감동이나 즐거움을 주는 글을 쓴다.

<table>
<tr><td>재구성한 성취 기준</td><td colspan="4">자신의 경험을 바탕으로 한 체험 시를 비유와 상징 등의 표현 기법을 사용하여 창작하면서 창의적 사고를 하고 자기성찰 및 문화 향유 역량을 기른다.</td></tr>
<tr><th>영역</th><th>평가 요소</th><th>평가 항목</th><th>기준
(평가 항목 충족 개수)</th><th>점수</th></tr>
<tr><td rowspan="11">지식과 기능</td><td rowspan="11">1. 비유와 상징의 표현 효과 알기
2. 진솔한 체험이 소재로 사용된 시 창작</td><td rowspan="11">1. 6차시 개인별 학습지를 모두 다 제출했는가?
2. 모둠별 학습지를 제출했는가?
3. 스마트폰을 활용하여 다양한 표현 기법이 사용된 시를 세 편 이상 찾아 적고 1차시 학습지의 빈칸을 모두 채웠는가?
4. 갤러리 워킹을 하면서 가장 비유적 표현이 뛰어나다고 생각한 시의 제목과 비유적 표현이 사용된 시 구절을 적었는가?
5. 스마트폰을 활용하여 '상징' 기법이 사용된 시를 세 편 이상 찾아 적고 2차시 학습지의 빈칸을 모두 채웠는가?
6. 모둠별 학습지에 모둠의 시와 모둠의 시를 결정한 이유를 적었는가?
7. 3차시 활동으로 비유와 상징 표현을 활용하여 시를 창작하였는가?
8. 3차시 활동으로 물레방아 의견 나누기를 하고 친구 표현에 대한 소감을 문장으로 학습지에 기록하였는가?</td><td>16개</td><td>15</td></tr>
<tr><td>15개</td><td>14</td></tr>
<tr><td>14개</td><td>13</td></tr>
<tr><td>13개</td><td>12</td></tr>
<tr><td>12개</td><td>11</td></tr>
<tr><td>11개</td><td>10</td></tr>
<tr><td>10개</td><td>9</td></tr>
<tr><td>9개</td><td>8</td></tr>
<tr><td>8개</td><td>7</td></tr>
<tr><td>7개</td><td>6</td></tr>
<tr><td>6개 이하</td><td>5</td></tr>
</table>

		9. 4차시 시 창작을 위한 비주얼 싱킹 활동을 하였는가? 10. 모둠별 의견 나누기 활동 후, 나의 체험과 친구의 체험을 정리하였는가? 11. 시 쓰기 소재로 결정한 자신의 체험을 육하원칙으로 정리하였는가? 12. 5차시 활동으로 체험을 소재로 한 시를 비유와 상징 기법을 활용하여 창작하였는가? 13. 5차시 창작 시에서 3차시 때 창작한 시보다 발전한 모습이 보이는가? 14. 5차시 활동으로 물레방아 의견 나누기를 하고 친구 표현에 대한 소감을 문장으로 학습지에 기록하였는가? 15. 자신감을 갖고 자신이 창작한 시를 발표하였는가? 16. 친구가 창작한 시를 발표할 때, 경청하는 태도가 훌륭하였는가?	
태도	과정 충실도(교사의 매 시간 관찰평가) ※ 학생 자신의 자기평가와 동료평가는 과목별 세부 능력 사항을 쓸 때 참고하도록 한다.	• 참여 태도 관찰 평가로 교사가 별도 학생별 체크리스트를 작성하여 평가 • 총계 점수 기준 – 43~56점: 분석적 채점 기준 과정 충실도에서 5점으로 점수 부여 – 29~42점: 분석적 채점 기준 과정 충실도에서 4점으로 점수 부여	5 4 3 2

		- 15～28점: 분석적 채점 기준 과정 충실도에서 3점으로 점수 부여 - 1～14점: 분석적 채점 기준 과정 충실도에서 2점으로 점수 부여	

총체적 채점은 수행된 과제에 대한 전체적인 완성도를 평가하는 것으로 일반적으로는 하나의 채점 기준이라고 생각할 수 있다. 그러나 과제의 전체적인 완성도 역시 평가자가 보고자 하는 측면을 좀 더 세분화해서 다면적으로 구분하여 설계한다면 좀 더 체계적인 평가를 이끌어 낼 수 있다. 다음에 제시한 채점 기준표는 IB의 고교 수학 과목에서 사용된 수행 과제에 대한 채점 기준으로 총체점 채점의 한 예를 잘 보여 준다. 수행된 과제에 어느 수준의 지식이 반영되어 있는지, 비판적 사고와 창의성 등 자기 지식이 얼마나 잘 반영되어 있는지, 또는 과제의 논리적 · 형식적 구조가 탄탄한지, 학생으로 하여금 높은 참여 수준을 요구하는 과제인지 등을 세분화해서 평가하도록 설계하고 있다.

〈표 5-7〉 총체적 채점 기준표의 사례: 수학과의 평가 준거

척도	A. 의사소통 (4점)	B. 수학적 표현 (3점)	C. 학생의 직접적 참여도(4점)	D. 비판적 성찰 (3점)	E. 수학적 난이도 (6점)
0	아래 기술된 기준 이하	아래 기술된 기준 이하	아래 기술된 기준 이하	아래 기술된 기준 이하	아래 기술된 기준 이하
1	어느 정도 논리의 일관성이 있음	적절한 수학적 표현을 일부 사용함	학생이 직접 수행하지 않은 증거가 있음	성찰이 미흡하거나 피상적인 증거가 있음	관련 있는 수학적 기술이 쓰였음

2	어느 정도의 논리의 일관성과 전체 구조의 조직이 보임	수학적 표현들이 대부분 적절함	학생이 직접 수행한 증거가 약간 있음	유의미한 성찰의 증거가 있음	관련 있는 수학적 기술이 사용되었고, 미흡한 해석이 제시되었음
3	논리가 일관되고 구조가 잘 조직되어 있음	보고서 전체의 수학적 표현들이 모두 적절함	학생이 직접 상당 부분을 수행한 증거가 있음	비판적 성찰의 증거가 많이 있음	수업 수준에 맞는 관련 수학적 기술이 사용되었고, 미흡한 해석이 제시되었음
4	주제가 일관되고, 잘 조직되어 있으며, 명료하고 완성도가 높음	–	학생이 탁월하게 수행한 증거가 충분히 많음	–	수업 수준에 맞는 관련 수학적 기술이 사용되었고, 일부는 정확하며, 수학적 지식과 해석이 약간 제시되었음
5	–	–	–	–	수업 수준에 맞는 관련 수학적 기술이 사용되었고, 대부분 정확하며, 풍부한 지식과 해석이 제시되었음
6	–	–	–	–	수업 수준에 맞는 관련 수학적 기술이 사용되었고, 모두 정확하며, 빈틈없이 완벽한 지식과 해석이 제시되었음

2) 피드백 설계와 과제의 서사성

과정중심평가를 위한 교육과정 재구성에서 새로운 변화는 학습 과정에서의 피드백과 평가의 시기를 어떻게 할 것인지에 관한 것이다. 이것은 기존의 과정중심평가가 평가에 대해 접근하던 방식과는 근원적으로 다른 접근 방식을 취하는 것이다. [그림 5-2]는 현행 일체화 모형에서 추구하는 피드백의 제공과 평가 시기를 도식화한 것이다.

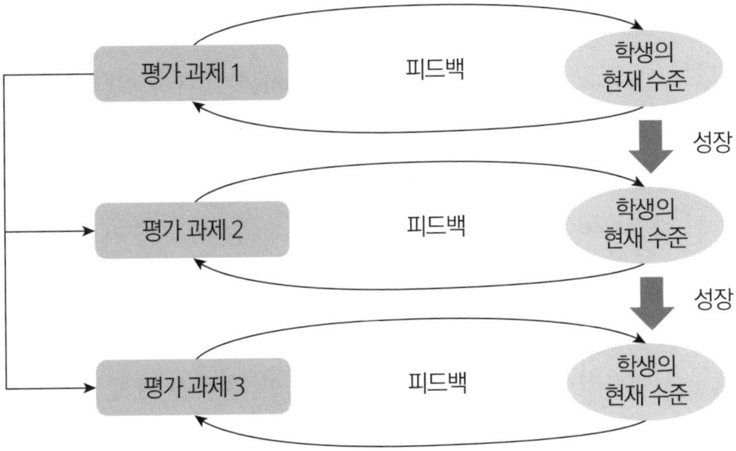

[그림 5-2] 분절화된 수행 과제의 피드백 설계 방식

이러한 설계의 특징은 현행 과정중심평가의 전형으로서 다음의 몇 가지 특징을 갖는다.

첫째, 학생들에게 부여되는 각각의 과제는 평가의 대상이 된다.

둘째, 각각의 과제에 대한 피드백은 이후의 유사한 과제에 대한 성장에 영향을 미칠 것이라고 예상한다.

셋째, 학습자들의 과제는 주어진 시간과 조건 안에 과제를 완수해야만 하는 것으로 평가에는 시간 통제의 기능이 내재되어 있다.

이러한 세 가지 특징은 학습자들이 교사의 지도에 맞추어 과제를 진행하고 수업에 참여하도록 유도한다는 측면에서 의미를 갖는다. 또한 과제를 제한된 시간 안에 평가하지 않으면 생길 수 있는 여러 가지 부작용을 미연에 방지한다는 목적으로도 이러한 평가 방식은 현장에서 의례화되어 있다. 그런데 여기에는 몇 가지 한계점으로 인해 학습자들의 배움과 성장을 방해하는 조건이 형성된다.

첫째, 각각의 과제에 대한 평가는 평가 이후 과제를 수정하거나 보완하고자 하는 욕구를 급격히 저하시킨다. 학습자들에게 평가는 과제를 완수하도록 하는 강력한 촉매제로 작동한다. 그런데 평가를 마치고 나면 학습자들은 자신의 과제가 가진 문제점이 무엇인지 인지하더라도 직접 고치거나 보완하고자 하는 욕구가 급격히 저하되게 된다. 따라서 막연히 문제점을 인지할 뿐 실제로 수정과 보완을 통한 과제의 완결을 통한 성취감을 경험할 수 없게 된다.

둘째, 학습자의 개별성이 무시될 가능성이 높다. 학습자들이 과제에 몰입하거나 과제에 흥미를 갖게 되는 시점은 다를 수 있다. 또한 학습자마다 수행 속도와 방식은 다양할 수 있다. 이러한 경우에 충분한 시간이나 도구를 활용할 수 있는 조건이 주어진다면 더 나은 과제를 완수할 수 있는 학생들의 잠재력과 개별적 성향들은 무시될 수밖에 없다.

셋째, 분절화된 평가 과제의 경우 과제의 수행은 매우 제한된 방식으로만 이루어질 수밖에 없다. 예컨대, 창의성을 요구하는 과제의 경우 제한된 시간 안에 과제를 완수해야 한다는 조건은 학습자들에게 충분한 고민과 다양한 맥락적 사고를 제한하는 장애 요인이 될 수 있다. 따라서 이러한 조건에서 수행 과제는 대체로 학습한 지식을 정리한다거나 단편적인 정보를 정리하는 방식, 학습자의 피상적인 견해를 묻는 방식으로 과제의 성격이 제한될 수밖에 없다.

이러한 문제점에 대한 인식을 바탕으로 교사들은 다음과 같은 과제를 덧붙여 설계를 보완하기도 한다.

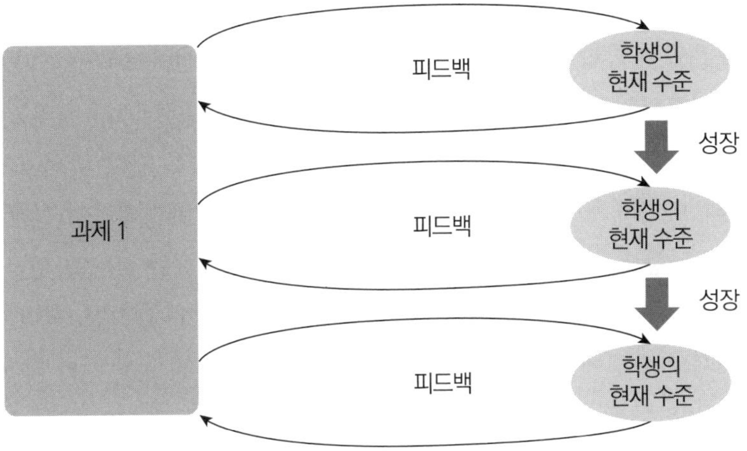

[그림 5-3] 통합된 수행 과제의 피드백 설계 방식

[그림 5-2]의 3개의 평가 과제는 [그림 5-3]의 과제를 통하여 하나로 통합된다. 이것은 분절화된 수행 과제를 좀 더 맥락적으로 엮어 보는 과정을 통해 학습자들이 각각의 분절된 경험들을 하나로 통합시키고, 이를 통해 서사적 의미를 발견해 보게 하기 위함이다. 이러한 통합된 과제의 설계는 다음의 이유로 학습자들에게 의미 있는 학습을 가능하게 한다.

첫째, 이전의 분절된 과제 설계보다 학습자들에게 하나의 서사(이야기)로 다가가게 된다. 학습자들은 이러한 과정을 통해 지식을 맥락에 적용시켜 보는 과정을 경험하게 되고 이 과정을 통해 자신만의 논리와 이야기를 형성하여 지식이 아닌 하나의 경험으로 학습을 구성하게 돕는다.

둘째, 통합된 과제 설계를 통해 이전 분절된 수행들을 엮어 가는 과정은 자연스럽게 이전 지식을 반복하고 심화하는 경험을 유발하며 이것은 학습 내용을 오랫동안 기억하도록 하는 효과를 갖는다.

학습자들은 통합된 과제를 수행하는 과정에서 이전 과제를 적용하거나 변용시키는 과정을 겪는다. 이 과정은 해당 지식을 반복적으로 경험하도록 하는데, 이것은 해당 지식을 익숙하게 활용할 수 있도록 하는 반복 학습의 효과를 갖는다.

이러한 과제 설계는 앞의 [그림 5-2]에서 보여 준 분절화된 과제 설계를 보완하여 학습자들의 학습 과정을 밀도 있게 구성하도록 돕는다. 그럼에도 불구하고 여전히 이러한 과제 설계는 평가 반영 비율이라는 측면에서 정교성을 갖지 않는다면 한계를 가질 수 있다. 만약 앞선 3개의 과제와 마지막 통합 과제가 동일한 비율로 평가에 반영된다면 앞선 과제 3개를 성공적으로 완수한 학생들의 경우 마지막 통합 과제를 위한 사전 준비의 정도가 충실하여 통합 과제도 잘 이수할 수 있지만, 이미 3개의 과제의 수행에서 충분한 과제 완수를 하지 못한 경우 마지막 과제에서 좋은 점수를 받게 된다고 하여도 그것을 보완하거나 도약할 만한 기회를 박탈당하기 때문이다. 즉, 앞선 3개의 과제가 통합 과제를 위한 도구가 아니라, 각각이 평가 과제로서 동일한 반영 비율을 갖게 된다면 통합 과제가 학습자들을 동기화하는 힘은 약화될 수밖에 없다.

이러한 점들을 고려하여 제안할 수 있는 과정중심평가를 위한 평가 설계는 다음과 같이 정리될 수 있다.

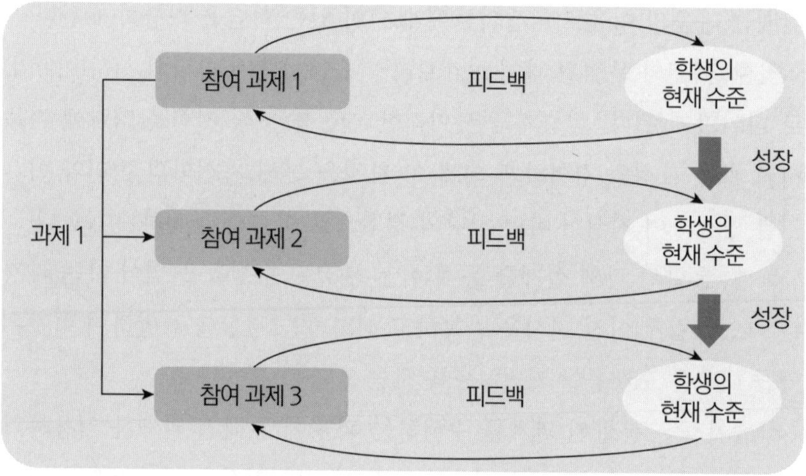

[그림 5-4] 학습 동기 지속을 위한 피드백 설계와 평가 시기의 설정

첫째, 평가는 가급적 중장기적 프로젝트로 하나의 완결된 서사를 갖도록 설계되어야 한다. 중장기 프로젝트라 하더라도 현장에서는 수업의 체계성과 효율성을 위하여 몇 개 과제로 분절하여 제시할 수밖에 없는 것이 현실이다. 특히 자기주도성이 부족한 학생들의 경우 교사가 일정 부분 학습의 방향과 틀을 잡아 줘야 할 필요가 있다. 따라서 과제를 쪼개는 방식은 현실적으로 필수적이다. 그럼에도 불구하고 프로젝트는 여러 개의 참여 과제로 나누어질 수 있지만 그것은 하나의 주제 아래 연계와 중첩된 설계로 이루어져야 한다. 이것은 완결된 서사를 갖는 과제 설계에서는 필수적인 장치이며, 이를 통해 학습자들은 완결된 경험으로서 과정을 의미화하게 된다.

둘째, 중간 과정에서는 평가가 아닌 참여 과제를 설계하여 학습자의 과제 수행 수준과 전개 상황을 보완하기 위한 순수한 피드백 설계가 되어야 한다. 각각의 참여 과제는 학습자의 과제 수행 수준과 전개 상황을 확인하고 수정 · 보완하기 위한 피드백 설계가 되어야 한다. 여기에서 과제를 '참여 과제'라고 한 것은 평가의 누적 기록이 아닌 순수한 자기 수정의 기회 제공을 위한 피드백 설계가 되어야 함을 강조하기 위한 것이다. 특히 여기에서 피드백의 방식은 교사나 동료의 조언이 아닌, 참여를 통한 자기객관화의 경험을 설계하는 것이 중요하다. 이러한 참여 설계는 교실 수업이라는 한계를 극복하면서 자연스럽게 자신의 수행 수준과 타인의 수행 수준을 가시화시켜 비교하고 성찰하는 경험을 제공한다는 점에서 수업으로 대체 가능한 피드백 형식이 활용될 수 있음을 보여준다.

셋째, 과제의 평가는 프로젝트의 마무리 단계에서 이루어지도록 설정한다. 물론 중간 과정에서의 평가는 최소한의 참여 점수 정도를 부여하는 방식으로 활용될 수 있다. 예컨대, 한 교과에서 교사가 한 학기의 평가를 〈표 5-8〉과 같이 설계했다고 가정해 보자면, 평가의 시기와 반영 비율 등은 다음과 같은 내용으로 설계될 수 있다.

〈표 5-8〉 피드백과 평가의 시기 설계

구분	지필평가(40%)		수행평가(60%)			
영역	중간고사	기말고사	참여 과제 1	참여 과제 2	참여 과제 3	평가 과제 4
만점 (반영 비율)	10 (10%)	30 (30%)	3+12 (15%)	3+12 (15%)	3+12 (15%)	3+12 (15%)
평가 방법	객관식, 서술형	객관식, 서술형	활동지	논술형	포트 폴리오	발표 및 구술평가
수업 및 활동 시기	8월	10월	9월	10월	11월	11~12월
평가 시기	12월	12월	12월	12월	12월	12월

제시된 평가 설계 예시는 피드백 설계와 평가의 설계가 어떻게 다를 수 있는지를 잘 보여 준다. 〈표 5-8〉은 수업과 활동 시기와 평가 시기를 분리하고 있다는 점에 주목해야 한다. 그리고 반영 점수가 수행평가의 참여 과제의 경우 '3+12'와 같이 점수가 나뉘어 있는데, 각각의 활동이 진행되는 시기에 3점은 최소한의 참여 점수로 학생들의 활동을 유도하는 장치로 활용하되 나머지 12점은 최종 평가의 시기인 12월에 부여하도록 하여 학습자들로 하여금 충분히 과제를 숙고하고 수정 · 보완할 수 있는 기회를 제공한다는 차원이다.

한편, 과제 수행 기간을 길게 할 경우 학습자들의 과제가 사교육이나 부모의 도움으로 향상될 수 있다는 점을 우려하는 현장의 목소리도 존재한다. 이 부분은 이어지는 다면형 평가를 통해 어떻게 보완될 수 있는지 제시할 것이다.

3) 다면적 학습으로서 평가의 설계

앞서 제시한 〈표 5-8〉은 평가를 과정의 끝으로 유예시킨다는 점에서 기존의 과정중심평가가 과정을 누적 기록하는 방식과 극명한 차이를 보인다. 이러한 특징은 과정을 통해 성장과 배움을 유도한다는 과정중심평가에서의 과정에 대한 접근 방식의 차이가 명확히 드러나는 측면이다. 그렇다면 과정에서 교사의 역할은 무엇이며, 학습자들에게 과정은 어떻게 경험되는 것일까?

과정에 대한 교사의 개입은 누적 기록이 아닌 참여 과제의 설계를 통한 학습자의 탐구 과정을 추적하고 방향성을 잡아 주는 역할을 한다. 학습자들은 주어진 중장기적 프로젝트를 자기주도적으로 해결해 나가는 과정에서 다양한 어려움과 문제에 봉착하게 된다. 교사는 그 과정에서 겪는 어려움을 읽어 내고 거기에 적절한 피드백을 제공하는 것에 초점을 두면 된다. 과정중심평가가 도구적 지식들을 엮어 내는 활동에 중점을 둔다는 것은 앞서 수업의 두 가지 영역, 즉 진도 나가기 수업과 수행 과제 중심의 수업이라는 측면에서 자세히 언급한 바 있다. 즉, 교사는 진도 나가기 수업을 통해 학생들에게 제시한 다양한 도구적 지식을 학습자가 충분히 하나의 자기 지식으로 엮어 낼 수 있도록 기다려 주고 학습자의 문제 상황이 무엇인지 귀 기울여 들어 주고 조언해 주는 방식의 참여가 일어날 수 있는 중간 참여 과제 설계에 초점을 두면 된다.

이러한 과제 설계의 방식은 학습자가 최종 과제 해결로 나아가기 위한 다양한 맥락을 제시하는 것을 의미한다. 학습자는 설정한 주제를 여러 가지 맥락에서 수행하고 참여하면서 해당 과제를 촘촘하게 경험하고 재구성하게 된다. 예컨대, 공부한 내용을 친구에게 설명하는 과정에서 우리는 해당 내용이 정교해지는 경험을 한다. 이것은 읽는 것과 쓰는 것, 말하는 것 사이에서 우리는 서로 다른 수행을 경험하면서 다양한 방식으로 지식을 변용하고 이해하는 과정을 겪게 되기 때문이다. 학습자 역시 교사가 설계한 다양한 맥락, 즉 논술 과제, 발표 과제, 포트폴리오 과제, 조별 토론 등의 과제를 다면적으로 경험하면서 해당 지식에 대한 폭과 깊이를 경험하게 된다. 이것은 최종 결과물과 관련지어 연역과 귀납의 과정을 경험할 수 있도록 하는 메타인지 학습이 어떻게 가능한지에 대한 매커니즘이다.

[그림 5-5] 학습자의 총체적 경험을 위한 다면형 설계

다면형 설계의 핵심은 다양한 학습 맥락의 제공을 통한 지식과 기능, 태도를 다양한 방식으로 경험하고 이를 통해 학습자의 메타인지 경험을 제공하는 것에 있다([그림 5-5] 참조). 학습자는 이러한 과정을 통해 자신의 지식의 부족함을 발견하고 그것을 수정 · 보완하는 과정을 통해 성장과 배움을 경험한다. 학습자들에게 지식과 태도, 기능의 경험은 결코 분절화된 것이 아니다. 지식을 수행하기 위한 기능과 태도들은 긴밀하게 하나의 경험으로 통합되어 경험된다. 특히 중장기적 프로젝트의 연계된 다면형 과제 설계에서 학습자들은 이전 과제와 다음 과제를 수행하는 과정을 통해 과제 간 피드백을 경험하게 된다. 예컨대, 논술 과제를 작성하던 학생은 이전에 제공된 활동지에서 놓쳤던 부분을 발견하게 될 수 있고, 이러한 과정을 경험한 학생은 포트폴리오나 발표에서의 과제 해결의 근거들을 발견하게 된다. 즉, 다면적이지만 중첩적인 과제의 성격은 학습자에게 여러 개의 과제를 수행하지만 결코 분절적이지 않은 하나의 과제를 수행하고 있는 통합된 과정을 경험하도록 만든다. 또한 이를 통해 스스로 과제를 완수하고 수정 · 보완하는 과정을 경험하는 것은 자신의 논리를 만들고 하나의 과제를 완결할 수 있는 시행착오와 자기수정의 기회를 제공해 준다.

또한 이러한 다면형 설계는 현장에서의 평가의 어려움을 해결해 주는 기능적인 측면을 가질 수도 있다. 다양한 방식의 평가를 통해 교사는 과제 수행이 학습자 스스로 이루어진 것인지 아닌지를 확인할 수 있게 된다. 포트폴리오와 발표, 논술형 과제 등은 학교와 집에서 분절적으로 이루어지지만 교사는 그것의 밀도를 확인할 수 있는 다양한 방식의 설계를 통해 학습자의 학습의 질을 가늠할 수 있다. 예컨대, 구술평가 등을 통해 논술문이나 포트폴리오의 몇 가지 특징에 대해 자세히 설명해 보도록 하는 방식들은 학습자가 스스로 학습 경험을 자신의 것으로 소화시키기 않으면 안 되는 과정의 경험을 유도할 수 있게 된다. 또한 이러한 일관된 수행을 보이지 않는 학습자에 대해서는 과제 수행의 정직성을 근거로 감점될 수 있음을 평가의 준거로 사전에 설정해 놓는 것 역시 학습자의 윤리적 태도 경험이라는 측면에서 매우 중요한 학습의 경험을 유도한다.

다면형 평가 설계에서 중요한 점은 하나의 주제를 얼마나 다양한 '참여' 과제로 설계하는지에 있다. 여기에서 '참여' 과제의 특성은 참여의 과정이 제공하는 자기피드백의 경험 제공이라는 측면에 있다. 각각의 참여 과제를 수행하는 시기에 학습자들은 기록의 목적이 아닌 순수한 의미의 동료평가와 자기평가를 경험하게 된다. 자신이 이해하고 성장한 정도를 실제 수행을 통해 외현화시키는 과정은 스스로 자신의 장단점을 파악하는 데 매우 중요한 과정이다. 또한 동료 학습자들의 성장 정도와

〈표 5-9〉 피드백과 평가의 시기 설계

구분	지필평가(40%)		수행평가(60%)			
영역	중간고사	기말고사	참여 과제 1	참여 과제 2	참여 과제 3	평가 과제 4
만점 (반영 비율)	10 (10%)	30 (30%)	5+5 (10%)	5+15 (20%)	5+15 (20%)	10 (10%)
평가 방법	객관식, 서술형	객관식, 서술형	활동지	논술형	포트 폴리오	발표 및 구술평가
수업 및 활동 시기	8월	10월	9월	10월	11월	11~12월
평가 시기	8월	12월	12월	12월	12월	12월

비교해 볼 수 있는 참여 과정의 경험은 스스로를 객관화해 보고 부족한 측면을 인지하도록 하는 피드백의 경험을 제공받는다. 이를 통해 학습자는 스스로 성장을 위한 문제를 인식하고 그것을 채워 나가기 위한 대안을 모색하는 등 자아 성찰의 기회를 경험하게 된다.

4) 학습자 기반의 과제 선정과 자기주도적 학습의 유도

과정중심평가는 학습자 중심 학습의 방법적 일환이다. 과정중심평가는 학습자가 학습의 과정에서 선택과 결정을 통해 과정을 경험하도록 하는 것을 중시한다. 따라서 학습에서의 학습자 맥락을 강조하고 스스로 지식을 구성해 보는 자기주도적 태도를 중시한다. 지금까지 교과서 혹은 교과지식 중심의 학습에서는 학습자의 경험과 학습자의 맥락을 학습 장면에 끌어온다는 것이 교과지식을 실제 맥락에 적용시켜 보거나 변용시켜 보는 활동을 의미했다. 따라서 학습의 출발점은 교사가 제시한 단원의 개념이나 활동이 중심이 되고 학습자는 거기에 적합한 예시를 찾는 방식이 주를 이루었다. 물론 여기에도 학습자의 맥락은 활용되지만 이 책에서 의미하는 학습자 중심의 학습의 맥락과는 다소 차이가 있다.

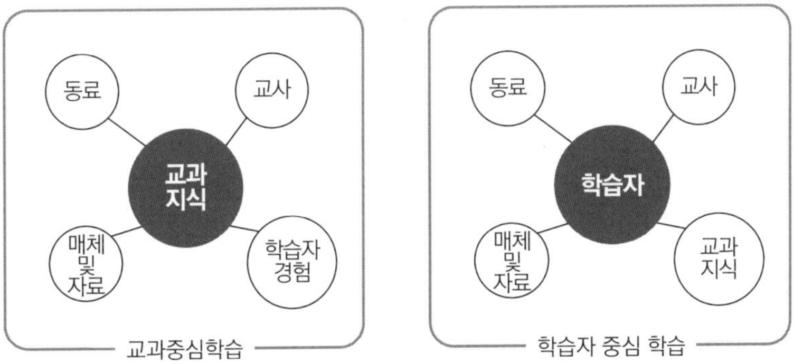

[그림 5-6] 교과중심학습과 학습자 중심 학습

첫째, 학습의 출발점은 학습자의 관심과 호기심에서 시작한 탐구 주제여야 한다. 학습의 출발점이 학습자의 관심과 호기심이라는 것은 과제가 답이 없는 탐구형 주제여야 한다는 것을 의미한다. 물론 이미 주어진 답이 있는 것에서 학습자가 탐구 주제를 정할 수도 있다. 그렇지만 교수자는 학습의 주제를 좀 더 창의적이고 탐구의 호기심을 자극하는 주제로 설정해 줄 필요가 있다. 예컨대, 문헌 자료나 인터넷을 통해 쉽게 검색되는 주제는 학습자에게 과정을 주도한 경험을 줄 수 없다. 특히 이미 답이 정해져 있다는 것은 학습자가 탐구를 이어 갈 동기가 생길 수 없음을 의미하는 것이기 때문에 아무리 작고 사소한 주제일지라도 자신의 맥락에서 생긴 문제의식과 호기심을 담은 개별화된 주제가 설정될 필요가 있다. 예를 들어, '자유학기제의 시행 배경과 특징은 무엇인가?'보다는 '학습자 중심의 나만의 자유학기제 프로그램 설계하기'라는 주제는 학습자가 자신의 독창성과 이해의 정도를 녹여 내어 만들 수 있는 열린 문제의 형식이 될 것이다.

둘째, 교사와 교과지식은 학습자가 설정한 주제에 필요한 도구로 활용된다. 학습자는 이렇게 설정된 주제에 따라 필요한 도구들을 활용하게 된다. 여기에 교사는 적당한 자료를 제공하거나 검색할 수 있는 채널을 소개한다든지, 관련 교과지식들을 설명해 주는 방식으로 학습자의 학습 과정에 조력할 수 있다. 그러한 의미에서 교사는 여타의 매체와 자료, 교과지식 등과 동등하게 학습자를 둘러싼 도구적 지식들로 존재할 수 있다. 다만, 교사는 해당 분야의 전문성을 갖춘 교수자로서 학습자에게 적절하게 방향을 잡아 주되, 사고의 확장을 저해하지 않는 수준에서 학습 과정의 비계 설정을 돕고 격려하는 역할을 해 주어야 할 것이다. 만약 교사가 지나치게 해당 학습 과정에서 교사의 의도대로 탐구 활동을 이끌어 가려고 한다면 학습자는 학습 도구를 선택하고 결정하는 과정에서 주도성을 잃게 될 가능성이 높다. 그렇게 되면 학습자는 스스로 과정을 경험했다는 느낌보다 주어진 것을 수행했다는 경험이 커져 과정에 대한 주체성이 낮아지게 된다.

셋째, 학습의 과정에서 지속적인 학습자의 선택과 결정은 학습의 몰입도를 유지시키는 역할을 한다. 주제의 선택이 학습자 스스로 이루어졌다고 학습의 동기가 끝까지 유지되는 것은 결코 아니다. 오히려 자신이 선택한 주제가 지나치게 높거나 낮게 설정되었다면 학습에 대한 동기는 쉽게 사라질 수도 있다. 따라서 학습의 과정에서 학습자는 끊임없이 스스로 문제해결을 위한 도구를 선택할 수 있어야 한다. 이러한 과정은 학습 결과물을 개별화시키는 과제 수행 방식의 하나이다. 이렇게 발생하는 학습자 간의 차이는 수행 과제에 대한 주인의식을 갖도록 하고, 자신의 논리와 관점을 차별화하기 위한 전략들을 활용하도록 만든다. 학습자에게 이러한 자율성을 부여하는 것은 자기주도적 학습을 위한 조건이자 학습자가 자신의 정체성을 경험하도록 하는 매우 의미 있는 경험이 된다. 또한 이러한 과정을 통해 학습자는 자신이 구성한 지식과 자신의 장단점을 파악하여 자신의 역량을 극대화시키기 위한 자기이해의 경험들을 하게 된다. 이처럼 학습자의 맥락이란 교과 지식을 학습자의 경험에 빗대어 보는 것이 아닌, 학습자의 삶에 교과 지식을 활용해 보는 전환적 설계를 의미한다.

4. 학습 과정에 대한 개입과 자율성의 공존

여기에서는 과정중심평가에 대한 다양한 사례로서 IBDP와 교수평기 일체화 모형을 비교하며 살펴본다. 최근 국내외의 IB에 대한 관심과 IBDP 평가와 수업이 혁신의 모델로 주목받고 있는 것은 아마도 그 둘 사이의 차이, 즉 과정에 접근하는 방법적 논리에서 비롯된 것이리라 생각된다. 과정의 누적 기록으로 평가를 산출하는 것이 아닌 평가의 체계화를 통해 과정을 구현시키는 역발상에서 비롯된다. 학습의 과정을 교사가 모두 통제할 수 있다는 오만은 지식 중심, 교사 중심의 학습 환경을 만들고 다양성을 인정하지 않는 경직된 학습 문화를 양산시켰다. 이러한 학습 환경에서 탐구력과 잠재력은 자극될 수 없다. 따라서 활동은 있지만 진정한 배움의 과정이 존재할 수는 없었다. 과정중심평가는 학습자의 다양한 자기이해, 자기표현의 방식이 허용되는 학습 환경이 전제가 될 때 구현 가능할 것이다. IBDP는 이러한 환경에 대한 책임을 교사나 학생 개인의 노력으로 전가하지 않는다. 평가 체계의 정교화를 통해 학생이 나아가야 할 학습의 방향성을 정확히 제시하되 수행 방식 중심의 평가 체계를 구축함으로서 학생의 개별성과 다양성을 학습의 과정에 담아낼 수 있도록 하였다. 이러한 평가 체계는 학습 과정에서의 통제와 자율성 부여의 완급 조절에 성공한 사례가 되었고 이것은 과정에서의 배움을 유도하는 평가로 인정받게 되었다. 결국 학습자의 다면화된 성장의 과정을 가급적 다각도로 측정하고 그것을 성장으로 인정해 주는 다면적 평가 체계를 구축하는 것, 그리고 이러한 평가를 충실히 준비하는 수업의 과정을 경험하도록 하는 것, 그리고 그러한 다양성의 경험이 역량 기반의 교육과정으로 이해되는 것, 이러한 학습자 중심의 개별화된 학습을 평가로 유도하는 것, 그것이 교육과정과 수업, 평가 일체화의 한 가지 모형이 될 수 있을 것이다.

제6장

평가는 존재를 이끈다: IBDP가 자아에 접근하는 방법

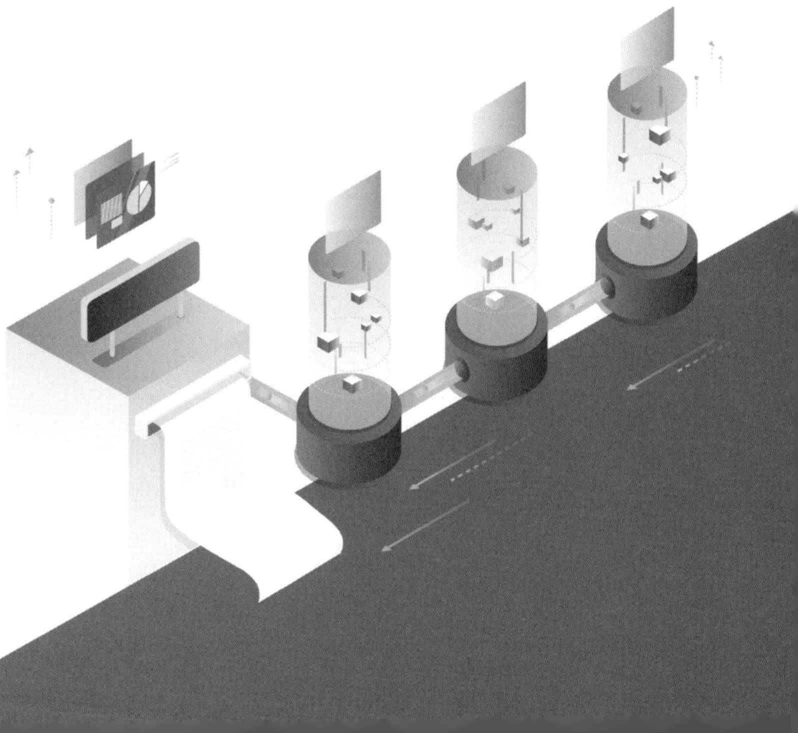

IB that Shaped the Future of Education

1. 새로운 학습자상, 학생 주체성(student agency)

교육 2030을 통해 새롭게 규정된 '역량'의 개념은 '에이전시(agency)'라는 새로운 용어를 통해 신학력으로서 개개인의 배움과 성장이 무엇을 의미하는지 보여 주고자 하였다. 여기서 역량은 선택과 결정의 주체가 성취하는 개인적 보편성에서 발휘되는 힘으로서, 전통적인 교육에서 지향하는 인간상에 반영된 '전인적 인간'의 능력으로부터 변화된 인간상을 반영한다고 할 수 있다. 역량에 대한 이러한 재규정은 전통적 교육의 한계를 지적함과 동시에 새로운 학습법에서 담아야 할 역량교육의 원리와 특징들을 제안한다. 지금껏 얼마나 많이 기억하고 얼마나 잘 재현해 내는지에 초점을 두었던 지식 기반의 교육과 평가의 방식은 얼마나 자신의 지식으로 문제를 창의적이고 주도적으로 해결해 나가는지에 대한 역량 기반의 교육과 평가로 전환할 것을 요청하고 있다. 다시 말해서, 새로운 능력으로서 역량은 지식이나 기술, 태도와 가치를 개인의 인격과 결부된 수준의 능력으로 규정되며 학습을 통해 성취되는 학습자의 자기이해를 강조한다.

2015 개정 교육과정은 사실상 OECD의 새롭게 규정된 '역량' 개념 이전에 완성된 교육과정이라는 점에서 몇 가지 한계를 노정한 채로 현장에서 활용되고 있는 것이 사실이다. 2015 개정 교육과정에서 역량 기반 교육과정 구현을 위해 가장 공을 들인 것은 핵심 개념의 도입과 과정중심평가를 위한 수행평가의 확대였다. 그러나 그러한 방식은 교육과정과

수업 평가를 유기적으로 연결시키지 못한 채 부분적으로 다루어짐으로써 오히려 교사와 학습자들의 경험을 왜곡시킨 경향이 다분하다(손민호 외, 2018). 이러한 시점에서 IB 도입과 관련하여 학습과 평가에 대한 근본적인 물음이 쟁점화된 것은 일면 시의적절한 현상이라고 볼 수 있다. IB에서의 목표와 수업, 평가를 어떻게 유기적으로 연계시키고 있는지에 대한 분석은 이러한 차이를 극명하게 보여 주고 있기 때문이다.

지금껏 평가를 교육적 성취도 혹은 책무성 확보를 위한 '검사'의 의미로 활용해 온 우리의 교육적 문화에서 IBDP의 평가 체제는 교육과정과 수업, 평가의 일체화가 어떻게 유기적으로 연계될 수 있는지를 설계의 측면에서 잘 보여 준다. 이 연구에서 제시한 IBDP의 평가 체제에서 주목해야 할 것은 평가의 공정성과 객관성을 확보하기 위한 노력들이 학습자의 성장과 배움이라는 궁극의 목적을 침해하지 않는 범위에서 어떻게 공존하고 있는가 하는 문제이다. 먼저 평가 기준의 모호함은 타당성과 신뢰성의 저하 문제가 아닌, 과정중심의 평가를 위한 필연적 조건으로 여겨지는 장치가 된다. 또한 평가의 공정성 확보를 위해 도입한 조정 제도는 단순히 평가의 객관성 확보를 형식적 절차가 아닌 개인 맞춤형 학습의 조건을 구축하기 위한 보완적 장치로 마련한 것이라고 평가할 수 있다. 마지막으로 탐구 과제를 통한 창의성 발현의 기회는 결코 개인의 정체성과 따로 분리된 경험이 아니라는 사실 또한 IBDP의 채점 기준표는 잘 보여 준다. 이처럼 IBDP의 평가 체계는 단순히 평가 방식의 차이가 아닌 교육과정 전반에서 학습자 개인의 개별성과 성장이라는 발달적 교육관의 본질에 충실할 수 있도록 하는 데 초점이 맞추어져 있었다.

최근 우리 교육은 그 어느 때보다도 치열하게 교육 현장을 바꾸기 위해 노력하고 있다. 학점제의 도입과 공동 교육과정 개설을 통한 학습 선택권의 확대, 논·서술형 절대평가와 토론식 수업으로 대변되는 IB의 공교육 도입 등에 대한 논쟁들은 얼마나 우리 교육이 변화와 혁신을 갈구하고 있는지를 잘 보여 준다. 그렇지만 이 장에서는 과연 학습자의 학습 선택권이 교과 선택의 문제로 해결될 수 있는 것인지, 논·서술 평가 방식과 토론식 수업으로의 전환 자체가 교육의 질을 담보하지 못한다는 점을 보여 주고자 하였다. 과목의 선택이 학습자의 선택이었을지라도 그것을 경험하는 수업과 평가의 맥락이 얼마나 학습자에게 자기주도성을 부여하는지, 그것이 학습자의 자기이해 경험이 될 수 있도록 얼마나 학습의 과정이 중심이 되는 평가 설계가 되어 있는지 따져 보아야 한다. 결국 IBDP를 통해 들여다본 역량 기반 교육과정의 의미는 학습자 중심의 배움이 요구하는 근본적인 교육적 물음들로부터 우리 교육이 어디쯤와 있는지를 다시금 돌아볼 수 있도록 돕는다.

2. 존재론적 접근으로서 역량을 설계하다

2015 개정 교육과정은 창의융합 인재상을 교육과정의 핵심 목표와 원리로 삼아 혁신을 추진하고 있다. 이를 위하여 교육과정과 수업 그리고 평가의 개선은 역량의 함양과 심층적인 배움을 꾀하기 위한 근간으로서 다양한 영역에서 연구와 실천이 일어나고 있다. 이러한 변화 가운데 일부 시·도 교육청에서는 국제 바칼로레아(IB)의 도입을 검토하고 있으며 최근 대구와 제주를 중심으로 공교육에서의 IB의 일부 적용이 본격화되고 있다. 지금까지 국내의 IB는 일부 국제학교를 중심으로 국내 거주 외국인에 대한 교육과 해외 대학 진학에 대한 필요에 따라 운영되어 온 바 있다. 반면 최근 공교육에서의 IB 도입에 대한 관심은 주입식 교육과 객관식 시험에서 여전히 벗어나지 못하고 있는 우리 교육 풍토를 어떻게 바꿀 수 있는지에 대한 관심에서 시작했다는 점에서 의미가 있다.

IB는 2015 개정 교육과정이 지향하고 있는 교육의 방향에서 크게 벗어나지 않는다는 점에서 그 도입 여부에 관해서 갑론을박이 뜨겁다. 교육의 방향이 유사하다면 보다 검증되고 발전된 체제를 적극적으로 활용해야 한다는 의견과 점진적이고도 자생적인 노력이 더 중요하다는 의견이 서로 팽팽하게 맞서기 때문이다. 실제로 IB는 새 개정 교육과정에서 표방하고 있는 인재상, 핵심 역량, 그리고 이를 실현하기 위한 참여형 수업과 과정형 평가 등 큰 방향에서 일정 부분 서로 일치한다(손민호 외, 2018).

앞서 OECD의 교육 2030 프로젝트에 대한 검토를 하였다. DeSeCo 프로젝트는 공교육에서 신학력에 대한 관심을 점화시켰다는 점에서 큰 의의를 갖는다. 그렇지만 동시에 신학력 중심으로 교육과정을 어떻게 설계하고 운영할 것인가에 대한 혼란과 오해를 불러일으키기도 하였다. 지식과 역량 간의 다소간 혼동스러운 이해는 십여 년이 흐른 이후 'OECD 교육 2030 프로젝트'에서 다시 상정되었다. 새로운 프로젝트에서는 메타인지와 자기주도성으로 대변되는 '총체적 자아'로서 새로운 역량 개념을 규정하기 위하여 이전에 다소 분절화되어 다루어졌던 역량 개념에 대한 새로운 접근을 요구한다. 이를 위하여 미래교육의 새로운 비전으로서 삶의 질적 고양의 의미로서 '웰빙' 개념을 제시하는 등 인간 삶의 존재에 대한 철학적 고찰을 요구한다. 이러한 차이는 과연 이러한 철학적 담론을 어떻게 교수 설계로 구현할 것인지 더욱더 난해하게 만드는 측면이기도 하다.

OECD는 2015년 DeSeCo 프로젝트의 2.0 버전으로 볼 수 있는 'OECD 교육 2030 프로젝트'를 통해 '학생들이 스스로 문제를 인식하고 해결해 나가도록 하는 교육'을 제안하기 시작하였다. 이로써 DeSeCo 프로젝트가 미래 사회 핵심 역량을 도출해 내는 것에 역점을 두었다면, '교육 2030'은 한 단계 더 나아가 핵심 역량을 기르기 위한 교육과정, 교수학습법, 평가 시스템 등을 도출해 내는 것을 목표로 하였다. 이 연구 프로젝트에서 주도적인 역할을 한 기구는 바로 미국의 교육과정 재설계센터(Center for Curriculum Redesign: CCR)이다. CCR은 '21세기에 학생들은 무엇을 배워야 하는가'라는 질문에 답을 하기 위해 Charles Fadel이

설립하였다. Fadel의 연구를 통해 나온 결과물이 『21세기 핵심역량(21st Century Skills)』(2009)이다. 여기서 제안한 미래 사회 핵심 역량이 바로 4C, 즉 창의력(Creativity), 의사소통능력(Communication), 비판적 사고능력(Critical thinking), 협업(Collaboration)이다. [그림 6-1]은 그 내용을 요약적으로 잘 보여 주고 있다.

[그림 6-1] 학생들은 무엇을 배워야 하는가?

[그림 6-1]에서 보여 주는 대로 '교육 2030'에서는 학습 활동에 있어서 지식, 기능, 인성에 총합적으로 주안점을 두어야만 한다고 강조한다. 먼저 지식(knowledge)은 전통적으로 교과교육을 통해 전수되는 요소이지만, 개별 교과를 넘어 통합교과적인 전략도 함께 전수되어야 하며, 그러한 지식의 성격은 인지적일 뿐만 아니라 절차적인 것을 포괄하고 있다. 다음으로 기능(skills)은 전통적인 인간학적 가치인 지 · 덕 · 체를 아우르는 것으로서 각각 인지적 및 메타인지적, 사회 · 정서적, 신체활동에 해당한다. 마지막으로 인성 요소는 태도 및 가치(attitudes and values)로 명명되고 있다. 인성교육은 개인적 · 지역적 · 사회적 · 세계시민적 차원으로 확대된다. 지식, 기능, 인성 요소에 초점을 둔 이러한 학습 활동은 일반 능력으로서 역량을 기르는 데 목표를 두게 된다.

역량은 개념상 개인들의 행위, 즉 수행 성과로 구분된다. 이에 따르면 역량이란 지식이나 기능 그리고 태도와 가치를 체득한 한 개인이 문제 상황에 이르게 되었을 때 어떤 사고나 행위를 취할 수 있는 인격이나 자아와 같은 존재나 정체성 수준을 일컫는 의미라고 볼 수 있다. 여기서 주목할 필요가 있는 것은 '교육 2030' 프로젝트에 제시된 지식, 기능, 인성을 관통하는 것으로서 학습자의 메타학습 능력을 '역량'으로 본다는 점이다. 이는 '반영하고 적응하는 방법'으로서 메타인지 및 성장 마인드세트를 뜻하는데, 이는 '자기주도의 학습력'과 유사하다고 할 수 있다. 역량을 기능으로 국한시켜 볼 것인가 아니면 지식, 기능, 인성 그리고 메타학습이 총체화된 상태로 볼 것인가에 관해서는 아직 합의된 바는 없다. 전후맥락을 두고 추론해 보건대 역량의 총체성, 즉 지식과 기능 그리고 태도의 총합을 염두에 둔다면 '교육 2030' 프로젝트에서는 메타학습을 좀 더 강조하는 역량으로 재개념화한 것으로 해석해 볼 수 있다. 이러한 인간상은 'OECD 교육 2030 프로젝트' 이외에도 우리나라에서는 서울시, 경기, 충북 그리고 전북의 학력관 등에도 직접적으로 반영되어 있기도 하다. 즉, 개인이 소유한 능력을 넘어서는 존재 그 자체로 보는 것이 마땅할 것이라는 것이 최근 역량에 대한 접근 방식이다.

따라서 역량에 의해 발휘되는 사고와 행위는 성찰과 예견 그리고 행위의 동시적인 순환 과정에 따라 이루어진다. 이에 따르면 이 세 가지 측면이 동시에 그리고 매 상황에 순환되면서 일어난다. 즉, 성찰과 예견 그리고 행위는 따로 순서화되어 일어나지 않고 동시에 맞물려 일어나면서 매 상황에 순환된다. 성찰과 예견 그리고 행위는 학습자에게 있어서 지식이 어떻게 습득·축적되는지 보여 주는 개념이 아니라 문제해결이나 탐구의 원리 또는 지식의 시스템을 어떻게 구성해 나가는지 보여 주는 소위 '심층학습(deep learning)'을 위한 과정의 특징을 보여 준다고 할 수 있다. 성찰과 예견 그리고 행위의 순환 과정은 학습자가 어떻게 지적인 기능을 발휘하는지 사실상 신학력을 위한 탐구와 학습의 원리를 제시하고 있다.

한편 IBDP의 경우 주입식 교육 대신 꺼내는 교육, 소위 자기주도적 학습과 심층학습으로 이해되는 새로운 역량 설계의 집약체로서 소개되곤 한다. IBDP의 경우 졸업 시점에 치러지는 평가 중심의 고교 대학 연계 교육과정이라는 점에서 현재 우리 교육에서 표방하는 과정중심평가와 내신 중심의 학생부 종합 전형과는 다소 차이가 있다. 물론 내신과 유사한 방식의 내부평가가 존재하지만 이 또한 평가 시기와 방법적인 면에서 다소 차이가 있다. 그럼에도 불구하고 IBDP는 현재까지 활용하는 교육과정 가운데 비교적 역량 기반의 평가 설계이자 과정중심평가에 가깝게 구현된 사례로서 평가받고 있다. 따라서 이 장에서는 역량 기반의 교육과정 구현을 위한 평가의 설계 방식으로서 IBDP를 이해하고 이것이 교육과정과 수업, 학교 문화 전반을 이끄는 강력한 유도체로서 어떻게 평가 체계를 구현하고 있는지 살펴보고자 한다. 이는 IBDP를 둘러싼 담론을 단순히 평가 형식의 차이로만 다루기에는 우리의 2015 개정 교육과정의 수업과 평가 등 학교의 문법 전반에 대한 차이를 설명해 낼 수 없기 때문이다. 실제로 IBDP의 학습자상을 비롯한 교육적 철학과 배경이 2015 개정 교육과정과 크게 다르지 않다는 점에서 평가 방식의 차이가 어떻게 서로 다른 학교와 수업 문화를 만들어 내는지 검토해 보고자 한다.

따라서 여기에서는 IBDP가 왜 존재론적 의미의 역량 개념을 기반으로 한 교육과정일 수 있는지의 관점에서 여러 가지 특징을 살펴보고자 한다. 이를 위하여 IBDP에 관한 기존 연구물과 IBO에서 제공하는 IBDP에 관한 내용의 검토가 이루어질 것이지만, 특별히 여기에서는 문서상으로 충분히 이해하기 어려운 부분들은 IBDP를 현장에서 적용하고 있는 교사들과의 면담을 통해 구체화하고자 한다. 특히 IBDP 교육과정의 목표와 인재상, 수업과 평가 관련 자료 등은 IBO 공식 홈페이지에서 제공하는 자료와 최근 관련 연구물들을 기본 자료로 활용하였지만, 부족한 자료 혹은 추가적인 보완과 이해가 필요한 부분은 현재 국내에서 IBDP를 운영 중인 국제학교 교사들과의 면담을 통해 보완하였다. 또한 최근 공교육 도입을 결정한 뒤 연수를 통해 IB를 이해하고 최근 학교 현장에 적용하기 시작한 MYP(3인) 교사 3인과의 면담도 본 논의를 풍부하게 하는 데 도움을 주었다.

3. IBDP가 자아에 접근하는 방법

1) 형성평가와 총괄평가의 분리: 충분한 시행착오를 통한 성장 경험의 제공

앞서 언급한 바(38쪽, 186쪽 참조)와 같이 IBDP의 발달적 평가관은 평가 문항이나 조건의 동일성보다는 학습의 과정에서의 학습자의 도달 정도와 상태를 평가하는 것이 중요하다. 다만, 교사는 학생에게 최종 도달해야 하는 성취 수준과 성취 준거에 준하여 학생을 지도하고 여기에 부족함이 없도록 지원해야 한다.

> 내가 이 수업을 처음 1단계부터 그 마지막 구현 단계까지 모든 단계를 이렇게 세밀하게 구현했다라고 한다면 학생이 활동하는 걸 보면서 애들이 실제로 그 안에서 이걸 구현해 나가는 걸 보면서 사실은 7점인지, 8점인지 우리 마음으로 알 수 있는 거예요. 중3인지, 진짜 최상인지, 근데 그걸 누군가에게 증명을 해야 되는 게 아니라 '나는 지금까지 이렇게 봤으니깐 애가 최상이야'라고 이야기할 수 있는 그 자율성을 믿어 준다는 거예요. 그렇게 해서 나는 내가 그거를 이렇게 세밀하게 생각해서 구현하고 애들이랑 이렇게까지 했는데 '나는 이런 기준에 의해서 애가 이거라고 생각해'라고 이야기하면 IB에서는 네가 그렇게 생각했다면 오케이, 이렇게 믿어 준다니까요. 그래서 그렇기 때문에 그 앞에 과정 하나하나를 이렇게 세밀하게 구별하는 건 누가 시켜서가 아니

라 실제로 내가 이 마지막에 척 보면 알 수 있게 하기 위한 세밀한 단계들이라고 봤을 때, IB가 평가 검정이냐? 뭐 수업에 대한 기준이 엄격하냐? 그런 거 같진 않아요. 교사의 전문성을 거기 마지막 순간에 척 보면 알 수 있는 그 순간까지 교사가 계속 끊임없이 단련해서 올리는 과정을……. (MYP B교사)

이처럼 교사의 맥락적 판단과 해석은 학습자와의 충분한 상호작용과 납득 가능한 맥락적 설명이 뒷받침되어야 하는 정성적 평가 체계에서 필수적인 요건이기도 하다. 결국 교사는 학습 과정에서 끊임없이 학습자의 상태를 인지시키고 지금 학습의 도달 정도가 어디에 해당하는지, 또 얼마나, 어떤 부분을 보완해야 하는지를 지속적으로 인지시켜야 한다. 그래야만 최종적인 평가에서 생길 수 있는 평가에 대한 타당성을 확보할 수 있기 때문이다. 이러한 과정은 수업의 질을 바꾸고 학습자에 대한 밀착 지도와 피드백을 가능하도록 만들고 있었다. 이 과정에서 학습자의 성장은 단계마다 이루어지는 형성평가와 이에 대한 피드백이 필수적일 수밖에 없음을 의미하고 있었다.

형성평가와 총괄평가의 차이가 무엇인가에 대해서 이야기를 하면서 형성평가는 무엇을 위해서 존재하는가 이런 것들을 저희가 연수에서 하죠. 그래서 형성평가라고 하는 건 중간에 단순히 점검이 아니라 교사가 학생을 점검하는 그런 수단이 되기도 하지만 학생이 지금 자기가 어디 있는지를 점검할 수 있어야 되고 그리고 이 점검의 결과를 다른 친구들과 공유를 하면서 그다음 단계에서 더 나아질 수 있어야 하며, 뭐 이런 인제 중간에 이뤄지는 형성평가는 이런 이런 조건을 충족시켜야 한다는 걸 알려 줘요. 그리고 인제 이거를 통해서 마지막에 총괄평가는 어때야 한다고 하는 거를 연수에서도 알려 주고, 뭐 가이드북에도 있고 저희가 끊임없이 교사, 학교 안에서 선생님들과의 그런 어떤 이야기를 통해서도 하게 되는데 그러면 이제 피드백이 그만큼 중요하고 자기들끼리 소통, 친구들끼리 소통하고 자기 스스로가 자기 걸 다른 친구와 비교하면서 어떤 부분이 부족했나를 계속 이렇게 할 수 있는 기회를 자꾸 만들어야 되는데, 근데 뭐 전반을 다 들어가시는 선생님들, 어떤 경우는 일주일에 수업 시수가 적은 선생님들 같은 경우는 그게 되게 힘들면 구글 클래스룸 같은 거에서 온라인으로 피드백을 주시기도 하고 아니면 모둠 활동 안에서 모둠 전체에 어떤 피드백을 주시기도 하고, 그리고 피드백을 해 가지고 애들이 그 피드백을 듣고 생각해 낸 걸 다시 제출하게 해서 그거에 대해서 추려서 피드백을 하시기도 하고. 그 피드백을 어떻게 주느냐는 다 개인적으로 그거에 맞게 하시는데, 근데 모두가 합의하시는 건 형성평가가 없다면 총괄평가가 이뤄지지 않을 거다, 형성평가에서 피드백이 이루어지지 않는다면 총괄평가는 이뤄지지 않는다고 하는……. (MYP A교사)

교사는 학습자의 평가 결과에서 과정을 유추하고 평가 결과에 대한 납득 가능한 근거를 제시하기 위해 학습 과정에서 지속적으로 학습자의 상태를 확인시키고 거기에 적절한 피드백을 제공해야 한다. 학습자는 자신이 부족한 부분을 인지하고 거기에서 보완해야 할 부분을 인식하게 되는데, 이 과정은 학습자가 평가 결과에서 자신이 얻은 점수에 대한 타당성을 부여하는 과정이 되어야 한다. 다시 말해서, 교사는 과정 속에서 학습자로 하여금 수행의 수준과 결과를 예측할 수 있도록 해 주어야 한다는 것이다. 이것이 바로 과정 중에 일어나는 형성평가이며 수업은 그에 대한 피드백 과정이다.

이 형성평가의 발판을 일단 나는 충분히 말을 해 주고 이거에 단계를 잘 밟아서 도달한다면 처음에 내가 이 과제를 시작했을 때보다 내가 분명히 나은 결과를 낼 수 있다고 믿음, 그런 걸 학생들에게 주기 위해서는 끝없는 피드백이 정말로 필요하게 됐는데, 근데 어떻게 하면 조금 더 수월하게 조금 더 자주 학생들에게 긴밀하게 피드백을 줄 수 있는가에 대한 부분이 항상 고민이 되는 문제인 것 같아요. (중략) 그래서 그것은 이 아이들 모두가 완전학습을 믿는다는 게 아니라 이 아이의 어제보다 오늘이, 오늘보다 내일이 나아진다고 하는 그 확신을 애도 받고 나도 받고 그리고 더 나아가서 집에서도 받는 것. 그게 이제 좀 더 낮은 수준의 학생이든 높은 수준의 학생이든 지금 이 수업 시간에, 지금 하고 있는 이 활동을 선생님과 함께 잘 협력해서 동료들과 함께 잘 협력해서, 이 하나하나의 과정들을 지나간다면 내가 분명히 종합분과를 잘 대비할 수 있다고 하는 걸 아이들에게 끊임없이 계속, 중간중간에 계속 알려줘야 돼요. 나는 이런 거를 마지막 단계에서 시험 칠 거고 이런 평가 기준으로 평가할 건데 지금 똑같은 평가 기준으로 지금 우리가 연습해 볼 거야. 지금 여기서 너희가 최선을 다해서 하게 되면 난 충분한 피드백은 준다. 그럼 그거를 가지고 너희들은 더 연습해서 다음 단계, 다음 단계 나아가게 하려면 너희들이 예상했던 것보다 더 잘할 수 있다. 그렇게 해서 실제로 수업을 해 봤을 때 학생들이 스스로 낸 결과물에 되게 만족해하더라고요. (중략) 본인들이 자기가 처음에 생각했었던 거보다 진짜 마지막에 가서…… 이런 것들을 통해서 스스로 자기들이 생각해요, 이 앞 단계보다 이 뒤 단계가 자기 스스로가 더 마음에 든다고 하는 사실을. 비슷한 연습 문제로 분명히 앞에서 연습을 했었는데 그때는 그만큼 잘 못했단 말이에요. (MYP 후보학교 B교사)

이러한 과정에서 학습자는 비록 자신이 다른 학생과 성취 수준에서 차이가 있더라도 자신의 학습의 출발 지점에서 성장한 정도를 인지하게 되고 자신이 더 나아지고 있다는 점을 인지하게 된다. 즉, 선발적 차원이 아닌 발달적 차원에서 자신이 충분히 학습하고 있음을 스스로 경험하게 되며 본인의 학습 과정에 대해 나름의 성취감을 갖게 되는 것이다.

결국 IBDP의 절대평가 방식은 상대평가에서 학습자들의 성취 정도를 변별하기 위한 목적과는 엄연한 차이를 보인다. 또한 학습자의 성취 수준을 특정하기 위한 용도의 절대평가와도 다르다. 앞선 두 가지의 평가가 모두 학습자의 단계를 특정하고 서열화하는 것을 목적으로 한다면, 누적 기록 없는 순수한 피드백 목적의 형성평가는 교사의 피드백과 학습자의 자기인식을 촉진시켜 주는 역할을 한다. 다만, 이것은 분절적 활동으로서 형성평가가 아닌 최종 총괄평가를 위한 과정으로서의 형성평가일 때만 가능하다. 이러한 평가 과정은 과제의 완성도 전체를 해당 교과에서 설정한 절대적 성취 준거에 맞추기 위하여 지속적으로 피드백하고 성취 수준에 도달시키기 위해 반복적으로 성취 수준을 확인하는 것으로서 학습의 과정과 다르지 않다. 즉, 학생들은 이러한 과정에서 부분적이고 분절적인 지식의 의미나 내용만을 암기하는 것이 아닌 과제의 질적 향상을 위해 끊임없이 자신의 수행 정도를 확인하고 그것을 끌어올리기 위해 노력해야 한다. 이것은 결과에 대한 평가만으로는 충분한 점수를 받을 수 없게 평가가 구조화되어 있기 때문에 학생들은 평가에서 요구하는 다양한 평가 준거에서 높은 점수를 받기 위하여 학습 과정을 전개시켜 나간다. 또한 이러한 도달도 평가는 가능한 한 많은 학생이 성취 목표에 도달하도록 하기 위한 성장 지향 학습과 평가 방식을 취한다.

2) 조정 제도: 정성적 평가의 보완과 세계 속의 자아인식

선발적 평가관에서는 학생 간 차이를 변별해 내는 것이 중요하다. 따라서 평가에서는 동일 문제와 동일 답안을 전제로 하는 평가 조건의 동일성이 매우 중요하게 다뤄진다. 하지만 발달적 평가관에서는 학습자의 성장과 발달에 초점을 두기 때문에 평가 문항과 조건의 동일성이 중요치 않다. 이것은 학습자의 성장과 발달을 위해서 학습에서 적당한 콘텐츠와 형식을 다양하게 선택하도록 하는 개별화 학습의 설계 조건이 마련되었음을 의미한다. 평가 문항과 답안이 개별화된다는 것은 평가에서 상정하는 성취 준거의 적용 방식이 선발적 평가관과는 달라져야만 함을 의미한다.

이는 평가 준거의 제시 방식이 내용 요소의 측정 수준에서 학습자의 성취 정도를 측정하는 방식으로 달라져야 함을 의미한다. 선발적 평가관을 바탕으로 실시되는 평가에서 문항과 답안이 얼마나 많은 사람에게 객관적이고 정확하게 측정할 수 있는 도구인지가 중요했다면, 발달적 평가관에서는 채점자 개인이 얼마나 평가의 일관성과 보편성을 갖고 평가를 했는지가 평가의 타당성과 신뢰성을 결정하는 핵심이 된다. 따라서 이러한 관점에서는 평가의 공정성은 서로 다른 학습자 간이 아닌, 채점자 내적으로 학습자 개인의 도달 정도를 일관되게 변별하는 문제를 의미한다.

발달적 평가관에서 평가의 타당성과 신뢰성을 바라보는 관점이 달라짐에 따라 IBDP에서는 교차 채점 방식을 활용하고 있다. 다수의 평가자를 통해 평가의 공정성을 확보하는 방식은 IB에서 지식을 바라보는 관점 자체가 다름을 반증하는 하나의 방식이기도 하다.

> 우리나라의 평가 제도가 이렇게 객관식으로 있는데 이걸 만약에 내가 evidence로 내면 괜찮느냐 하니까, 객관식이 꼭 틀렸다기보다는 이 객관식, 올 객관식이나 단답형이 우리 IB에서 주는 평가 기준을 도달할 수 있겠냐, 자기가 볼 때 불가능하다고 생각…… 그래서 근데 그럼 아이들이 답을 쓰는 것들이 논술형이나 서술형이 되면 좀 주관적이지 않나 물었더니 그래서 그분이 저한테 역으로 질문하신 게 객관식으로 낸다고 해서 그게 교사의 주관이 안 들어가느냐 그것도 분명히 의도를 가지고 있다. 이렇게 역으로 질문을 하시는 거예요. (MYP 후보학교 C교사)

네, 저희가 지금까지 해 왔던 평가의 방식과 다르고 이제 저희가 IB 연수를 들어 보면 저희는 뭔가 명확하게 딱 떨어지는 평가 기준을 원하는데, 근데 IB에서 교사가 교실 안에서 학생을 가장 잘 판단하고 있기 때문에 똑같은 학생의 결과물에 대해서 90점을 줄 수도, 100점을 줄 수도, 그건 교사가 판단하는 거 아니야? 근데 왜 90점과 100점의 기준을 우리한테 달라고 하지? 이런 식의 어떻게 생각해 보면 교육학적으로 참 맞는 말인데, 근데 저희는 이제 90점과 100점 사이에는 명확한 변별 기준이 있어야 한다고 저희는 알고 있는 부분이기 때문에 평가에 있어서 학생이 써 놓은 글을 가지고, 학생이 하고 있는 말을 가지고 90과 100의 경계를 나누는 그런 어떤 기준 부분에 있어서 저희가 저희 자신을 못 믿어서가 아니라 저희는 생각해야 하는 그런 어떤 외부적인 요소들이 많다 보니깐 그런 부분에 있어서 저희가 가장 어려움을 느끼면서 (중략) 제가 아까 얘기했었던 말에 조금 더 돌이켜서 생각을 해 보면, 90점과 100점의 경계에 대해서 제가 얘기했었잖아요. 사실 그거는 저희가 IB가 아니더라도 지금 수행평가를 매길 때도 지금 그 생각을 하고 있는 부분이거든요. 근데 저희는 90점을 받은 학생이랑 100점을 받은 학생이 민원을 제기하지 않으면, 사실은 IB가 이야기하는 방식으로 그 본질에 맞게 학생들이 이거 안에서 자기 역량을 성취해 내고, 이런 것들을 평가해야 됨에도 불구하고 학생이 반발하지 않아야 하기 때문에 저희가 편하기 위해서 그냥 그 안에 평가자는 넣어서는 안 되는 편의에 맞춰서 그 어떤 정량적인 요소를 집어넣게 되어 있잖아요. 그러니깐 '학생들이 민원을 넣지 않았으니깐 괜찮아'라고 얘기하지만 사실은 저희도 어딘가 마음속에 찜찜했던 부분이 있는 거예요. 근데 그게 지금까지는 괜찮게 진행되어 왔었던 거죠. 근데 그걸 IB에 낼 수는 없는 거예요. 그게 그쪽에서 원하는 바가 아니기 때문에. 그럼 우리는 우리가 원래 고민했어야 하는 것들을 지금 다시 고민하고 있는 거예요. '교사라면 진짜로 이런 학생의 이런 것들을 어떤 식으로 평가해야지'라고 하는 걸 이렇게 평가를 하면서 했었어야 했었는데 하지 못했던 것을 지금 시작하면서 걱정하고 있는 거예요. 원래 예전에 걱정했었어야 되는 것들을……. (MYP 후보학교 B교사)

IB를 처음 적용하는 교사들이 느낀 평가의 모호성은 평가를 통해 학습자의 어떤 측면을 성장시킬 것인지에 대한 근본적인 질문을 던지게 하였다. 단순한 지식의 암기가 아닌 사고력과 이해력, 메타인지 등 현장의 수업이 변화하면서 요구되는 새로운 능력들을 기르기에는 결코 객관성만을 요구하는 평가가 충분치 않다는 사실을 새로운 평가 체계를 경험하면서 느끼고 있었다.

특히 절대평가에서의 등급 점수를 통한 단계평가 방식은 평가 준거별로 분절적인 지식의 정확도를 확인하고 점수를 특정 짓는 방식이 아닌 내용이나 구조의 질적 차이를 바탕으로 구분된다. 따라서 각각의 평가 준거들은 전체 과제물의 총체적 흐름 안에서 파악될 수 있다. 예컨대, 〈표 6-1〉은 학생의 '지식과 이해' 수준을 평가하기 위한 평가 준거에서 점수의 차등을 구별 짓는 용어이다. 과목별로 다소 상이하긴 하지만, 대체로 IBDP에서 성취 준거의 제시는 다음과 같은 과제의 '내용 요소'가 아닌 '수행의 질적 수준'을 차등하는 방식으로 이루어진다.

〈표 6-1〉 문서화된 평가 기준: 기준 B-지식과 이해

평가 기준	0	1	2	3	4	5	6
• 기준 B: 지식과 이해 -학생이 선택한 작업에 대한 지식과 이해를 보여 주기 위해 주제와 에세이를 얼마나 효과적으로 사용했는가?	작업이 아래 설명에 기술된 기준에 이르지 못함	에세이가 과제물에 사용된 작업에 대한 약간의 지식을 보이지만 이해는 거의 없음		에세이가 과제물에 사용된 작업에 대한 지식과 이해, 그리고 약간의 통찰을 보임		에세이가 과제물에 사용된 작업에 대한 상세한 지식과 이해, 그리고 직관력 있는 통찰을 보임	

이러한 성취 수준의 모호한 차등 방식은 질적 수준의 차이에 대한 평가자의 판단과 해석이 반영될 수 있음을 의미한다. 따라서 이러한 판단이 납득 가능하도록 교사와 학생은 지속적으로 그 기준을 공유할 필요가 있는 것이다. 다시 말해서, 정성적 평가가 가능하기 위해서는 조정 절차라는 제도적 장치뿐만 아니라 서로 다른 학습의 과정과 결과에 대한 객관적 평가 여부는 결과로서의 평가가 아닌 과정에 대한 타당성을 확보하는 방식으로 접근하게 된다.

> 선생님 피드백을 받고, 막 친구들이 이런 거 고치라고도 얘기하고, 그런데 그런 단계가 1단계, 2단계, 3단계가 지나가면서 마지막 형성평가 결과물을 딱 자기들끼리 보면, 아, 이걸 진짜 우리가 했다니 이렇게 생각하면서 본인 스스로 어떤 뿌듯함을 느끼는 지점이 있어서 제가 실제로 해 보니까 학생들이 자기 점수에 대한 민원을 오히려 덜 제기하는 것 같아요. '이만큼 그 전에 피드백을 줬잖아' '이 부분에 있어서 이 부분을 고치지 않으면 마지막에 점수가 안 나온다고 했잖아. 그렇게 됐으니깐 여기서 지금 점수가 이래'라고 하면 애들이 상당히 그 앞을 좀, 그때 IB 선생님들이 그런 얘기를 했어요, 애들이 스스로 부끄러워할 것이라고 했는데 실제로 그런 마음을 가지고 있더라고요. 그때 분명히 피드백을 해 줬는데 반영이 스스로 안 됐으니깐 그게 자기가 부족했다는 걸 스스로가 아는 거죠. (MYP 후보학교 B교사)

채점관의 평가 조정 절차는 조건의 동일성이 전제되지 않는 평가에서 객관적인 성적을 도출해 내기 위한 보완책이다. 이러한 절차는 피평가자에 대한 평가 결과에 납득 가능한 수준의 평가의 보편성을 부여하는 방식이다. 이것은 개별성이 어떻게 보편성을 획득해 나가는지에 대한 IB의 지식관이 반영된 것으로 이러한 관점은 IB 전반에서 교과 혹은 교수학습 설계 방식 등에서도 동일한 원리로 적용된다.

> 그리고 이것이 조금 더 앞으로 나아가서 고등학교 진학 문제와 같이 연결이 되었을 때 다른 IB 학교에서 그러면 얘가 똑같은 말을 고등학교에 가서 했을 때 점수가 달라지나? 그런 부분까지 저희가 고민이 되기 시작하는 겁니다. 그러면서 이제 그런 부분에 있어서 평가가 가장 조심스럽고 어려운 부분이긴 합니다. (중략) 그러면 지금 제가 똑같이 우리 수업을 공익광고 만들기 해서 학생이 어디 나가서 발표하는 거를 제가 수업을 했으면서 제가 이 학생이 사대부중에 전학 갔을 때도 똑같은 결과물을 냈을 때 이 점수를 받을까 하는 이전에는 고민하지 않았던 문제거든요. 근데 그런 부분에 대해서 우리는 원래 고민해야 되는 거잖아요. 학생이 어느 정도에 도달했다고 하면 이 학생은 어디에를 가나 이런 역량을 보여 줄 수 있어야 되는 부분인데 그런 부분들을 저희가 지금 고민을 해서 그런 어떤 정성적인 거라든가 이런 본질적인 것들을 넣기 시작했을 때……. (MYP 후보학교 B교사)

이처럼 평가를 준비하는 과정과 평가의 절차는 학습자들에게 자신의 생각을 공동체 안에서 공유 가능한 방식으로 재구성하는 방법과 자세, 유연한 태도들을 학습하도록 돕는다. 학습자가 존재하는 세계 속에서 유의미한 타자로서 교사와 동료 학습자들은 지식에 대한 오류를 발견하거나 더욱 발전적인 논의가 가능하도록 돕는 존재가 된다. 이러한 학습은 탐구가 어떻게 개인의 독립적 활동이 아닌 공동체에서의 참여와 집단적 지식 형성의 과정임을 경험하도록 한다. 이러한 의미에서 IBDP의 평가 조정 절차는 IB의 학습자상과 학습의 목표를 집약한 중요한 학습 장치라고 볼 수 있다.

3) 자기주도적 과제: 심층학습과 자기이해의 경험

IBDP가 학습자 스스로 자아를 인식하고 이해하며 성찰하도록 하기 위한 장치로서 심층학습을 위한 과제를 제시하고 있다는 점에 주목할 필요가 있다. IBDP는 심층학습을 위한 평가 과제를 내부평가와 외부평가 모두 적용하고 있는데, 이러한 방식은 지식의 개별화된 이해가 얼마나 충실히 담겨 있는지를 평가의 대상으로 포함하고 있다는 점이다. 〈표 6-2〉는 IBDP의 개인과 사회 및 수학과의 내부평가 과제 형식이다.

표에 제시된 내부평가의 과제 유형은 단순히 지식을 기억하고 회상하는 것이 아닌 맥락에 맞게 자주적으로 지식, 기능, 가치, 태도 등을 총체적으로 동원하고 발휘할 수 있도록 하는 심층학습을 유도한다. 학습자는 선택한 주제에 따라 관련 지식을 수집하고 정리하고 비판하면서 해당 영역의 지식을 심화시킬 수 있게 된다. 여기에서 주목할 것은 어떻게 지식과 기능, 가치, 태도가 이러한 심층학습 과정을 통해 총체적으로 경험되는가이다.

〈표 6-2〉 IBDP의 내부평가 과제 유형 예시

Group 3 개인과 사회	경영 관리	SL	서면 과제: 실제 이슈들과 직면하고 있는 문제에 관하여 3~5개의 지지하는 글을 바탕으로 해설을 적어본다(최대 1,500자).
		HL	조사 프로젝트: 조직이 직면한 이슈 혹은 조직에서 내린 결정에 대하여 보고와 조사를 한다(최대 2,000자).
	경제	SL	포트폴리오: 4개의 해설(논평)에 대한 포트폴리오
		HL	포트폴리오: 4개의 해설(논평)에 대한 포트폴리오
Group 5 수학	수학 연구	SL	프로젝트: 측정 과정 혹은 관련된 정보의 수집, 이후의 분석과 평가에 대한 개별 과제
	수학	SL	수학적 탐구: 수학 SL의 내부평가는 개별 탐구 과제이다. 이것은 수학 연구 영역과 관련된 서면 과제이다.
		HL	수학적 탐구: 수학의 연구 영역과 관련된 개인 탐구 서면 과제

자기주도적 학습의 요구는 외부평가에서도 동일하게 적용된다. 외부평가에서도 학습자 주도적 선택과 결정의 경험은 반드시 필요한데, 이러한 측면은 IB의 외부평가가 우리의 수능과 대비된다는 점에서 매우 큰 차이를 보이는 부분이다. 우리의 수능이 객관식 선다형 위주의 객관성이 강조되는 시험이라는 점과는 달리 외부평가 역시 논·서술형 문제로서 학습자의 학습 경험을 평가에 담아내기 위한 평가 방식으로 설계되어 있다.

이러한 평가 방식은 자연스럽게 평가 답안의 다양성을 만들고 학습자들도 사고의 틀에 얽매이지 않는 작품에 대한 자유로운 사고와 분석을 가능하도록 만든다. 평가에서의 이러한 학습자의 선택은 학습자 스스로 자신이 이해한 바를 형식에 얽매이지 않고 최대한 표현할 수 있도록 하는 것인데, 이러한 방식은 문제해결을 위해 필요한 도구를 찾고 그것을 적절히 활용하는 자기주도성을 필연적으로 요구하게 된다. 다시 말해서, 평가 영역은 내용적 측면에서 벗어나 학습자가 평가에 임하는 수행적 측면까지 반영하기 위한 방안으로, 학습자는 학습 과정에서 소외되지 않으면서 자신만의 과제, 자신만의 성격이 담긴 하나의 과제를 완수하게 된다. 이것은 과제의 완수임과 동시에 지식과 기술, 태도와 가치가 하나의 총체적 대상으로 통합되는 경험을 어떻게 교과에서 제공하는지를 잘 보여 준다.

참고문헌

손민호 외(2018). 핵심역량 함양과 과정중심평가모형 및 평가자료 개발. 대구: 한국교육학술정보원.

Hipkins, R. (2007). *Assessing key competencies: Why would we?* How could we? Wellington, New Zealand: Ministry of Education.

McMillan, H. J. (2011). *Classroom assessment: Principles and practice for effective standards based instruction*. Boston, MA: Pearson.

Ministry of Education (2015. 9. 23.). Official announcement for the 2015 Revised National Curriculum. Press release from the Ministry of Education.

OECD (2005). The definition and selection of key competencies: Executive summary. Retrieved from https://www.oecd.org/pisa/35070367.pdf

OECD (2017). OECD future of education and skill 2030. Retrieved from http://www.oecd.org/education/2030

Trilling, B., & Fadel, C. (2009). *21st century skills: Learning for life in our times*. Hoboken, NJ: John Wiley And Sons Inc.

제7장

메타인지로 교과-비교과-범교과 연결하기: IB의 중핵교육과정이 자기주도성을 설계하는 방법

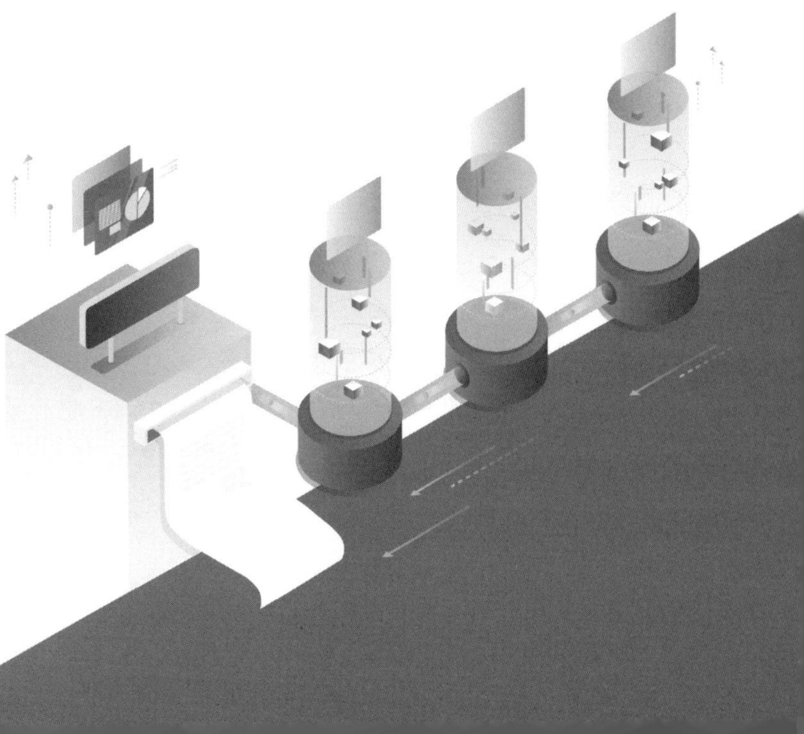

IB that Shaped the Future of Education

1. 교과 지식을 실제 맥락으로 가져오는 힘: 메타인지

지금까지 우리 교육과정에서 범교과 활동은 국가사회적 요구를 반영한 10개의 범교과 학습 주제를 중심으로 운영되어 왔다. 이러한 범교과 학습 주제는 대체로 창의적 체험활동의 자율 활동 시간을 할애하는 방식으로 운영되어 왔으며, 이로 인해 창의적 체험활동은 범교과 학습 주제 관련 일회성 행사로 상당 부분 채워질 수밖에 없었다. 결국 범교과 활동은 창의적 체험활동 운영의 질과 밀접한 관련을 맺을 수밖에 없는 상황이었다. 본래 창의적 체험활동이 학교 내외의 다양한 교육 활동으로 창의성을 신장하고 학생이 주도적으로 인지적인 지식 활동 외의 다양한 활동을 경험하기 위한 과정으로 운영되는 것을 목적으로 하고 있음에도 불구하고, 범교과 학습 주제에 따른 계기교육에서부터 입학식, 개학식, 체험활동과 같은 일회성 학교 행사까지 편성하여 운영하는 정체성이 모호한 교육과정상의 잉여 시간으로 인식되어 활용된 측면이 없지 않다.

범교과 활동과 창의적 체험활동에 관한 이러한 문제의식이 확대됨에 따라 최근에는 현재의 계기교육 방식의 범교과 학습 주제는 가능한 교과로 흡수·통합되어야 한다는 바에 상당 부분 공감대가 형성되었다. 그렇지만 범교과 학습 주제를 교과별 성취 기준과 연계하여 교과에서 다루도록 하자는 것은 아직은 한계가 있어 보인다. 일부 시·도 교육청에서는 교과별 성취 기준과 범교과 학습 주제의 연계성을 찾고 해당 내용을 교과로 통합시키기 위한 구체적인 방안도 제시하고 있지만, 이것은 결국 내용적 차원의 흡수 · 통합일 뿐 궁극적으로 범교과적 활동에 대한 학습 기회를 보장하는 방식은 아니다. 사실상 교과별로 교과서와 평가가 분절화되어 있는 상태에서 교과 간 융합적 활동으로 관련 내용을 다루도록 하는 것은 현실적으로 많은 제약이 따르기 때문이다. 그렇다면 범교과 활동이 교과로 통합될 경우 더 이상 범교과 학습 활동은 별도로 다루어질 필요가 없는 것일까? 범교과 활동은 본래의 목적에 부합하는 새로운 활동으로 편성되어야 하는 것은 아닐까? 사실 이러한 대안적 측면에 관해서는 아직 충분히 논의된 바가 없다. 그렇다면 범교과 활동의 본질을 되살림과 동시에 역량교육 체제에서의 범교과적 학습을 위해서는 어떠한 조건이 필요한 것일까?

여기에서는 이러한 관점에서 우리의 범교과, 비교과 활동과 유사한 목적으로 IB에서 수행되고 있는 중핵교육과정을 살펴보고자 한다. 특히 스스로 학습하는 힘을 길러 내고 창의적이고 융합적인 활동으로서 강조되는 '탐구' 활동을 어떻게 자기주도적으로 수행하도록 체계화하여 설계하고 있는지를 중심으로 살펴볼 것이다.

2. IB의 중핵교육과정

IB의 각 프로그램은 목적, 탐구 주제 및 교과교육, 중핵교육과정(core curriculum), 교수학습 접근법(ATL)으로 구성되어 있다. 이 중 중핵교육과정은 범교과적 탐구 및 활동 학습으로 구성되어 있다.

먼저 만 3~12세 아동을 위한 프로그램인 PYP는 중핵교육과정이 학습자 주도성, 전시회, 활동으로 구성되어 있다. 이 중핵교육과정은 6개의 초학문적 주제를 탐구하면서 동시에 주제 간 연결성을 스스로 학습하고 그 결과를 공동 프로젝트인 전시회를 통해 평가한다.

[그림 7-1] PYP, MYP, DP 설계 모형

출처: https://ibo.org/programmes/

다음으로 11~16세 학생들을 대상으로 하는 프로그램인 MYP는 DP를 학습하기 위한 준비 단계로 중핵교육과정은 활동·봉사, 지역사회·개인 프로젝트로 구성되어 있다. 활동·봉사의 과정은 포트폴리오 구축을 통해 관리 및 평가되며, MYP 전체 학습을 통합하는 프로젝트는 활동으로서의 봉사를 발전시킨 지역사회 프로젝트와 개별 학생의 관심 주제에 대한 탐구학습의 과정을 담은 개인 프로젝트로 구성된다.

마지막으로 16~19세 학생들을 대상으로 하는 프로그램인 DP는 IB가 제공한 최초의 프로그램이자 평가 시스템까지 가장 잘 체계화되어 있다고 평가받는 프로그램이다. IB는 1968년부터 2021년 현재까지 꾸준히 교육과정을 수정하고 발전시키며 균형 잡힌 교육을 제공하고 있다. DP의 구심점인 중핵교육과정은 CAS, TOK, EE로 구성되어 있다. CAS는 우리나라 교육과정에서의 창의적 체험학습과 유사하며 창의적 사고력을 수반하는 예술 및 기타 경험, 건강한 생활 습관에 기여하는 신체적 운동, 지역 공동체와의 협력적·상호적 참여 활동을 통해 다양한 경험의 기회를 제공한다. EE는 학생이 특별히 관심 있는 주제를 탐구하여 4,000단어(영어 기준) 분량의 소논문을 작성하는 활동으로 DP 프로그램의 최종 프로젝트이다. 마지막으로 TOK는 지식과 지식을 습득하는 과정에 대한 질문을 탐구하여 전시회와 에세이를 통해 평가하는 활동이다. 이처럼 CAS, EE, TOK는 IB의 핵심(core) 영역으로 PYP, MYP, DP 과정에서 학습자의 연령 수준에 맞춰 일관된 탐구학습을 수행하면서 국제적 소양을 갖춘 평생 학습자를 만들기 위한 목적에 따라 이루어지는 중심 활동이다.

1) 초학문적 탐구 활동: 실제 맥락과 지식을 연결 짓기

탐구하는 사람은 IB 학습자상의 세부적인 인간상 중 하나이다. 또한 탐구를 기반으로 한 교수법은 IB 프로그램의 기본 교육 원칙 중 하나이다. 이는 학생들이 스스로 필요한 정보를 식별하고 자신만의 이해를 구축할 기회를 제공하여 교육과정 안에서 다양한 탐구 활동을 경험하도록 하고 자율적인 평생 학습자가 되도록 한다. 학생들이 본인의 호기심을 발전시키면서 필요한 기술을 습득하기 위한 탐구 기반 학습은 다음의 원칙을 따른다.

- 학습은 실제 사례를 바탕으로 개념, 생각, 이론 및 사실을 이끌어 하나의 과정으로 구성된다.
- 학생들은 많은 정보를 스스로 찾고 이러한 정보를 처리하여 중요한 결론을 도출할 책임이 있다.

IB 프로그램은 범교과적인 주제 탐구를 위하여 각 학교급에서 학생들의 발달 정도에 맞추어 프로그램을 설계하고 있다. PYP(초등)에서는 교과의 구분 없이 초학문적인 주제를 설정하여 탐구하도록 하며, MYP(중등)에서는 STEM 학습을 활용하여 간학문적 융합 학습을 설계하고 있다. 마지막으로 DP(고등)에서는 중핵교육과정을 통해 교과와 비교과적 활동 간의 순환을 꾀하며 범교과적 탐구 활동을 프로그램 전반에 담아내고 있다.

(1) PYP의 초학문적 주제 탐구학습

PYP에서 실시하는 초학문적 주제 학습은 실제 세계와의 관련성을 고려하여 주제를 선정하였으며, 각 주제 영역들 사이의 경계를 초월하는 문제에 초점을 맞추어 탐구하는 기회를 제공한다. 이 초학문적 주제 학습을 통해 학생들은 지역 및 세계 문제에 대한 탐구학습을 시작한다. 학생들은 각각의 초학문적 주제의 맥락 내에서 관련된 핵심 개념을 풍부한 대화와 지속적인 협력을 통해 탐구하고 연결된 전체로서의 지식, 개념적 이해, 기술 및 개인적 속성을 이해하는 방법을 배우게 된다. 더불어 자신과 지역사회 공동체, 나아가 세계를 이해할 수 있게 된다. PYP에서는 모든 학습자가 흥미 있는 학습의 경험을 하고, 배운 것에 대한 중요성을 인식하고, 학습의 과정을 성찰하며 끊임없이 도전할 수 있는 환경을 제공한다.

여섯 가지 초학문적 주제는 전통적인 과목의 경계에 국한되지 않고 과목의 경계를 넘어서 실제 문제를 탐구할 수 있도록 설계되었다(〈표 7-1〉 참조). 또한 탐구의 과정에서 맞닥뜨리게 되는 예상치 못한 생각, 방향성, 주제 연결을 위한 여지를 남겨 놓고 있다.

〈표 7-1〉 초학문적 주제와 의미

초학문적 주제	의미
우리는 누구인가	다음의 요소들이 우리 인간에게 무엇을 의미하는가? • 자신의 본질에 대한 탐구 • 신념과 가치관 • 개인적 · 신체적 · 정신적 · 사회적 · 영적 건강 • 가족, 친구, 공동체 그리고 문화를 포함한 인간관계들 • 권리와 책임

우리가 사는 시간과 공간	• 시공간의 기원에 대한 탐색 • 개인의 역사 • 집과 여행 • 모험, 탐험 그리고 인간의 이주 • 지역적 · 세계적 관점으로부터의 개인과 문명 사이의 관계와 상호 연관성
우리 자신을 어떻게 표현하는가	• 생각과 감정, 자연, 문화, 신념과 가치들을 발견하고 표현하는 방법들에 대한 연구 • 우리의 창조성을 반영 · 확장시키고 즐기는 방법들 • 미의 감상
세상은 어떻게 작동하는가	• 자연적 세계와 법칙, (물리적 · 생물학적인) 자연 세계와 인간 사회 사이의 상호작용 • 어떻게 사람들이 과학적 원칙에 대한 이해를 이용하는가 • 과학적 · 기술적 발전이 사회와 환경에 미치는 영향
우리 자신을 어떻게 관리하는가	• 인간이 만들어 낸 체계와 공동체의 상호 연관성에 대한 연구 • 조직들의 구성과 기능 • 사회의 의사결정 • 경제적 활동과 그것이 인류와 환경에 미치는 영향
우리가 사는 지구	• 다른 사람과 다른 생명체들과 제한된 자원을 공유하기 위한 고군분투 속에서의 권리와 책임에 대한 연구 • 그들 사이의 공동체와 관계 • 공평한 기회에 대한 접근 • 평화와 갈등 해결

(2) MYP의 학제 간 학습과 STEM 학습

학제 간 학습은 서로 다른 과목 그룹 사이에서뿐만 아니라 동일한 과목 그룹 내의 서로 다른 분야 사이에서도 발생할 수 있다. 이러한 학습은 복잡한 문제에 대한 더 넓은 관점을 제공하고 더 깊은 수준의 분석 및 종합을 이끌어 낸다. MYP에서의 학제 간 학습은 학생들이 2개 이상의 학문 분야에서 지식과 사고 방법을 이해하고 통합하여 새로운 이해를 창출하는 과정이다([그림 7-2] 참조).

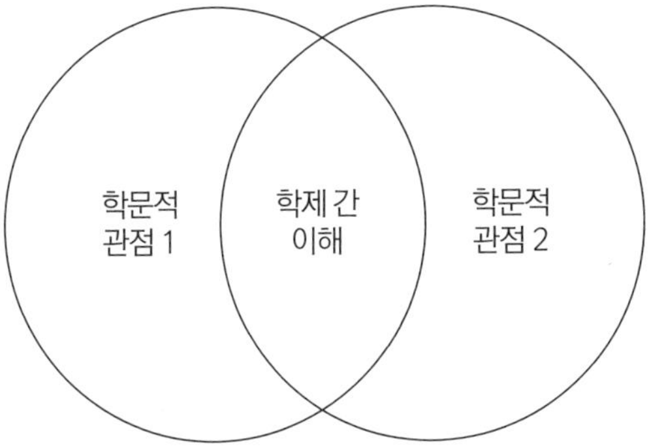

[그림 7-2] 학제 간 이해

출처: IBO (2021).

학생들은 현상을 설명하고, 문제를 해결하고, 결과물을 제작할 때, 단일 분야로는 불가능한 방식으로 새로운 질문을 제기할 때, 여러 학문 분야에서 학습한 개념, 방법, 커뮤니케이션 형식을 활용한다. MYP에서 학제 간 학습의 목표는 다음과 같다.

- 학습 기술에 대한 심도 있는 이해를 개발하고 의미 있는 상황에 적용한다.
- 여러 분야에서 개념 학습, 아는 방법, 탐구하는 방법을 통합한다.
- 결과물을 제작하거나 현상을 설명하여 설득력 있는 문제, 아이디어, 도전 과제를 조사한다.
- 학제 간 학습 과정에 대해 이해한 것을 반영하고 전달한다. 학문이 서로 보완하고 도전하는 방식에 대한 통찰력을 포함한 지적 발견의 즐거움을 경험한다.

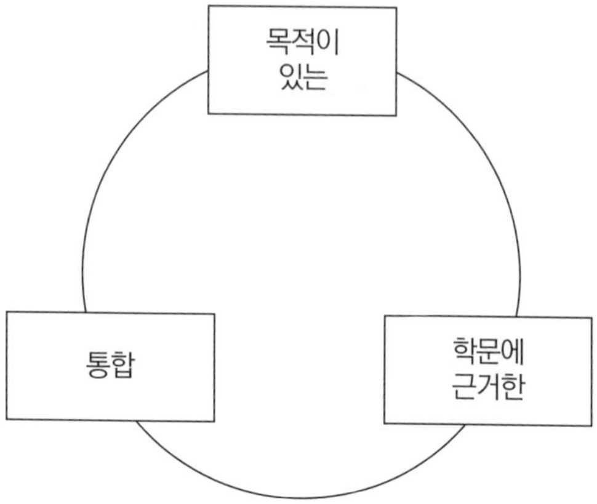

[그림 7-3] 학제 간 학습의 주요 특성

출처: IBO (2021).

[그림 7-3]처럼 MYP의 학제 간 수업은 핵심 개념을 중심으로 한 단위(unit) 설계를 통해 시작된다(〈표 7-2〉 참조). 교사는 하나의 핵심 개념과 하나 또는 둘 이상의 관련 개념 그리고 하나의 세계적 맥락을 선택한다. 그 후 선택한 개념들과 세계적 맥락을 토대로 전이 가능한 형태의 아이디어인 탐구 진술을 작성한다.

〈표 7-2〉 MYP 8개 교과의 핵심 개념

미학 (aesthetics)	변화 (change)	의사소통 (communication)	공동체 (communities)
연결 (connections)	창의성 (creativity)	문화 (culture)	개발 (development)
형식 (form)	세계적 상호작용 (global interactions)	정체성 (identity)	논리 (logic)
관점 (perspective)	관계 (relationships)	시간, 장소, 공간 (time, place and space)	시스템 (systems)

출처: IBO (2021).

탐구 진술은 개념들과 구체적인 사건이나 탐구를 위한 정황 사이 관계들의 조합이다. 교사는 탐구 진술을 기반으로 수업을 설계한다. 실제 수업의 구체적인 맥락 내에서의 핵심 개념에 대한 학습이 지식의 전이로 이어지고, 학생들은 자신이 마주한 세계의 복잡한 문제들을 이해할 수 있다. 〈표 7-3〉은 세계적 맥락을 구성하는 항목과 항목들과 관련된 중심 질문을 나타낸 것이다.

〈표 7-3〉 MYP 세계적 맥락과 중심 질문

세계적 맥락	중심 질문
자아와의 관계	나는 누구인가? 우리는 누구인가?
시 · 공간의 방향성	'어디' 그리고 '언제'는 무엇을 의미하는가?
개인적 · 문화적 표현	창의적 표현의 목적과 본질은 무엇인가?
과학과 기술의 혁신	우리는 우리가 사는 세계를 어떻게 이해하는가?
세계화와 지속가능한 미래	모든 것은 어떻게 연결되어 있는가?
공정성과 발전	우리 공통의 인간성은 어떤 결과를 가져오는가?

출처: IBO (2021).

MYP에서 학생들은 계획된 협력 학습을 통해 1년에 적어도 하나의 학제 간 단위(Interdisciplinary Unit: IDU)에 참여해야 한다. 매년 거듭되는 학제 간 학습은 더욱 빈번한 학제 간 학습 혹은 심층학습으로 이어질 수 있다.

MYP에서는 학제 간 학습 및 교육을 촉진하기 위해 STEM 학습을 설계한다. STEM 학습은 MYP의 개인 및 지역사회 프로젝트뿐만 아니라 교과 과목 그룹에서 학제 간 학습 경험을 통해 구성될 수 있다. MYP은 학생들이 STEM(Science, Technology, Engineering, Mathematics) 과목을 포함한 전통적인 학문 분야를 연결하는 다양한 기회를 제공한다.

(3) DP의 중핵교육과정 프로그램(TOK, CAS, EE)의 교과 연계

DP 중핵교육과정의 수업은 교과와 별개로 운영된다. 교육과정 안에서 중핵교육과정은 교과 학문에 기반해 심화되고, 교과 과목은 중핵교육과정을 통해 보강되는 형태로 연계된다. IB는 세 가지 중핵교육과정을 지도하는 교사들에게 학생들이 선택한 특정 교과의 깊은 이해를 위해 TOK, CAS, EE가 어떤 도움이 될지를 생각해 보고 세심하게 중핵교육과정에서의 학습을 계획하도록 안내한다. 예를 들면 다음과 같다.

- TOK에서 개발한 비판적 사고 과정을 교과 학문을 공부하는 데 활용한다.
- 학생의 사전 교과 지식을 토대로 새롭고 더 깊은 지식을 구성할 수 있는 CAS 활동 기회를 창출한다.
- EE에서 두 가지 이상의 학문적 관점을 통해 세계적으로 중요한 의미가 있는 관심 주제 또는 이슈를 탐구한다.

이와 같이 중핵교육과정과 교과 과목이 연계되어 운영되도록 강조하고 있다. 특히 TOK와 EE는 직접적으로 교과의 지식이 활동의 자원 및 주제가 된다. TOK의 지식 영역은 교과와 연계되어 있으며 EE는 주제를 선정할 때 현재 학생이 이수하고 있는 교과 중 하나를 선택하여 주제를 선정하거나 혹은 세계학 소논문을 선정한 경우 관련 교과를 2개 선택하여 관심 주제를 탐구하도록 설계되었다.

TOK는 학생들이 지식의 본질과 지식을 습득하는 과정을 탐구하고 성찰하는 과정이다. 따라서 개별 교과목의 지식에 대해 근본적이면서 메타인지적인 사고를 하는 방법을 배울 기회를 제공한다. 그동안 삶의 경험과 학업을 통해 갖게 된 자신의 지식, 믿음, 견해에 대해 성찰하고, 도전하며 자유롭게 생각하면서 과정을 수행하는 것이 TOK의 목표이다.

TOK는 '지식 질문'의 탐구를 중심으로 한다. 지식 질문은 '주장에 대한 적합한 근거는 무엇인가?' '특정한 지식은 다른 지식보다 해석의 범위가 좁은가?' '지식을 추구하는 데에는 어떤 제약이 있어야 하는가?'와 같이 지식 자체에 대한 논의를 유도하는 질문을 말한다. 지식 질문을 통해 학생들은 개별 과목에 해당하는 질문이나 특정 실제 상황을 거쳐 지식이론의 영역으로 진입할 수 있게 된다. 지식 질문은 범위, 관점, 방법과 도구, 윤리로 구성된 '지식 프레임워크(knowledge framework)'를 통해 각 주제와 지식 영역을 더 깊이 탐구하며 체계화된다. 지식 질문을 탐구하면 지식이 다양한 영역에서 어떻게 구성되고 평가되는지에 대한 깊은 이해를 갖게 될 뿐 아니라 우리를 둘러싼 세계를 이해하는 데 도움이 된다. 다양한 학문과 지식 영역에서 지식이 어떻게 도출되고 지식 영역 간의 공통점과 차이점에 대한 성찰을 하면서 지식의 본질, 범위, 한계에 대한 논의를 하는 과정인 TOK에서 지식은 학습을 위한 자원이 된다. 다음은 '지식 프레임워크'의 구성 요소에 대한 설명이다.

- 범위: 이 요소는 다양한 주제와 지식 영역의 본질과 범위를 탐구하는 것에 초점을 맞추고 있다. 또한 각 주제 및 지식 영역이 전반적인 인류의 지식에 어떻게 부합하는지를 탐구하고 각 주제 및 지식 분야가 직면하고 해결하고자 하는 문제의 본질을 성찰한다.
- 관점: 이 요소는 관점과 맥락의 중요성과 영향에 초점을 맞추고 있다. 이 요소에는 학생 자신의 관점이 무엇이고, 그 관점의 근원에 대한 성찰뿐만 아니라 다른 개인 또는 그룹들이 다양한 주제 및 지식 분야에서 어떻게 지식을 바라보거나 접근하는지에 관한 성찰을 포함한다. 또한 역사적 관점과 시간 경과에 따른 지식의 변화에 대한 성찰도 포함한다.
- 방법과 도구: 이 요소는 우리가 지식을 생산하기 위해 사용하는 방법, 도구, 관행들에 대한 탐구에 초점을 맞추고 있다. 이 요소에는 개념적 프레임워크의 구축, 전통과 관행의 형성뿐 아니라 공식 학

문 분야에서 사용되는 방법론이 포함된다. 또한 지식을 형성하는 데 사용되는 인지적 · 물질적 도구와 이런 도구가 기술 발전의 결과로 어떻게 변화했는가에 대한 내용을 포함한다.

- 윤리: 이 요소는 지식의 다양한 주제와 영역에서 탐구에 영향을 미치는 윤리와 고려사항에 대한 탐구에 초점을 둔다. 여기에는 사실과 가치의 관계에 대한 측면을 비롯해 어떻게 윤리적이거나 인식론적인 가치가 지식 추구의 기반이 되는지를 포함한다. 또한 지식, 불평등, 불공정성과 관련된 질문도 포함한다. 중요한 점은 윤리에 대한 TOK 토론은 지식 질문에 초점을 두어야 한다는 것이다. 이때 지식 질문은 현재 토론 중인 윤리적 문제와 연결되어 나타나야 하며, TOK 토론이 윤리적 문제 그 자체에 대한 논쟁에 초점을 두면 안 된다.

TOK에서 개별 교과목의 지식은 '자원'이다. 자원인 지식의 본질과 범위, 한계에 대한 논의가 진행되면서 개별 교과목 간 경계를 넘나들고 나아가 학교 밖의 삶을 통해 습득한 지식까지도 성찰한다. 학생들은 지식에 대한 상세하고 기술적인 철학적 연구가 아닌, 지식 탐구를 위한 다양한 방법과 도구를 모색하고 이 방법과 도구들이 가지는 효과적인 요소와 한계점을 설정하기도 하면서 다양한 학문과 지식 영역에서 지식이 어떻게 도출되는지 그리고 그것이 각 분야 간에 어떤 공통점과 차이점을 갖고 있는지를 깊이 있게 성찰할 수 있다.

CAS 활동은 DP의 각 교과군과 연관 지을 수 있으며, 교사들은 학생들이 선택하여 학습하고 있는 교과목과 CAS 활동의 연관성을 높이기 위해 도움을 줄 수 있다. 목적이 분명한 토론과 실제 경험을 통해 학생들에게 교과 학습과 CAS 학습의 연관성을 제시할 수 있다. 이 방법은 학생들에게 동기 의식을 불어넣고 도전 정신을 기를 수 있게 하며, 과목에 대한 이해와 지식을 강화하고 서로 다른 접근법을 즐기게 할 수 있다. 다음의

CAS 활동 예시는 CAS 활동과 교과 학습의 상호 보완적인 관계를 잘 나타내고 있다.

- '그룹 1 학생'은 창의적인 글을 쓰고 시각장애인을 위한 오디오북을 제작하거나 영화 시나리오를 쓰고 제작할 수 있다.
- '그룹 2 학생'은 언어 수업을 필요로 하는 이들에게 수업을 제공하고, 테크놀로지를 사용하여 언어 가이드를 개발하거나 학습 언어의 문화적 배경에 대한 인식을 높이기 위해 웹사이트 또는 다른 의사소통 수단을 활용할 수 있다.
- '그룹 3 학생'은 고령층 주거 시설에서 생활하고 있는 노인들의 구전 역사를 기록하고 가족 회고록을 만들고, 공동체의 문제를 해결하는 사회적 기업을 만들거나 또는 공동체 텃밭을 함께 가꿀 수도 있다.
- '그룹 4 학생'은 저학년 학생들을 위해 천문학 동아리를 만들고 자연보호구역 관리를 돕거나 '걸어서 등교'하는 그룹에 참여를 홍보할 수 있다.
- '그룹 5 학생'은 저학년 학생이 수학 문제를 풀 수 있도록 가르치고, 지역 자선단체를 위해 재무 회계를 관리하며, 일상에서의 수학의 중요성을 강조하기 위해 학교에서 수학을 활용한 물건 찾기 놀이를 계획할 수 있다.
- '그룹 6 학생'은 댄스 수업에 참여해 공연할 수 있으며, 공동체 예술 전시회나 공동체가 주최한 병원 또는 요양 시설을 위한 행사(공연이나 사진 전시회 등)에 참여할 수 있다.

EE에서 학생은 소논문을 작성하기 위해 DP 프로그램의 여섯 교과 과목 중 한 과목을 선택(통합교과 과제인 세계학 에세이인 경우는 두 과목을 선택)해 지도교사의 지도를 받으며 자신이 선택한 주제를 개인적으로 연구한다. 소논문을 완성하기 위해서는 풍부한 지식이 필요하기 때문에 학생이 현재 공부하고 있는 교과 중 하나를 선택하여 연구를 진행할 것을 권장한다. 특정 교과에 관한 소논문을 작성할 때, 학생은 해당 과목 수업 시간에 학습한 내용, 학술대회 발표 논문 및 관련 분야의 서적, 저널, 기사 등을 활용하여 주제를 선택한다. 주제, 연구 질문 그리고 접근법이 교과에 맞추어 결정되므로 평가 기준의 해석에도 교과의 특성이 영향을 미친다.

학생들은 소논문 작성을 통해 자신이 선택한 주제를 탐구한 특정 학문의 지식, 이론, 도구, 기술에 대한 이해를 보여 주어야 한다. 세계 연구 소논문을 선택한 학생은 교과 통합적 접근법을 선택함으로써 전 세계적으로 중대한 사안을 이해하는 자신의 능력이 어떻게 향상되었는지 보여 주어야 한다. 이 연구 과정을 통해서 학생은 자신의 연구 영역과 관련된 개념에 관해 독창적으로 논의할 수 있으며 학습의 다양한 측면이 어떻게 서로 연결되는지에 대한 깊은 이해를 경험할 수 있다.

2) 자기주도적 탐구 활동: 다양성과 개별성을 설계하기

IB의 최초 설계자는 전인적 인재를 양성하기 위해 TOK, CAS, EE로 구성된 중핵교육과정을 교육과정에 도입하였다. DP의 중핵교육과정은 자기인식과 정체성을 개발하여 개인의 삶을 변화시키고 나아가 국제적 소양을 함양하는 것을 목표로 한다. 중핵교육과정의 학습을 통해 자신의 가치와 행동에 대해 생각하고, 세계에서 자신의 위치를 이해하고 정체성을 형성할 기회를 제공한다. 이는 궁극적인 IB의 교육 목표인 '서로 다른 문화를 이해하고 존중하며, 더 나은 평화로운 세상을 실현하는 데 기여하기 위해 지식이 풍부하고 탐구심과 배려심이 많은 청소년을 기르는 것'과 '전 세계 학생들이 적극적이고 공감할 줄 알며, 서로 다름을 이해하고 존중하는 평생 학습자가 될 것을 장려하기 위한 것'이다.

모든 IB 프로그램의 근간이 되는 여섯 가지 교육 원칙은 다음과 같다.

- 탐구에 기반: 학생들 스스로 정보를 수집하고 이해하는 데 중점을 둔다.
- 개념적 이해의 강조: 학생들은 다양한 개념을 탐구하여 학문의 이해를 넓히고, 개념의 연관성을 찾으며 새로운 맥락에 적용한다.
- 지역과 세계적 맥락에 연결: 실생활 사례와 맥락을 활용하여 학생들이 새로운 정보를 접할 때 자신의 경험과 주변 세계와 연관 지어 이해할 수 있도록 한다.
- 효과적인 팀워크와 협력의 강조: 학생들 간의 팀워크와 협력을 강조함과 동시에 교사와 학생도 협력적인 관계를 갖는다.
- 모든 학습자의 요구를 충족시키도록 차별화: 교육은 다양성을 포용하고 존중한다. 학생들의 정체성과 개별 학습 요구를 파악하여 수업을 통해 각자의 목표를 설정하고 달성하는 데 도움을 주는 학습 기회를 창출한다.
- 평가 정보(형성평가 및 총괄평가)의 활용: 평가는 학습을 장려하고 학습 성과를 측정하는 데 매우 중요한 역할을 한다. 학생에게 제공되는 피드백이 효과적으로 이루어져야 하며 그 중요성을 인지하고 강조한다.

이 원칙에 기반하여 IB 중핵교육과정의 학습은 학습자에게 학습에서의 상호연결성, 동시성 및 교과에 관한 폭넓은 시각이 길러질 수 있도록 지원한다.

(1) TOK의 목표와 내용의 체계

학생에게 지식의 본질, 범위, 한계에 대해 숙고하고 지식 습득의 과정을 성찰하는 기회를 제공하는 TOK는 다음과 같은 목표를 갖는다.

- '우리는 그것을 어떻게 아는가?'라는 질문에 대해 성찰하고 이런 질문이 가지는 가치를 인식한다.
- 모호함, 불확실성, 여러 가지 답을 가진 질문을 경험한다.
- 세상을 효과적으로 탐색하고 이해하고, 새롭고 복잡한 상황에 대한 준비를 한다.
- 자신의 관점을 더 잘 이해하고, 자신이 가진 믿음과 가정에 대해 비판적으로 성찰한다.
- 여러 관점을 접하면서 열린 마음을 갖고, 문화 간의 이해를 발전시킨다.
- 기초 개념을 탐구하고, 다양한 지식 영역에서 사용되는 탐구방법들 간의 유사점과 차이점을 파악하여 학문 분야를 서로 연결할 수 있다.

TOK는 최소 100시간 이상을 이수해야 하며 각 과정에 해당하는 필수 수업 시간이 정해져 있다. 이수 시간과 마찬가지로 관련 내용에 대한 교수요목 또한 구체적이고 체계적으로 제시되어 있다(〈표 7-4〉 참조).

중핵교육과정은 학생과 학생들이 속한 특정 지식 공동체에 초점을 두고 있지만, 선택 주제는 오늘날 세계에 거대한 영향을 주고, 사람들의 관점과 정체성을 형성하는 데 특히 핵심적 역할을 하고 있는 다섯 가지 요인으로 초점을 확대한다. 지식 영역은 지식의 체계화된 구조로서 지식을 생산하기 위해 사회적으로 확립된 방법과 사실 또는 좋은 설명으로 간주되는 기준을 포함하고 있다. TOK의 전 과정은 네 가지 필수 요소(범위, 관점, 방법과 도구, 윤리)를 다룰 수 있도록 지도해야 한다. 교육과정의 각 구성 요소에 대한 교수요목은 다음과 같다.

〈표 7-4〉 TOK 과정 구성 요소 및 수업 시간

과정 구성 요소	필수 수업 시간
• 핵심 주제: 지식과 아는 자 이 주제에서는 학생들에게 아는 자 및 사고하는 자로서 스스로를 성찰하고, 우리가 속한 다양한 지식 공동체에 대해 성찰할 기회를 제공한다.	32
• 선택 주제 학생들은 다음 다섯 가지 옵션 중 두 가지 선택 주제를 선정해야 한다. – 지식과 기술 – 지식과 언어 – 지식과 정치 – 지식과 종교 – 지식과 토착 사회	
• 지식 영역 학생들은 다음 다섯 가지 지식 영역을 공부해야 한다. – 역사 – 인문과학 – 자연과학 – 예술 – 수학	50
• 평가 학생들은 두 가지 평가 과제를 완료해야 한다. – 지식이론 전시회(내부평가) – 정해진 제목에 대한 지식이론 소논문(외부평가)	18
필수 수업 시간	100

출처: IBO (2020d).

- 핵심 주제
  - 핵심 주제에 대해 어떤 접근 방법을 쓰든지 지식에 초점을 두는 것이 중요하다.
  - 오로지 아는 자, 즉 개인에게만 초점을 맞추지 않는다. 자신이 속한 다양한 지식 공동체가 주는 영향을 고려한다.
- 선택 주제: 접근 방식에 있어 많은 유연성을 허용하고 있다.
  - 교사는 다양한 개념과 이슈를 탐구하고, 다양하고 적절한 예를 제공한다.
  - 교사는 수업을 위해 선택한 각 선택 주제에 있어 해당 주제의 지식에만 초점을 맞추도록 한다.
- 지식 영역
  - 교사는 학생들이 다양한 지식 영역에 포함된 개별 학술 분야에 대해 생각하고 예시를 이끌어 내도록 독려해야 한다.
  - 교사는 반드시 그 영역에서의 지식에만 초점을 맞추도록 해야 한다.
  - 학생들이 지식의 분야들을 비교하고 연결하도록 하는 데 초점을 두어야 한다.

(2) CAS의 목표 및 활동 내용

CAS는 창의(Creativity), 활동(Activity), 봉사(Service)의 세 가지 요소로 구성되어 있다. 창의 영역은 예술 및 창의적 사고력을 수반하는 경험을 말하며 독창적이거나 해석적인 작품 또는 공연으로 이어질 수 있는 탐구적이며 확장적인 아이디어를 실현하는 활동을 말한다. 활동은 건강한 생활방식에 기여하는 신체적인 활동을 개인, 학교, 지역사회 안에서 정기적으로 참여하는 활동을 말한다. 봉사는 공동체의 실질적인 요구와 필요에 따른 참여와 협력 활동으로 공동체를 위한 지식과 기술을 개발해 적용하는 경험을 통한 학습을 위한 활동이다. CAS의 목표는 다음과 같다.

- 다양한 CAS 활동의 중요성을 안다.
- 목적의식을 가지고 자신의 CAS 활동을 성찰한다.
- 자신의 활동 목표를 기술하고, 이를 위한 전략을 발전시키며 실천한다.
- 자신의 가능성을 탐색하고 활동을 통해 맡게 된 새로운 역할에 따른 문제에 대처해 나간다.
- 앞으로의 활동을 계획하며 CAS 프로젝트에 적극적으로 참여한다.
- 자신이 지역사회와 세계의 일원임을 알고 세계시민으로서의 책임감을 갖는다.

학생들은 자신의 계획과 아이디어를 실행하는 과정에서 [그림 7-4]와 같은 5단계를 적용하여 진행한다.

[그림 7-4]에서 제시된 활동의 과정은 두 부분으로 나누어져 있다. 안쪽의 과정은 조사, 준비, 행동, 성찰의 순환 과정이며 이는 활동의 과정이면서 때로는 유의미한 경험 이후에 수행되기도 한다. 바깥의 과정은 성찰과 입증의 순환 과정이며 활동에 대한 방향을 제시해 주는 역할을 한다. 각 과정에 대한 학생들의 세부 활동 내용은 〈표 7-5〉와 같다.

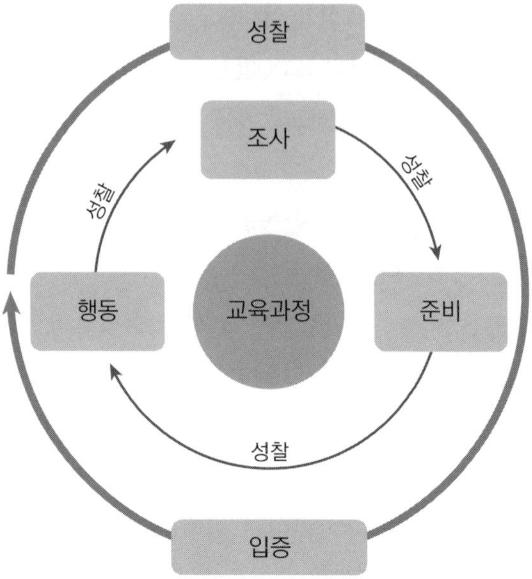

[그림 7-4] CAS 5단계

출처: IBO (2020c).

〈표 7-5〉 CAS 활동 단계별 활동 세부 내용

단계	학생 활동 내용
조사	• 학생은 CAS 활동을 할 기회와 개인의 성장 및 개발 영역을 고려할 때 장차 사용될 자신의 관심사와 역량 및 재능을 파악한다. • 학생은 자신이 원하는 것을 조사하고 CAS 활동의 목표를 설정한다. • '봉사'에 있어서 학생은 다루고자 하는 문제를 식별한다.
준비	• 학생은 역할과 책임을 명확히 이해하고 행동 계획을 세우며, 특정 자료를 파악하고 구체적인 시간을 설정하여 CAS 활동에 참여하기 위한 필요 기술을 습득한다.
행동	• 학생은 자신의 아이디어나 계획을 실행한다. 이때 의사결정 능력과 문제해결 능력이 필요하다. • 학생은 혼자서, 파트너들과 함께, 단체로 참여할 수 있다.

성찰	• 학생은 일어난 일을 설명하고 감정을 표현하며 아이디어를 내고 질문을 던진다. • 성찰은 이해의 폭을 넓히고 계획을 수정하며 경험으로부터 배울 수 있도록 CAS를 진행하는 동안 언제든 일어날 수 있다. • 학생은 자기인식을 높이기 위해 개인의 성장과 성취 및 학습 성과들 사이에서 명확한 연관성을 끌어낼 수 있다. • 성찰은 새로운 행동으로 이어질 수 있다.
입증	• 학생은 학습 내용과 학습 방법, 성취 내용을 명확하게 보여 준다. 예를 들어, CAS 포트폴리오를 통해서 또는 비공식적이거나 공식적인 방법으로 타인과의 교류를 통해 CAS 활동을 공유한다. • 입증 및 의사소통을 통해 자신의 이해를 공고히 하고 타인으로부터 반응을 유도한다.

출처: IBO (2020c).

CAS는 DP 프로그램의 시작과 함께 과정에 착수하며 성공적으로 활동을 완수하는 것이 DP 이수의 필수 요소이다. 학생들은 창의, 활동, 봉사 사이에서 적절하게 균형을 잡으며 최소 18개월 동안 매주 규칙적으로 진행하게 되며 각각의 활동 내용은 다음과 같다.

① 창의

창의는 학생의 재능과 관심사, 열정, 정서적 반응, 상상력을 기반으로 기존의 익숙한 사고에서 벗어나 자유로운 시도를 할 수 있도록 기회를 제공하는 과정이다. 학생은 각자의 관심 분야에서 CAS의 창의를 실현할 새로운 과제와 목표를 규정할 수 있으며 참여 확대와 기술 수준의 심화와 같은 방안을 통해 자신의 강점을 찾아내고 호기심을 해결하며 지속적인 혁신을 실현할 수 있다. 학생은 창의적인 표현을 입증하기 위해 녹음이나 발표, 전시회, 소셜 미디어, 공유 토론 등과 같은 다양한 방식으로 자신의 작품 또는 공연을 선보일 수 있다. 창의에 대한 접근 방법은 다음과 같이 다양하다.

- 중장기적 창의 활동: 학생은 이미 학교 단체나 동아리 활동, 또는 다른 유형으로 지속되는 창의적인 활동에 참여하고 있을 수 있다. 물론 이러한 활동을 창의의 일부로 볼 수 있지만, 필요에 따라 학생들의 창의 활동 참여를 확장하고 개발할 수 있도록 한다.
- 교내 창의 활동: 학교의 봉사 CAS 프로젝트, 동아리 활동, 교과목으로 정해진 창의 수업 또는 다른 기회의 일부일 수 있으며 의미 있는 창의 활동에 참여하고 자신만의 독창적인 사고 및 표현 감각을 탐구할 수 있도록 한다.
- 공동체 창의 활동: 지역 공동체와 연관 지어 공동체 일원과 함께 창의 활동에 참여함으로써 대인 관계에 대한 인식과 이해를 증진할 수 있다. 창의 활동은 관계를 구축하고 유지하는 규칙성을 가질 때 최상으로 발현되고 학생의 재능과 관심, 열정, 정서적 반응, 상상력을 성장시킬 수 있다. 공동체 기반 극단에 참여하거나, 공동체 미술 갤러리에 기여하거나, 공동체 공원에 전시할 조각품을 만들거나, 요리 수업을 듣거나, 다른 여러 가지 기회에 참여할 수 있다.
- 개인적 창의 활동: 음악 작곡, 홈페이지 개발, 단편 소설 집필, 가구 디자인, 예술품 및 공예품을 만들거나 초상화를 그리는 등 혼자 하는 창의 활동에 몰입하는 것을 선택할 수 있다. 이러한 창의 활동은 확장된 기간에 걸쳐 진행할 때 최대의 이점을 얻을 수 있으며 개인적인 목표를 설정하고 지속적으로 작업할 수 있도록 한다. 단독으로 하는 창의 활동의 위험 요소 진단은 사전에 학생과 함께 논의한다.

② 활동

활동은 학생의 개인적 상황 또는 문화에 따라 각자 알맞은 방식으로 건강한 생활방식에 기여할 수 있는 신체활동을 요구하는 요소이다. 활동 요소는 신체적 활동과 관련된 건강한 습관을 갖도록 하는 것을 목표로 건강한 생활방식을 위해 고안된 개별 및 팀 스포츠, 유산소 운동, 댄스, 실외 여가활동, 체력 단련, 기타 여러 가지 유형의 운동을 통해 학생들이 실제로 도전 의식을 갖고 참여하며 적절한 수준의 활동에 정기적으로 참여하도록 한다. 활동에 대한 접근 방법은 다음과 같다.

- 중장기적 활동: 학생은 이미 학교 단체나 동아리 활동, 또는 다른 유형으로 꾸준히 해 온 신체적인 활동에 참여하고 있을 수 있다. CAS 활동의 일환으로 이러한 참여를 지속할 수 있지만, CAS 원칙을 따르면서 개인적인 목표를 설정하고 학생의 참여를 확장하고 개발할 수 있도록 한다.
- 교내 체육 활동: 학교의 교육과정, 교내 스포츠 동아리, 시간표로 정해진 체육 시간의 일부 등 학교에는 학생이 참여할 수 있는 적절한 활동 기회가 있을 수 있다. 신체 건강에 유익하고 의미 있는 활동에 참여할 수 있도록 권장해야 한다.
- 공동체 체육 활동: 지역사회에서 경험하는 활동 참여는 학생의 대인관계에 대한 인식과 이해도를 높인다. 활동 경험은 지역사회 일원으로 관계를 구축하고 지속적으로 유지하는 규칙성을 가질 때 최상으로 발현되고, 학생의 신체 건강을 성장시킬 수 있다. 공동체 달리기에서 한 번 활동 경험을 갖는 것보다 공동체에서 운영하는 달리기 동아리나 댄스 수업, 에어로빅 수업 또는 학교 외부 스포츠 단체에 참가하는 것으로 확장될 수 있다.
- 개인적 체육 활동: 체육시설 이용이나 자전거 타기, 수영, 근력 운동 등 혼자 하는 활동에 참여를 말하며 확장된 기간에 걸쳐 진행할 때 최대의 이점을 얻을 수 있다. 학생이 개인적인 목표를 정하고 지속적이고 올바른 방식으로 운동할 수 있도록 장려할 수 있다. 단독으

로 하는 활동 경험의 위험 요소 진단은 사전에 학생과 함께 논의한다.

③ 봉사

봉사는 학생이 자기효능감을 높이고 다양한 상호 교류와 경험을 할 수 있는 상황을 제공하며, 국제적 소양을 쌓을 기회를 제공하는 등 CAS에서 가장 혁신적인 요소 가운데 하나이다. 봉사의 목적은 학생이 공동체와 사회에 의미 있는 기여를 할 수 있도록 먼저 자신의 역량을 이해하는 것이다. 학생은 봉사를 통해 의사결정 능력, 문제해결 능력, 주도력, 책임감, 의무감 등이 요구되는 실제 상황에서 개인 및 사회적 기술을 개발하고 적용한다.

실제적인 봉사활동에 접근하기 위해 봉사 학습의 모델을 사용할 수 있다. 봉사 학습은 선정한 공동체의 필요 사항에 맞는 지식과 기술을 개발해 적용하는 것으로 탐구를 통해 개발한 기술, 이해 및 가치를 활용하여 학생의 사전 지식과 배경을 토대로 교과 학문과 봉사활동을 연결한다.

봉사활동은 직접적인 상호작용을 통한 봉사활동 이외에도 공동체나 환경에 유익한 영향을 끼치는 간접 봉사, 공익을 위한 인식 제고 및 안내를 하는 옹호 활동, 정책에 영향을 미칠 수 있는 정보 수집 및 데이터 분석과 같은 연구의 네 가지 유형으로 구분할 수 있다. 봉사에 대한 접근 방법은 다음과 같다.

- 중장기적 봉사활동: 장기적으로 실행할 행동 계획이 필요한 공동체의 필요 사항을 조사할 때 인내심과 헌신적인 자세를 기를 수 있다. 자신의 아이디어와 행동이 타인이 기여한 것에 더해져 어떤 변화를 가져오는지 관찰할 수 있고, 성찰을 통해 사회적 이슈에 대한 더욱 깊은 이해도와 인식을 보여 준다.
- 교내 봉사활동: 학교 수준에서 진행할 수 있는 활동은 학생들이 더

큰 공동체 안에서의 봉사활동을 할 수 있도록 준비 과정이 될 수 있다.

- 공동체 봉사활동: 지역 공동체 내에서 사회적 이슈와 해결책을 인식하고 이해할 수 있다. 봉사의 맥락에서 사람들과의 교류는 상호 이익을 위해 규칙적으로 관계를 형성하고 유지할 때 자신의 노력을 인정받고, 그로 인한 상호 호혜적인 영향을 깨달아 주기적인 방문을 계획하고 결정할 수 있다.
- 즉각적인 필요에 의한 봉사활동: 재난 등 필요 사항을 빠르게 평가한 후 계획했던 대비책을 고안한다. 이후 기본 원인을 더욱 깊이 이해하기 위해 이슈를 추가로 조사하고 필요 사항에 대한 지식을 넓혀 가면서 지속적으로 지원 활동으로 연계하도록 한다. 공동체가 주관하는 환경 보호 활동 및 회복 운동 참가 활동 등이 있다.
- 기금 마련: 자신의 관심사나 기술 및 재능을 활용하여 기구와 직접 소통하고 기금 모금 활동에 대한 책임감을 갖는다. 기금 마련에 필요한 명분을 다른 사람들과 공유함으로써 그들의 이해를 높이고 그 특정 명분에 대한 지지를 얻고, 직접 봉사나 옹호 활동 또는 연구를 통해 자신의 공헌을 더욱 늘릴 수 있도록 다른 방법을 고려한다.
- 국제 봉사: 거주 지역에서 발생하고 있는 이슈와 국제적 이슈를 명확하게 연결 지을 수 있을 때 국제 봉사를 통한 이점을 누릴 수 있고 자신의 봉사가 가져오는 결과를 이해할 수 있다. 학교는 IB의 교육 목표와 CAS 요구사항에 따라 활동할 수 있도록 보장해야 하며 학생의 안전을 위해 위험 요소 진단을 실시해야 한다.
- 자원봉사활동: 다른 학생이나 학교 또는 외부 단체가 기획한 봉사활동에 참여하는 것으로 자원봉사를 하기 전 CAS 단계를 활용하는 것을 권장한다.
- 교육과정 안에서의 봉사: 교사는 봉사에 대한 학습의 기회를 단원 내에서 찾고 계획하며 봉사의 기회를 제공할 수 있다. 예를 들면, 학

생은 환경적 시스템과 사회에서 담수 생태계를 연구하는 동안 지역 상수도를 관찰하고 개선하는 데 참여할지 결정할 수 있다.

(3) EE의 목표 및 진행 과정의 세부지침

EE는 DP의 다른 교과 과목과 상호 보완적인 역할을 한다. 학생들은 소논문 작성을 통해 증거를 해석하고 평가하며 논리 정연한 논지를 통해 구체적인 연구 질문을 탐구하는 과정을 경험한다. EE의 구체적인 목표는 다음과 같다.

- 지적이고 개별적인 연구에 엄정하고 주도적으로 몰두한다.
- 연구, 사고, 자기관리, 의사소통 기능을 개발한다.
- 연구와 소논문 작성 과정에서의 배움을 성찰한다.

EE는 학생이 자기주도적으로 교과 및 주제를 선정하는 단계부터 연구 결과를 도출하여 소논문을 완성하는 단계까지의 긴 여정을 진행해야 하지만 학교, 코디네이터, 지도교사의 일정 관리 및 적절한 조력이 필요하다. 소논문 작성의 과정과 과정마다 역할에 대한 세부 내용은 〈표 7-6〉과 같다.

〈표 7-6〉 EE의 진행 절차 및 세부 지침

단계	진행 내용
1	EE를 진행하기 위한 해당 학사 연도에 학습할 수 있는 DP 과목 목록을 살피고 그중 소논문을 작성할 한 가지 과목을 선택한다.
	• 학교 – 학생이 지도교사와 세 번의 필수 성찰 세션이 진행될 수 있도록 일정 계획을 수립한다. – 과목과 관련된 배경을 가진 교사가 지도교사의 역할을 맡도록 장려한다. – 지도교사의 역할에 대해 교육하며 일관되게 역할을 수행할 수 있도록 한다. • EE 코디네이터 – 학생이 소논문을 작성할 과목을 택하고 주제를 선택했는지 확인한다. – 각 학생에게 적절한 자격을 갖춘 지도교사가 배정되었으며, 그 지도교사가 학교 내 교직원인지 확인한다. • 학생 – 소논문 작성 관련 과목을 선택하고 EE 코디네이터와 상담을 통해 상세한 정보를 확인한다.
2	'평가 기준, 소논문 가이드'에서 특정 과목과 관련한 단원(예: 동물실험)의 관련 정책을 살피고, IB 연구 윤리 가이드라인을 점검한다.
	• 학교 – 학생들에게 인터넷 사용을 포함한 EE 작성을 위한 연구 접근법에 대해 설명회를 제공한다. • EE 코디네이터 – DP 프로그램 '평가절차'에 따라 학생이 소논문을 작성할 수 있도록 한다. – 구체적인 과목별 소논문 작성 관련 정보와 가이드라인을 제공한다. • 학생 – IB의 '소논문 조사 및 현장 연구를 위한 윤리적 지침'을 참고하여 EE와 관련된 규정을 준수한다.

3	연구 성찰 일지(RRS)를 준비하고, 소논문 작성을 위한 주요 계획 및 성찰도구로 RRS를 사용한다.
	• EE 코디네이터 – 성찰 과정을 소개하고, 설명하고, 지원한다. – EE의 필수적인 부분으로 RRS를 사용하도록 장려한다. • 지도교사 – 학생과의 3회의 필수 성찰 세션을 진행한다. – 학생이 계획 및 진도 성찰 일지(RPPF)를 작성했는지 확인하고, 학생이 입력할 때마다 양식에 서명하고 날짜를 기록한다. – 지도교사의 의견을 제시해 학생이 성찰할 수 있도록 돕는다. • 학생 – 계획을 위한 도구로써 RRS를 작성한다. – RRS를 통해 성찰 세션을 준비한다. – 지도교사와의 성찰 세션 중 RRS에 기록한 내용을 공유한다.
4	주제를 선정하고 관련된 배경지식을 조사한다.
	• EE 코디네이터 – 학생이 소논문을 작성할 과목을 택하고 주제를 선택했는지 확인한다. – 각 학생에게 적절한 자격을 갖춘 지도교사가 배정되었으며, 그 지도교사가 학교 내 교직원인지 확인한다. • 학생 – 과목과 주제를 선택한 후 소논문과 관련된 연구 질문을 신중하게 생각한다.
5	예비 연구 질문을 만들어 본 후, 연구 질문에 IB에서 이용하는 용어를 포함하여 정리해 본다.
	• 학생 – 최종 주제와 연구 질문을 결정한다.
6	연구 및 소논문 작성과 관련하여 일정을 포함한 계획을 마련한다.
	• 학교 – 학생들에게 노트 필기 방법이나 소논문 구성 방법과 같은 학습 기술에 대한 강의를 제공한다. • 학생 – 지연되거나 예상치 못한 문제에 소요되는 추가 시간을 고려하여 소논문 연구 및 작성에 필요한 일정을 세운다.

7	학생이 진행하고자 하는 연구를 위한 자료 및 정보 수집에 관한 계획을 한다.
	• 학생 – 소논문과 관련된 자료와 정보를 어떻게, 언제, 어디서 찾을지 계획한다.
8	학술적 참고문헌 표기 방법을 익혀 IB의 최소 요구사항을 만족시킨다.
	• 학교 – 인용과 참고 방법에 대한 강의를 학생들에게 제공한다. – 참고문헌 작성, 연구 방법론, 연구에서 윤리적 행위의 개념을 다루는 수업을 제공할 것을 권장한다. • 학생 – RRS를 활용하여 자료의 출처를 기록한다.
9	학교 내부 마감 일정을 고려하여 현실적으로 가능한 마감일을 설정한다.
	• 학교 – 학교 내부 마감 일자 준수의 중요성을 알린다. • 지도교사 – 소논문 진도를 점검하여 지도하고, 학생이 스스로 소논문을 작성한 것인지 확인한다. • 학생 – EE 과정과 관련해 학교가 설정한 마감 기한을 준수한다. – 과제에 대해 논의할 수 있도록 미리 준비하여 지도 및 성찰 시간을 최대한 활용한다.
10	소논문 구조를 구상한다. 소논문 구조는 변경될 수 있지만, 미리 작성하면 유용하다.
	• 지도교사 – 학생들이 소논문의 요구사항을 숙지하고 있는지 확인한다. – 소논문의 특성, 선택한 과목, 주제, 연구 질문, 적절한 연구 방법, 공식적으로 준수해야 할 사항에 대해 학생과 논의한다. – EE 평가 방법 및 평가 기준에 관한 규정을 숙지하고 학생에게 안내한다. • 학생 – 소논문 작성을 시작하기 전에 소논문의 명확한 구조를 구성한다.

11	제기한 연구 질문과 관련된 자료들을 읽어 본다. 만약 주어진 시간 내에 완성하기 어렵다고 판단되면 연구 질문을 변경한다. 가능하면 빨리 연구 질문을 변경하여 시간을 보다 절약할 수 있도록 하고, 바로 1, 2, 3단계로 돌아가 다시 새로운 연구 질문을 선택한다. • 지도교사 – 학생이 연구를 수행하고 소논문을 작성할 때 지속적으로 학생을 지원하고 지도한다. – 학생과 주제 선택에 대해 토의하고, 선택한 과목에 적합하고 초점이 분명한 연구 질문을 구성하도록 돕고, 선택한 연구 질문이 건강 및 안전, 기밀성, 인권, 동물 복지, 환경 이슈와 관련해 법적 및 윤리적 표준을 충족하는지 확인한다.
12	연구를 진행한다. 수집한 자료는 논리적인 순서로 정리하며 소논문의 구조에 맞게 배열한다. 연구 질문의 초점과 명확하게 부합하는 자료를 바탕으로 소논문을 작성한다. • EE 코디네이터 – 학생이 학문적 정직성 및 기술 문해력과 관련된 기능을 포함하여 필요한 연구 기술을 익혔음을 확인한다. • 지도교사 – 소논문 초안 하나만 읽고 의견을 제시한다. – 최종 성찰 세션 인터뷰를 하기 전에 소논문 최종 버전을 제출했는지 그리고 그 이후에 변경하지 않았는지 확인한다. – 최종본을 읽고, 인터뷰와 연계하여 진위성을 확인한다. • 학생 – 소논문의 최종 버전을 확인하고 교정한다.

출처: IBO (2020b).

3) 일관적이고 체계화된 탐구 활동: 학교급 간 위계성 및 연계성의 설정

모든 IB 프로그램은 학생들을 평생 학습자로 성장시키는 것을 목표로 하며, 이러한 공통적인 핵심 가치를 바탕으로 복잡하게 서로 얽혀 있는 세상을 이해하고 긍정적인 영향을 가져오도록 연속적인 교육 체계로 운영되고 있다. 하지만 각 프로그램은 학교급에 따른 학생들의 발달 단계에 맞춰 교육과정을 구체적으로 제공하고 각 프로그램 간 이행이 잘 이루어질 수 있도록 한다. 따라서 학생들은 폭넓고 균형 잡힌 학문 및 학습의 경험을 접할 다양한 기회를 각 프로그램을 이수하면서 지속적이고 일관되게 제공받는다.

PYP에서 실시하는 교과의 경계를 초월한 초학문적 주제 탐구학습은 '우리 자신'을 다양한 주제로 탐구하고 우리가 속한 실제 세계에 대한 학습의 경험을 제공한다. 여기서 더 나아가 MYP에서 학생들은 자신 그리고 자신과 관계된 공동체에 대한 주제를 세계적 맥락으로 더욱 확대하고 깊이 있게 탐구하게 된다. IB의 마지막 프로그램인 DP에서는 방대한 인간의 지식 영역 및 오늘날 세계에 중대한 영향을 미치는 주제를 통해 자신이 알고 있는 것에 대한 성찰을 한다. TOK에서 '우리가 아는 것을 어떻게 알게 되는지'와 같은 근본적인 질문을 통해 학생들은 자신의 관점과 추측 및 가설들을 탐구하게 된다. 탐구라는 학습 방법에 점차 익숙해지면서 주제의 범위를 점차 확장시키고 탐구를 더욱 심화시킬 수 있도록 각 학교급의 프로그램이 연계성 있게 설계되었다.

CAS 활동은 IB 프로그램에서 추구하는 학습자상을 실생활에 적용하여 학생으로 하여금 고유한 인격체로 성장하고 타인과의 관계에서 자신의 역할을 깨우칠 수 있는 직접적인 경험의 기회를 제공한다. CAS는 어려운 학습 과정을 전인적으로 보완하는 역할을 하며 이러한 목적을 갖고 PYP와 MYP를 토대로 개발되었다. PYP에서 행동(Action)은 학생의 책임 있는 행동으로 탐구학습의 과정이 학습의 결과로 이어진다는 기대를 담은 프로그램의 요소이다. PYP에서 시작된 행동을 기반으로 MYP에서의 행동은 프로그램의 교육철학[1)]의 일부와 학생의 학습에 대한 실질적인 결과로서 학습 과정의 필수 구성 요소이다. 이는 DP의 CAS 요소 중 봉사로 연속체를 이루며 수행된다. 더욱이 MYP의 봉사와 공동체 프로젝트는 교수 및 학습 접근 방법(ATL)[2]에서 학습의 기능을 적용하고, 프로젝트 진행에 따른 탐구의 성찰적 특성, 발표를 통한 언어 능력 개발 등을 요구한다. 이는 DP의 TOK의 지식에 대한 성찰과 CAS의 봉사에 연계된다.

모든 IB 프로그램은 이수를 위해 최종적으로 각 프로젝트를 완료해야 한다. PYP에서는 초학문적 주제에 대한 탐구 활동의 결과를 '전시회' 수행을 통해 표현해야 하며, MYP에서는 '개인 프로젝트'를 통해 세계적 맥락을 주제로 실시한 학습 활동의 과정과 결과를 입증해야 한다. DP에서는 자신이 선정한 주제에 대한 연구의 과정을 'EE'를 통해 평가받는다. 각각의 프로젝트는 학생들의 지식, 이해도, 역량을 심화하고 동료와 나눌 수 있도록 발표회를 실시하거나 결과물을 제시하는 것으로 그들의 학습 여정을 마무리하게 한다([그림 7-5] 참조).

1) MYP는 학생들이 자신의 개인적 이해, 새로운 자아 형성 및 지역사회에서 적절한 책임을 개발하도록 돕는 것을 목표로 한다.

2) ATL은 IB 학습자상의 자질과 본질적으로 연관되어 있으며 학생의 학습 능력을 향상시키는 것을 목적으로 한다. 여섯 가지 교수법(탐구, 개념적 이해, 지역 및 세계적 이해, 효과적인 팀워크 및 협력, 차별화, 평가 정보 활용)과 다섯 가지 학습 접근 방법(사고, 의사소통, 대인 관계, 자기관리, 연구)으로 구성되어 있다.

	PYP	MYP	DP
탐구 주제	• 초학문적 주제 탐구 - 우리는 누구인가 - 우리가 사는 시간과 공간 - 우리 자신을 어떻게 표현하는가 - 세상은 어떻게 작동하는가 - 우리 자신을 어떻게 관리하는가 - 우리가 사는 지구	• 세계적 맥락 탐구 - 자아와의 관계 - 시 · 공간의 방향성 - 개인적 · 문화적 표현 - 과학과 기술의 혁신 - 세계화와 지속 가능한 미래 - 공정성과 발전	• TOK(지식이론) - 우리가 아는 것을 어떻게 알게 되는가
전인교육 경험	Action	Action · Service	CAS
최종 프로젝트	전시회	개인 프로젝트	EE

[그림 7-5] 학교급별 IB 중핵교과의 위계 및 연계

출처: https://www.stratfordhall.ca/our-programs/the-ib-programme-continuum에서 재구성.

4) 탐구 행위에 대한 평가: 비교과 활동에서의 평가의 체계화

DP 평가의 중요한 목표 중 하나는 평가를 통해 교육과정의 목적에 맞는 학습을 지원하는 것이다. 모든 평가는 해당 과정의 초기에 학생들에게 기준을 공개한다. 교사들은 학생이 평가에서 요구하는 기대 사항을 안내하고 이해시켜야 하며, 학생들은 기대치에 맞춰 수업 활동 및 숙제 활동을 수행해야 한다. 중핵교육과정은 대부분 중장기적 프로젝트로 진행되며 학생들은 동시에 여러 프로젝트를 진행해야 하므로 적절한 내부평가 일정을 갖추는 것이 중요하다. 〈표 7-7〉은 학교 일정에 맞춘 중핵 교육과정 평가 일정 예시이다.

〈표 7-7〉 중핵교육과정 평가 일정

DP 예비 학년	
2학기	• 입학을 희망하는 학생과 학부모에게 DP 요구사항 소개(대부분 경우 DP를 시작하기 최대 2년 또는 3년 전에 수행해야 할 수 있음) • DP 일정 계획 • EE 교사 교육
DP 1학년	
학년 시작	• 교직원 회의: DP 2년 과정에 걸친 평가 일정 확인 • 학생과 학부모에게 정보 안내 행사: CAS 과정에 대한 기대치 소개 • EE 과정에 대한 요구사항 소개
1학기	• CAS 프로그램 시작(학기 초) • EE 소논문 진행 과정에 대한 상세 설명 • 진행 상황 업데이트
2학기	• EE 학생 연구 질문 파악 및 지도교사 확정 • 공식적인 CAS 면담 • 이번 학기 말까지 TOK 전시회 실시
DP 2학년	
1학기	• CAS 프로그램 및 면담 계속 진행 • 이번 학기 초까지 EE 초안 작성 • 이번 학기 말까지 EE 제출 • 이번 학기 말까지 TOK 논문 초안 작성
2학기	• TOK 과정 완료 및 TOK 논문 제출 • IBIS에서 요청하는 내부평가 조정용 샘플 제출 • 창의, 활동, 봉사 완료

출처: IBO (2020a)를 재구성.

중핵교육과정의 전반적인 평가 일정에 맞춰 각 영역의 평가 일정도 세부적으로 계획된다. 중핵교육과정의 평가는 결과물에 대해 점수를 부여하는 총괄평가의 형태와 학습의 과정을 모니터링하고 활동하면서 학생 스스로 성찰한 내용을 기록하는 포트폴리오 형태로 진행된다. 점수 평정의 여부와 상관없이 모든 영역의 과정을 진행하는 데에는 과정의 단계에 따른 학생 자신의 성찰에 대한 기록을 남기도록 설계되어 있다. 학생의 성찰 내용은 자신의 성장 과정을 나타내기도 하지만 지도교사가 담당 학생의 과제 진행 정도를 확인할 수 있는 자료로도 활용된다. 기록에 대한 양식 혹은 필수 기재 사항이 세부적으로 안내되어 있어 학생들이 스스로 전반적인 학습의 과정을 계획하고 진행하는 데 효율적으로 활용된다.

(1) TOK 평가

TOK는 내부평가와 외부평가가 모두 진행되며 평가는 모두 점수로 산출된다(〈표 7-8〉 참조).

〈표 7-8〉 지식이론 평가 개요

평가 항목	가중치
• 내부평가 TOK 전시회(10점): 이 항목의 경우, 학생들은 우리를 둘러싼 세계에서 지식이론이 어떻게 나타나는지 탐구하는 전시회를 만들어야 한다. 이 항목은 교사가 내부적으로 평가를 한 후 과목 종료 시점에 IB에서 평가 조정을 한다.	1/3(33%)
• 외부평가 정해진 제목에 대한 TOK 에세이(10점): 이 항목의 경우 학생들은 각 시험 세션에서 IB에서 선정한 여섯 가지 제목 중 하나에 대한 에세이를 작성해야 한다. 에세이는 외부평가 항목이므로 IB 채점관이 채점한다.	2/3(67%)

출처: IBO (2020b).

전시회와 에세이 모두 각각의 채점 기준표가 제공된다. 내부평가로 진행되는 전시회의 평가에 대한 유의사항이 자세하게 안내되어 있어 채점 기준표와 함께 학생들이 과정의 목표에 맞게 과제를 진행할 수 있도록 안내, 정보 제공, 성찰의 기준이 된다. 최종 결과물을 외부에서 평가받는 에세이는 작성되는 과정에서 학생과 교사 간의 공식적인 면담이 세 번 필수적으로 이루어진다. 면담의 과정을 기록하는 TOK 에세이 계획과 진행 상황 서식(TOK essay Planning and Progress Form: TK/PPF)은 학생이 에세이를 작성할 때 적절한 지원을 받도록 도와주며 동시에 학생이 제출한 결과물의 진위에 대한 증거가 된다.

〈표 7-9〉 TOK 에세이 필수 면담 과정

면담	교사 역할	학생 역할
1차 면담	학생과 정해진 제목 목록에 대해 토론한다.	• 교사와 정해진 제목에 대해 토론해야 한다. • 자신만의 사고와 생각을 발전시켜야 한다. • 제목에 대한 최종 선택을 스스로 한다.
2차 면담	선택한 제목에 관련된 학생의 최초 탐구에 대해 토론한다.	• 제목을 선택하고 그에 관련된 초기 아이디어를 개발한 후, 서면으로 교사에게 자신의 초기 작업/탐색을 공유하고 이에 대해 논의해야 한다. 예를 들어, 일련의 메모와 아이디어의 형태를 취할 수 있는데, 교사와의 논의를 통해 보다 공식적인 에세이 계획으로 바꿀 수 있다.
3차 면담	학생의 에세이 초안 중 하나에 대해 구두 또는 서면으로 조언을 한다. 이런 조언은 전반적인 내용을 다루는 서면 논평의 형식을 취할 수 있지만, 이 초안을 채점하거나 편집할 수는 없다.	• 에세이 초안을 교사에게 제출한다. • 교사로부터 특정 예시에 대한 적절성 또는 작문의 명확성에 대한 추가 조언을 구할 수 있지만, 그 이상의 서면 조언은 허용되지 않는다. • 3차 면담 후 교사에게 제출하는 과제는 최종 버전이어야 한다.

출처: IBO (2020d)를 재구성.

이러한 면담의 과정을 통해 교사는 학생에게 과제의 요구사항을 설명하고 학생들이 평가 도구에 익숙해지도록 하며, 학생들의 질문에 대한 명확한 설명을 제공하고, 학생들의 진도를 모니터링하여 학생의 과제물의 진위를 확인할 수 있다(〈표 7-9〉 참조). 또한 면담의 과정은 TK/PPF에 기록되어야 한다. 이 서식은 모든 학생이 에세이를 작성할 때 적절한 수준의 지원을 받도록 도와준다는 면에서 중요한 역할을 하며, 학생의 작업물의 진위를 확인하기 위한 증거로 IB에 제출된다. 과제를 작성하는 과정을 기록하고 성찰하고 진행하는 내용은 점수로 산출되지는 않지만, 그 자체가 학생에게 피드백을 제공하는 평가이면서 동시에 성장을 위한 발판으로 작용한다.

(2) CAS 평가

CAS 활동에 대한 평가는 점수로 평정되지는 않으나 CAS를 성공적으로 완수하는 것은 DP 이수의 필수 조건이다. CAS 활동에 대한 필수적인 요구사항은 두 가지이다. CAS 포트폴리오와 나머지 하나는 학생과 CAS 코디네이터 혹은 지도교사와의 면담 기록이다. 학생은 DP 첫해에 두 번 이상, 두 번째 해에 최소 한 번 이상 면담을 해야 한다. 그리고 CAS 코디네이터와 지도교사는 면담에 대한 피드백을 제공해야 한다(〈표 7-10〉 참조).

면담 과정에서 IB는 매니지백(managebac)이라는 학습관리시스템(Learning Management System: LMS)[3]을 활용한다. 학생은 조사, 준비, 행

---

3) 학습관리시스템(LMS)은 교수학습 운영 지원 및 관리를 위해 성적, 진도 관리, 토론, 게시판, 강의 자료 공유 등의 기능을 통합해 웹상으로 제공하는 플랫폼을 의미한다(심미자, 김종민, 2009). LMS는 기본적으로 학습자들이 학습 계획과 평가 기준을 세우고 이를 통해 동료 학습자들과 협력할 수 있도록 도와주며 주로 학습에서 발생하는 여러 가지 프로세스 등을 관리하고 진행할 수 있도록 도와주는 시스템이다.

동, 성찰, 입증의 5단계에 대한 내용으로 활동 계획, 활동의 구체적인 진행 상황 및 그 증거, 학습 성과에 대한 성찰 등을 기록한다. 면담은 학생이 기록한 내용을 토대로 진행되며 지도교사는 면담의 수월한 진행을 위해 미리 학생의 기록을 확인한다. 면담 후에 지도교사는 면담에 대한 피드백을 기록해야 한다.

〈표 7-10〉 CAS 면담 차시별 내용

면담 차시	내용
1차 면담	• CAS 학습 성과와 이를 달성할 방법 설명 • 학생의 관심사와 CAS 활동에 대한 생각 논의 • CAS 포트폴리오 유형 결정 • CAS 단계 검토
2차 면담	• DP 프로그램 첫해 종료 시점에 진행 • CAS 진행 상황 평가 • CAS 포트폴리오를 참고하여 일곱 가지 학습 성과를 포함한 그동안의 수집 증거 검토
3차 면담	• 최종 면담으로 DP 과정이 완료되기 직전에 실시 • 학생은 CAS 학습 성과를 어떻게 달성했는지 설명 • CAS 프로그램에 대해 전반적으로 논의하고 평가하며 개인적인 성장에 관해 성찰

출처: IBO (2020c).

학생의 기록은 지도교사의 승인을 받아야 한다. 지도교사는 확인의 과정을 통해 개별 학생들의 진행 상황을 모니터링하고 부족한 부분에 대한 안내를 할 수 있다. 매니지백의 활용을 통해 학생 활동에 대한 피드백을 즉각적이고 수월하게 진행할 수 있는 행정적인 지원이 이뤄지고 있다([그림 7-6] 참조).

CAS 활동 과정	입력 내용	입력 주체
1. 신청서 제출	학생들이 활동할 항목을 조사하고 활동 계획 입력	학생
2. 활동 개요 작성	언제, 어디서, 무엇을, 어떻게, 왜 하는지 등에 대한 구체적 기록 입력	학생
3. 지도교사 승인	요건이 부족하거나 승인 조건에 맞지 않을 때 재작성하도록 유도	교사 (피드백)
4. 활동일지 작성	어떤 활동을 하고 있고 활동한 것들이 실제로 잘 이뤄지고 있는지 근거 자료 제시	학생
5. 지도교사 최종 승인	CAS 활동이 끝났음을 승인	교사

1차 인터뷰 (개시 시점) ⇩ 2차 인터뷰 (중간 시점) ⇩ 3차 인터뷰 (종료 시점)

[그림 7-6] IBDP CAS 활동 과정에서의 매니지백 시스템 활용

출처: 손민호 외(2020).

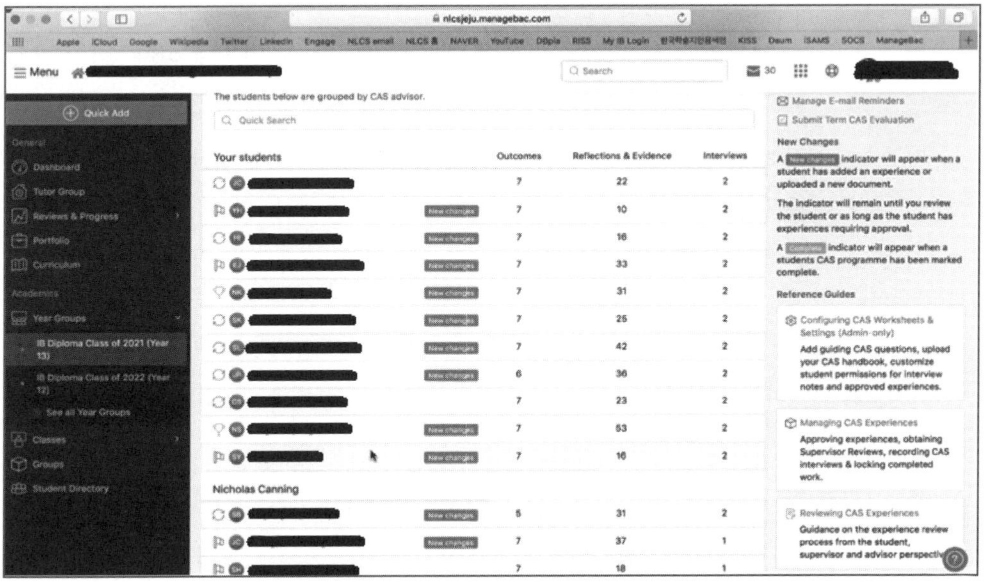

[그림 7-7] ○○학교 CAS 면담에서 매니지백 시스템의 실제 사용 화면

(3) EE 평가

EE는 최종 결과물에 대한 총괄평가를 외부평가로 진행하며 총 34점에서 다섯 가지 평가 기준별로 평정된 점수의 합으로 개별 점수가 부여된다. RPPF는 학생의 연구 과정의 관리 및 지도를 위한 형성평가로 활용되면서 동시에 총괄평가의 다섯 가지 기준 중 '기준 E: 참여'의 평가 대상이기도 하다. EE가 과정에 대한 성찰을 중요시하는 영역인 만큼 학생의 개별 연구 과정 참여도와 성찰을 담은 RPPF는 작성된 소논문과 함께 최종 평가의 대상이 된다. RPPF는 최종 결과물이 제출되기까지 학생들의 소논문 작성을 지원하기 위해 이루어지는 공식 성찰 세션에 대한 학생의 성찰과 지도교사의 확인 및 피드백 내용을 담아야 하며, 최초 500단어만을 최종 평가의 대상으로 삼는다.

학생들이 성찰 내용을 작성하고, 지도교사가 서명하여 날짜를 기재한 후에는 그 내용을 변경할 수 없다. 세 번의 성찰 세션에서의 기록을 통해 채점관은 학생의 논지 변화 과정을 살펴야 하기 때문이다. 이미 작성된 내용을 추후에 변경하는 것은 변화의 과정을 볼 수 없어 학생이 글을 직접 작성했다는 신뢰성을 약화시키고 '기준 E'에 대한 평가 결과에 영향을 줄 수 있다. 기록의 내용을 추후에 변경하지 않도록 하는 것은 다른 요소에서 사용되는 성찰 서식에도 같은 이유로 유의사항으로 안내되고 있다.

Candidate's comments

First Reflection session

연구 주제는 푸르지오 아파트 광고에 함의되어있는 사회적 계층 이슈를 분석할 것이다. 연구문제는 "푸르지오 광고의 사회적 실천은 어떻게 수행되는가?"이다. 국어 시간에 배운 기호학적 (기의, 기표) 분석 방법을 이용하여 광고 분석에 적용하고, 광고 안에 숨은 의미들, 사회적 이슈들을 찾아내고 싶었다. 광고들을 정리해 놓은 데이터베이스가 많이 없어서 적합한 연구 대상을 찾아내는데 어려움이 있었다. 하지만 아파트 광고를 위의 방법으로 연구한 한 선행연구에서 착안해 사회적 계층의 이슈를 많이 함의하고 있는 프리미엄 아파트 브랜드 푸르지오 광고를 선정하게 되었다. 연구 방법으로는 사회 계층의 이슈에 집중하여 광고를 기호학적, 비판적 담론 분석 방법을 선택하였고 이를 통해 광고의 사회적 이슈를 도출해 낼 것이다. 참고자료의 검색은 Dbpia, Riss 등 학술, 학위논문 웹사이트를 이용하고, 광고협회, tvcf.co.kr에서 광고 관련 자료를 찾을 것이다. 처음 단계에서는 전체적으로 연구 방법과 주제를 선정하고, 적절한 연구 대상을 찾는데 어려움이 많았다. 다음 단계에서는 선정한 연구 대상 중 적절한 광고들을 고르고, 연구 방법을 어떻게 적용할 지 고민하고 연구할 것이다.

Date: April 27, 2020 | DP Year: 1 | Lock reflection

[그림 7-8] ○○학교 RPPF 기록 내용

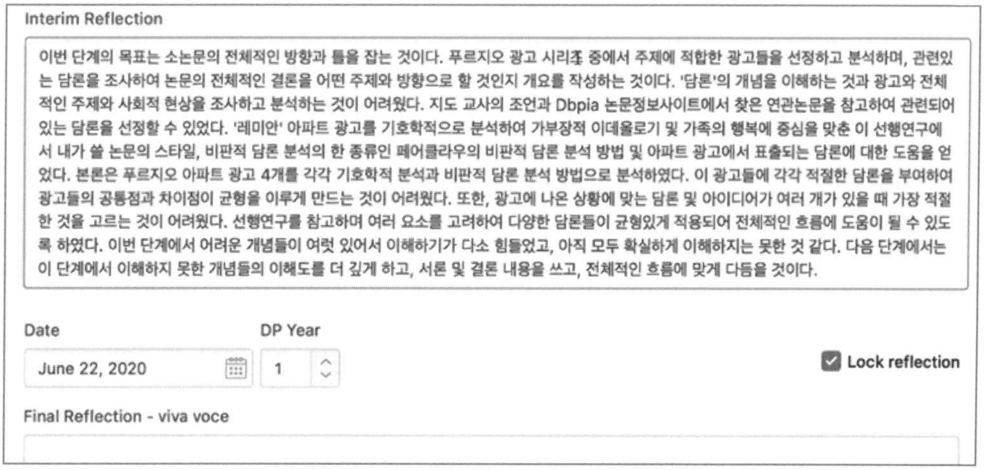
Interim Reflection

이번 단계의 목표는 소논문의 전체적인 방향과 틀을 잡는 것이다. 푸르지오 광고 시리즈 중에서 주제에 적합한 광고들을 선정하고 분석하며, 관련있는 담론을 조사하여 논문의 전체적인 결론을 어떤 주제와 방향으로 할 것인지 개요를 작성하는 것이다. '담론'의 개념을 이해하는 것과 광고와 전체적인 주제와 사회적 현상을 조사하고 분석하는 것이 어려웠다. 지도 교사의 조언과 Dbpia 논문정보사이트에서 찾은 연관논문을 참고하여 관련되어 있는 담론을 선정할 수 있었다. '레미안' 아파트 광고를 기호학적으로 분석하여 가부장적 이데올로기 및 가족의 행복에 중심을 맞춘 이 선행연구에서 내가 쓸 논문의 스타일, 비판적 담론 분석의 한 종류인 페어클라우의 비판적 담론 분석 방법 및 아파트 광고에서 표출되는 담론에 대한 도움을 얻었다. 본론은 푸르지오 아파트 광고 4개를 각각 기호학적 분석과 비판적 담론 분석 방법으로 분석하였다. 이 광고들에 각각 적절한 담론을 부여하여 광고들의 공통점과 차이점이 균형을 이루게 만드는 것이 어려웠다. 또한, 광고에 나온 상황에 맞는 담론 및 아이디어가 여러 개가 있을 때 가장 적절한 것을 고르는 것이 어려웠다. 선행연구를 참고하며 여러 요소를 고려하여 다양한 담론들이 균형있게 적용되어 전체적인 흐름에 도움이 될 수 있도록 하였다. 이번 단계에서 어려운 개념들이 여럿 있어서 이해하기가 다소 힘들었고, 아직 모두 확실하게 이해하지는 못한 것 같다. 다음 단계에서는 이 단계에서 이해하지 못한 개념들의 이해도를 더 깊게 하고, 서론 및 결론 내용을 쓰고, 전체적인 흐름에 맞게 다듬을 것이다.

Date: June 22, 2020 | DP Year: 1 | Lock reflection

Final Reflection - viva voce

[그림 7-9] ○○학교 RPPF 기록 내용

3. 자기주도성으로 창의성을 실현하기

뉴노멀로 불리는 포스트 코로나 시대는 개별화 교육과 학생 맞춤형 교육에 대한 실제적인 수요를 만들어 내며 학습자 중심의 학습 환경 설계의 구체적인 방안을 모색하도록 하였다. 또한 학습자들에게는 자기주도성으로 대변되는 미래 사회의 핵심 역량의 의미를 직접적으로 체험하도록 해 주었다. 최근 미래교육에 대해 이야기할 때 빠지지 않는 것이 OECD 교육 2030 프로젝트이다. 이 프로젝트에서는 미래 사회의 핵심 역량으로 '변혁적 역량'을 제안하며 세 가지 하위 범주로 '새로운 가치 창출하기' '갈등과 딜레마 조정하기' '책임감 갖기'를 제시한다. 이는 불확실성에 대처하기 위한 미래 사회의 핵심적인 개인의 능력으로서 교육의 새로운 틀을 제시하는 근거가 된다.

OECD 교육 2030 프로젝트를 주도한 OECD 교육분과 의장 Charles Fadel은 21세기 교육개념 틀을 통해 새로운 역량 개념에서의 메타학습 능력을 강조한다. 그는 지식, 능력, 인성을 관통하는 것으로서 메타학습 능력을 제시하는데, 메타인지가 '자신의 사고 과정에 대해 생각하여 자신이 아는 것과 모르는 것을 자각하는 것, 스스로 문제점을 찾아내고 해결하며 자신의 학습 과정을 관리할 수 있는 지력과 관련된 능력'이라고 볼 때 메타학습이란 '학습자가 자신의 학습 과정 전반을 성찰함과 동시에 성찰할 수 있는 힘 자체를 기르는 초학문적 학습 과정'이라고 할 수 있다. 이는 '반영하고 적응하는 방법'으로서 메타인지 및 성장 마인드세트를 뜻하며 '자기주도의 학습력'과 유사하다고 할 수 있다. 이전 DeSeCo 프로젝트에서 역량을 지식과 기능 그리고 태도의 총합으로 보았던 것과 비교할 때, 교육 2030 프로젝트에서는 불확실성에 대비하는 능력으로서 역량을 재개념화하기 위하여 메타학습을 보다 강조하는 방식을 제안했다고 볼 수 있다.

메타인지의 강조는 역량에 관한 대표적인 연구자로 알려진 Nussbaum의 교육과정 설계 방안에서도 나타난다. 그의 저서 『인간성 수업(Cultivating Humanity)』에서는 메타인지적 사유를 강조하며 '철학' 혹은 '도덕적 추론'과 '사회 분석' 등 인식론적 사유를 수행하는 교과와 함께 개별 교과에서 학생의 자기주도적 교육과정 설계 환경이 조성되어야 함을 강조한다. 그렇다면 교과에서의 자기주도적 교육과정 설계 환경이란 어떤 조건일까? 교사 혹은 교과서가 주도하는 학습의 과정이 아닌, 스스로 학습하는 힘, 내가 만들어 가는 학습 과정, 나만의 지식, 개성 있는 나만의 사고, 이것은 어떻게 가능할까? 자기주도성은 단순히 학생들이 주어진 과제를 혼자서 해 나가는 것 이상의 학습 능력을 의미한다. 보다 넓은 의미의 자기주도성은 교과서 지식 혹은 기존의 학문 체계를 넘어서기 위한 도전이자 스스로 지식을 생산해 낼 수 있는 능력으로서 창의성의 원천이다. 스스로 학습을 이끌어 가기 위해서는 학습에 대한 흥미와 학습 활동에 대한 주체성이 필요한데, 이를 위해서는 기존 지식 체계에 대한 도전적 태도가 필요하다. 결국 기존 지식 체계 자체에 대한 비판적이고 반성적인 사고 과정 없이는 창의성도, 자기주도성도 기대하기 어려운 것이다. 또한 이러한 기존 지식 체계에 대한 반성적 태도는 자연스럽게 교과 간 경계를 사라지도록 만들며 자연스럽게 학습자의 문제의식을 중심으로 융합적이고 심층적인 학습이 일어나도록 만든다.

그렇다면 결국 역량 함양을 지향하는 교육과정에서 자기주도성은 기존 학문(교과)에 대한 해체이자 반성적 활동을 기반으로 한 교과 간 연계 혹은 교과를 뛰어넘는 메타인지적 학습 능력으로 폭넓게 인식될 필요가 있다. 이것은 특정 교과에서 다루어질 수 있는 능력이 아닌 범교과적으로 필요한 학습 능력이다. 이러한 접근은 OECD 교육 2030에서 학습자 주도성을 개인의 학습 능력으로 설명하는 것이 아닌 새로운 학습자상(학생 주체성) 그 자체로 재개념화하고 있다는 점 또한 이러한 맥락에서 이해 가능할 것이다. 다시 말해서, 역량 함양을 위한 교육, 창의융합적 학습을 위한 교육에서 자기주도성이란 학습을 위한 전제 조건이자 역량이 실현된 상태로서 범교과적 차원에서 다루어져야 하는 핵심 역량 그 자체인 것이다.

참고문헌

손민호, 조현영, 이형빈, 서덕희(2020). 새로운 학력 평가 지표 구성 및 평가 도구 개발 연구. 세종: 세종특별자치시교육청.

심미자, 김종민(2009). 학습관리시스템(LMS) 강의실 메뉴 기능이 학습동기 및 상호작용에 미치는 영향: 원격대학 LMS 강의실을 중심으로. 교육정보미디어연구, 15(2), 87-108.

IBO (2020a). *Extended essay guide*. Wales, UK: International Baccalaureate Organization Ltd.

IBO (2020b). *International baccalaureate diploma programme assessment principles and practice*. Wales, UK: International Baccalaureate Organization Ltd.

IBO (2020c). *Theory of knowledge guide*. Wales, UK: International Baccalaureate Organization Ltd.

IBO (2020d). *History guide*. Wales, UK: International Baccalaureate Organization Ltd.

IBO (2021). What is an IB education. Retrieved from http://www.ibo.org

저자 소개

조현영(Hyunyoung Cho)

인하대학교 일반대학원 교육학 박사

현 인하대학교 교육대학원 교수

<주요 저서>

컨텍스트 경험과 학습의 디자인(공저, 박영스토리, 2017)

관찰의 현상학(박영스토리, 2019)

교육과정과 교육의 과정(공저, 학지사, 2020)

IB로 그리는 미래교육

— 교육과정과 평가의 혁신 —

IB that Shaped the Future of Education
— Innovation in Curriculum and Assessment —

2022년 2월 15일 1판 1쇄 인쇄
2022년 2월 25일 1판 1쇄 발행

지은이 • 조현영
펴낸이 • 김진환
펴낸곳 • (주) 학지사
04031 서울특별시 마포구 양화로 15길 20 마인드월드빌딩
대표전화 • 02)330-5114 팩스 • 02)324-2345
등록번호 • 제313-2006-000265호

홈페이지 • http://www.hakjisa.co.kr
페이스북 • https://www.facebook.com/hakjisabook

ISBN 978-89-997-2568-5 93370

정가 17,000원